职业教育教学改革融合创新型教材·市场营销

Guanggao Jichu Yu Shiwu

广告基础与实务

（第四版）

赵寰　主编

沈剑虹　王瞻　副主编

东北财经大学出版社
Dongbei University of Finance & Economics Press
大连

图书在版编目（CIP）数据

广告基础与实务 / 赵寰主编．—4版．—大连：东北财经大学出版社，2024.2
（职业教育教学改革融合创新型教材·市场营销）
ISBN 978-7-5654-5093-8

Ⅰ.广…　Ⅱ.赵…　Ⅲ.广告学-职业教育-教材　Ⅳ.F713.8

中国国家版本馆CIP数据核字（2024）第028536号

东北财经大学出版社出版
（大连市黑石礁尖山街217号　邮政编码　116025）
网　　址：http://www.dufep.cn
读者信箱：dufep@dufe.edu.cn
大连天骄彩色印刷有限公司印刷　　东北财经大学出版社发行
幅面尺寸：185mm×260mm　字数：356千字　印张：16.5　插页：1
2024年2月第4版　　2024年2月第1次印刷
责任编辑：张旭凤　石建华　　责任校对：魏　巍
封面设计：原　皓　　版式设计：原　皓
定价：42.00元

教学支持　售后服务　联系电话：（0411）84710309

如有印装质量问题，请联系营销部：（0411）84710711

第四版前言

当今世界，全球百年未有之大变局正在加速演进，以中国为代表的新兴市场国家和发展中国家群体性崛起，从根本上改变了国际力量对比，世界之变、时代之变、历史之变正以前所未有的方式展开，大国博弈的深度和难度都在快速升级。科学技术是先进生产力的重要标志，以“互联网+”为代表的第四次工业革命为我国的发展带来了千载难逢的机遇，新一轮科技革命正在逐步展开。5G、全息投影、区块链、元宇宙、人工智能等新概念、新应用的风起云涌，在线会议、直播教学、直播带货、社区团购、用户直连制造等工作、生活、商业、工业制造的新模式、新样态的方兴未艾，正在加速推动媒体、网络、数据、社会生活融为一体，人类社会生产及传播活动进入新时代。

伴随着社会的变革、技术的发展，经济基础的变化呼唤相应上层建筑，即各行各业的理论创新及实践创新。而广告业作为文化创意产业的龙头产业，是汇聚各类创新要素、加快推进文化内涵提升、推动经济转型升级的重要力量。近年来，国家不断推出的广告业发展指导意见与扶持政策为广告业发展提供了强有力的政策支持与空间；与此同时，数字时代的大融合又给广告产业的发展带来了新的挑战。新媒体环境下，传统广告的运作模式、传播技术、人才需求都将发生巨大变革，由此也带来了对新型广告人才全新知识架构与技术能力的综合考量。

除此之外，党的二十大报告提出的“深化教育领域综合改革，加强教材建设和管理”这一重大决策部署对新时代教材工作的新判断、新要求，为本次教材的修订提供了重要的依据和参考。特别是落实《中共中央关于认真学习宣传贯彻党的二十大精神的决定》中关于把学习党的二十大精神“作为学校思想政治教育和课堂教学的重要内容，组织开展对相关教材修订工作，推动党的二十大精神进教材、进课堂、进头脑”的要求，在高等教育理念、立德树人根本任务、创新思想政治教育模式等方面进行深刻领悟与贯彻执行，是本次教材修订的题中之义。

教材的内容直接影响到学生世界观、人生观和价值观的养成，关系到学生综合素养和职业能力的高低。本次教材修订充分考虑到高等教育教学改革的时代背景与发展要求，力求呈现出以下特点：

1.科学性与适用性。再次梳理并完善了教材配套资源，文中共设有50个二维码，通过手机的“扫一扫”功能，即能查阅相应知识点的扩展文章或视频，进一步深化学生对相关内容的理解，进而促进以“立体化”教材提升学生专业素养的教学目标的达成。

2.经典性与鲜活性。广告案例是对广告行业认知最直接与感性的方式，因而案例的选取对教材的实用性具有重要意义。本次教材修订在案例的选用上进行了新一轮的斟酌与更新，力求选取兼具经典性与时代鲜活性的案例，进一步激发学生的学习兴趣，提升其广告运作实践能力与职业素养。

3.前瞻性与系统性。广告产业伴随数字创意经济的迅猛发展，也在不断地进行自我革新。本次修订结合广告产业的最新样态，对书中的所有表述进行了全面更新，删除了一些相对陈旧的、不合时宜的数据及内容，代之以对广告业历时性、时新性的描述与解读，力求给学生呈现一个前沿的、系统化的最新样貌，帮助学生掌握广告业演进的规律及形成对行业发展的本质性认识。

本次教材修订工作由赵寰、王瞻带领3位研究生共同完成，赵寰负责全部修订内容的整体确立、设计与更新，王瞻负责案例选取与数据修订，张茗赫、谭惠天、王晓丹负责新扩展视频内容的文本提炼与录制工作。在修订过程中，我们参阅了大量相关书目、文献及网络内容，在此向相关作者致以最诚挚的谢意！与此同时，衷心感谢东北财经大学出版社的编辑们，其敬业态度与创新精神也在时时鼓舞着我们，感谢一直以来的信任、帮助与支持！

最后，本教材的修订难免存在疏漏与不足，敬请各位专家、读者批评、斧正！

编　者

2023年12月

第一版前言

广告是一门艺术，观赏有出色创意的广告作品是视觉与心灵的享受；同时，广告又是一门“有规划”的艺术，广告的存在必须以服务于它的销售目的为前提。对于当代的广告活动而言，广告不仅具有创意性思维的艺术鉴赏性，同时又是一种操作性极强的实务性活动，对于广告公司自身而言，还具有与广告主、广告媒体相适应的管理性职能。

本教材就是希望在这三个方面为目标读者开启认识广告的一扇窗户，对广告的各个方面的特性有一个全面的认识与了解。全书整体分为三大部分：第一篇为广告策划思维，主要介绍广告概要、广告美学、策划思维等相关内容，让读者认识广告，侧重对读者思维的启发与广告鉴赏力的培养；第二篇为广告运作技术，针对现代广告运作的全过程进行抽丝剥茧般的分析与讲解，帮助读者科学地理解广告运作，侧重对读者广告专业运作的实务能力的培养；第三篇为广告经营原理，通过对广告经营、广告管理的讲解及对广告经营管理前沿的介绍，令读者更全面地认识广告公司的具体运营策略，开阔读者视野。

本教材在编写过程中，力求体现以下特点：

1. 整合性。将理论知识与实务环节有机融合，希望学生在学习的过程中，能够实现理论素养、业务技能及管理方略的全面提升。

2. 可读性。广告的课堂应该是活跃而充满激情的，本书在编写中力求体现多种元素的一体化。原理先行，实务跟进，案例同步，尤其是参考了大量国内外经典作品与案例，图文并茂，增强了教材的可读性，力求为学生的兴趣化学习提供助益。

3. 实用性。为了更好地帮助学生将知识转化为能力，本教材在内容的架构上更多地体现了实践性与职业性。例如，每章都设有学习目标为学生设立任务，同时通过引例引发学生的兴趣与思考；教学内容中的案例等则帮助学生更好地理解相关内容，拓展学生知识的广度和深度；在涉及广告实务的章节后面还设有“复习思考题”“专业技能训练”等相关思考与训练，在巩固基础知识的同时，侧重将知识学以致用，实现职业能力的提升。

本教材由赵寰、李萍、沈剑虹三位老师共同编写。全书共有12章，具体编写分工如下：李萍编写第1、2、3、5章，赵寰编写第4、6、7、9章，沈剑虹编写第8、10、11、12章，赵寰负责总纂定稿。在编写过程中，我们参阅了其他大量相关书目、文献和网站内容，在此非常感谢相关作者。另外，东北财经大学出版社的编辑也给予了大力支持，在此表示衷心的感谢。

由于编者的水平和经验有限，收集资料尚不够充分、完整，书中难免有疏漏与不当之处，敬请广大读者批评、指正。

编　者

2012年3月

目 录

第一篇　广告策划思维

第二篇　广告运作技术

第三篇　广告经营原理

二维码资源目录

第一篇

广告策划思维

第1章　广告概要

学习目标

通过学习本章，你应该：

了解广告的基本含义和种类划分；熟知广告的要素特征及对社会与经济的影响；掌握广告学与相关学科的关系和现代广告学的理论体系。

尤其要知晓，广告不仅是现代化社会的重要标志，可以创造流行、制造时尚，推动经济和社会的不断发展，与此同时，好的广告还具有宣传教化功能，能够有效传播先进文化，潜移默化地影响价值理念，在精神文明建设、社会良好风气和高尚情操的培养和熏陶等方面，具有重要作用。

引例　绝对伏特加：一个瓶子的广告传奇

提到 Absolut Vodka（绝对伏特加），知道它的广告的人可能远远多于真正尝试过它的人。这既是一段关于TBWA的广告传奇，也是一段关于酒瓶子的传奇。

1970年，当时4位在Young & Rubicam工作的广告人一起在法国巴黎创办了TBWA广告公司，7年后的1977年，出生于圣路易斯的联合创办人之一的William G. Tragos返回美国，在纽约开始启动TBWA美国分公司。

资源1（视频）

绝对伏特加：在瓶子形状上做文章

1979年，Lars Olsson Smith利用全新的工艺方式酿制了一种全新的伏特加，叫作“绝对纯净的伏特加酒”（Absolut Rent Branvin），也就是后来闻名全球的Absolut Vodka。1979年，绝对伏特加首度被引入美国市场。而在一年前，美国Carillon公司在代理绝对伏特加之前，投入6.5万美元做市场调查，得出的结论是——绝对失败。消费者觉得品牌名称哗众取宠，瓶子形状也比较难看，而且人们对这个来自瑞典的品牌心存质疑。绝对伏特加对此的反应是放弃调查结果。

1980年，Carillon公司把广告创意业务委任给当时年轻的TBWA纽约办公室。最初为该品牌创建知晓度和流行度的方法建立在产品原产国瑞典的传统文化上。该广告与美国其他酒的广告十分相像，尤其对性感女人来说，这是她们喜欢的生活方式。然而，时任TBWA纽约创意总监的Geoff Hayes总觉得少了些什么。广告的创意太传统、太可预见了，而且没有什么能证明该产品是一个强势品牌。为什么不考虑用名字和酒瓶的独特性来表现质量和时尚呢？TBWA的广告制作小组决定避开“瑞典”（Sweden），而力攻“Absolut”（绝对）这个具有双重意思的单词。瑞典文“绝对”是品牌名称，英文“绝对”的意思是绝对的、十足的、全然。在将广告文案呈交给Carillon公司的前三天，Geoff Hayes提出了解决办法。

“我一边看电视，一边在纸上画瓶子，我画了一个光环在瓶颈上，并添了一行字‘这是绝对的完美’。第二天早晨，我把它拿给我的搭档看，他说你无须解释，只要‘绝对完美’就够了。突然间，我们意识到我们该怎么做了。”Geoff Hayes说。这个创意促成了1980年绝对伏特加推出的第一支平面广告“绝对完美”（Absolut Perfection）。它颠覆了以产地和历史为卖点的传统伏特加的营销方法。在美国，烈酒广告不能使用电视和电台媒介。这正是我们看到绝对牌伏特加只有杂志和户外（广告牌、公交候车亭）两类广告的原因。树立品牌意识和渴望没有捷径，为了让平面广告的表现获得和电视片一样的效果，TBWA聘请高水平的摄影师对广告的主角——奇特的酒瓶进行完美的摄影，做到感觉荡漾，新颖动人，纸上震撼！该创意集中传达了产品的品质讯息，并强调了概念和执行的单纯。当然，这种制作也花去了昂贵的费用（有传一个较难表现的要领制作费高达4万美元）。品牌要成功，广告不能随波逐流，必须冲破一般酒类广告的传统模式；只渲染产品本身的质量远远不够，必须创造它的附加价值，把绝对牌伏特加塑造成时髦的——人人都想喝的形象。绝对伏特加自1979年在美国推出后，销量从最初的12 000箱（1979年）迅猛增长到300万箱，仅仅用了一年的时间！绝对伏特加的广告，也让TBWA在美国广告业拥有了绝佳的开局。

多年来，绝对伏特加和TBWA坚持在平面广告中采用这种"标准格式"（瓶子加两个词的标题），共制作了600多张平面广告。虽然"格式"不变，但表现总是千变万化，"大胆借势，巧妙传名"，广告运作的主题多达12类之多——绝对品牌的产品、物品、城市、艺术、节日、口味、服装设计、主题艺术、欧洲建筑、影片、文学、时事新闻。同时，TBWA提出的广告概念也旨在把绝对伏特加捧为人们热衷的品牌，并使之成为成功和高级的象征。广告将所要传达的产品理念与受众心目中具有重要地位的"名物"融为一体，不断散发出历史和文化的永恒魅力。绝对伏特加广告所做的就是为产品创造一种外观上持久的时尚。"总是相同，却又总是不同"的广告创意哲学，取得了杰出又持久的效果。

令人震撼的是，到1985年，绝对伏特加就超越当时的苏联对手，成为美国市场上进口伏特加的No.1！在广告和一系列的市场活动中，绝对伏特加持之以恒，不断创新，向消费者传递着Absolut的核心价值——纯净、简单和完美。1999年，绝对伏特加系列广告被《广告时代》杂志列入"世纪十佳广告"的行列。自此之后，绝对伏特加在时代变迁中坚持经典的瓶身创意，又在不断的混合与突破中持续地改变自己，由此延续了40余年的品牌经典。2021年，绝对伏特加全球销量达1 170万箱（9公升箱），仍是名副其实的世界第二大伏特加品牌。

绝对伏特加的地区限量瓶成为各地艺术家展示创意的舞台。在中国市场，绝对伏特加不仅携手中国艺术家高瑀，在2010年推出了定制版包装"72变"（如图1-1所示），更在2018年，发起了"限量中国瓶"创意公开征集活动，让中国艺术家自己绘制心目中的"ABSOLUT CHINA中国瓶"，并将获奖作品付梓印刷，全球发售。

绝对伏特加近年来的广告宣传图：发布于2018年的ABSOLUT WORLD（如图1-2所示），展现了一个爱与和平的世界，呼吁全球团结起来。

图1-1 绝对伏特加广告宣传图：ABSOLUT 72变

图 1-2　绝对伏特加广告宣传图：ABSOLUT WORLD

2019 年的 ABSOLUT COMEBACK，用废瓶重生的魅力姿态，表现了绝对伏特加对循环生活方式和可持续发展的明确立场。

资料来源　Chain. 绝对伏特加：带你亲历 42 年品牌经典的重塑之旅[EB/OL].[2022-09-20]. https://baijiahao.baidu.com/s?id=1744448115312956351&wfr=spider&for=pc.

1.1　广告概述

法国广告评论家罗贝尔·格兰说，“我们呼吸着的空气，是由氮气、氧气和广告组成的”。现代社会中，广告充斥着人们生活的各种场景，它们以异常丰富的、样态各异的信息，有力地冲击着我们的视觉、听觉、知觉，直达心灵的深处。无所不在的、让人欢喜让人忧的广告，在你的眼中是怎样的存在？

1.1.1　广告的定义

广告的历史由来已久。广告是人类信息交流的必然产物。原始社会时期，人们共同生存，需要相互交流，原始的信息传播（社会广告）就应运而生。社会广告主要传递社会管理方面的信息。在夏商时期，最早的广告是政治方面的告示。而经济类广告则产生于原始社会末期，广告伴随着商品生产和商品交换而得到发展，并随着时代的变化不断地拓展与深化。《周易·系辞传下》记载，远在神农时代，就有“日中为市，致天下之民，聚天下之货，交易而退，各得其所”的场面。而据《周礼》记载，当时凡做交易都要“告于示”。世界文明古国古埃及、古巴比伦、古希腊、古印度、古罗马和古中国，都较早出现了与商品生产和商品交换相关的广告活动。中国古代商业中独具特色的招牌、招幌、灯笼、楹联、木刻年画等文字展示，唐诗宋词中的茶、酒、小吃、名胜风景传播等活动也体现了中国古代广告的文化品格与民族风格。

但“广告”作为一个外来词在中文里出现，是近代的事情。当初多用“告白”来指今天的“广告”，是广而告之、广泛宣传的意思。20世纪初最具民族特色的月份牌广告（如图1-3所示），是美女图片、商标跟月历结合在一起的招贴画，画中摩登女郎的使用不仅更有利于商家招揽顾客，同时，其时尚的着装、表现出的独立与自信还反映了那个时代不断更迭的时尚风貌和价值理念。因而，月份牌广告，既是中国传统文化的传承者，又是东西方文化融合的传播者。

图1-3 月份牌广告

“广告”一词，作为一个外来语，它首先源于拉丁文“Adverture”，意思是引起注意、进行诱导。公元1300—1475年间的中古英语时代，英语中有了“Advertise”一词，其含义衍化为“使某人注意到某件事”，或“通知别人某件事，以引起他人的注意”。17—18世纪，由于英国工业革命的兴起和发展，大规模的商业活动兴起。这时，“Advertise”一词便广泛地流行并被使用。此时的“广告”，已不单指一则广告，而指一系列的广告活动。静止的物的概念名词“Advertise”被赋予现代意义，转化成为“Advertising”，具有动名词的性质，简写为“Ad”。19世纪末期到20世纪20年代，资本主义经济已经有了很大的发展，作为商品促销的一种方式，广告也由原来的“告知”方式转变为“说服性沟通”方式，也就是通过说服来影响消费者的购买行为。因此，美国广告撰稿人肯尼迪说：“广告是印在纸上的推销术。”随着市场竞争越来越激烈，现代广告的含义又有了很大的变化。

随着商品经济的发展、科技的进步、传播信息手段的多样化，广告的定义及其内涵与外延也将不断变化。我们现在赞同的解释是：“广告是有计划地通过媒体向所选定的消费对象宣传有关商品或劳务的优点和特色，唤起消费者的注意，说服消费者购买使用的宣传方式。”此种解释可使初学者注意到广告的几个关键问题：

•如何了解商品或劳务的优点、特色。（广告内容）

•如何选定消费对象。（广告对象）

•如何向选定的消费对象广而告之。（广告手段）

•如何唤起消费者的注意。（广告技巧）

•如何说服消费者购买使用。（广告目的）

因此，我们理解的狭义广告的定义为：“广告主以付费的方式，通过公共媒介对其商品或劳务进行宣传，借以向消费者有计划地传递信息，影响人们对所广告的商品或劳务的态度，进而诱发其行动而使广告主得到利益的活动。”这种营利性广告的定义，说明了如下问题：

①广告是一种有计划、有目的的活动。

②广告活动的主体是广告主，而广告活动的对象是广大消费者。

③广告活动是通过大众传播媒介来进行的，而不是面对面的传播，如同推销员的推销。

④广告活动的内容是有计划地选择的商品或劳务信息。

⑤广告活动的目的是促进商品或劳务的销售，并使广告主从中获取利益。

广告工作者对这五个问题了解了之后，便可进一步理解广告要素，以此掌握广告的基本特征，有助于设计制作和刊播出有效的广告。

1.1.2 广告的类别

从广义上来说，一切为了沟通信息、促进认知的广告形式都是广告活动，其主要特点是内容和对象都比较广泛。广告包括营利性广告和非营利性广告两大类，即商业广告与非商业广告。

商业广告是以营利为目的的广告活动，亦称经济广告，如麦当劳广告；非商业广告不是以经济利益为直接目的，而是为实现某种宣传目标所发布的广告，亦称非经济广告，如公益广告、政府宣传广告、征婚广告等。

1）商业广告

（1）按广告的诉求对象划分

广告按诉求对象的不同，可以分为消费者广告、工业用户广告和商业批发广告。

①消费者广告。这是指传播对象直接指向商品的最终消费者，是由商品生产者或经销商向消费者传播其商品信息的广告。

②工业用户广告。这类广告也叫产业广告，由生产与经营原材料、机器设备及零配件、办公用品等的生产部门和批发部门发布，诉求对象是消费这些产品的企业、机关、团体等。它的目标对象往往是比较特殊的消费群体，可能是某一方面、某一领域的专业人员，有一定影响力的意见领袖等。

③商业批发广告。这类广告主要以小商店和批发商为诉求对象，主要针对流通行业，一般由生产企业向批发和零售企业发布。广告诉求的对象一般是与这些行业有关的

采购决策人员，他们是流通领域中的守门人。

④专业广告。这类广告主要针对职业团体或专业人士介绍专业产品，如医生、美容师、建筑设计人员等。

（2）按广告的诉求地区划分

根据广告市场的情况以及广告传播范围、大小等的不同，广告也可划分为全国性广告、区域性广告、地方性广告和国际性广告。

①全国性广告。这类广告面对全国进行传播，适用于销售和服务遍及全国的企业，产品一般通用性强、销售量大、使用范围广。全国性广告主要选择覆盖全国的媒体，如《人民日报》、《经济日报》、中央电视台、中央人民广播电台、网络平台类媒体等。

②区域性广告。这是以特定地区为传播目标的广告。这类广告的诉求对象限定在某个地区，如华北地区、西南地区，或者某个省（区、市），如山东省、北京市。媒体应选择地区性媒体，如区域性报纸和电视台等。

③地方性广告。这是针对当地发布的广告。这类广告多数是由地方企业或商业零售业投放的，如超级市场、零售店、电影院等。广告往往选用覆盖地、市、县级以下的各类媒体。

④国际性广告。这是针对国际地域发布的广告。这类广告多由跨国型企业作为广告主，传播范围针对某国或某地区。它在媒介选择和广告的制作技巧上都较能针对目标市场的受众心理特点和需求，是争取国外消费者、使产品迅速进入国际市场和开拓国际市场必不可少的手段。

（3）按广告的诉求目的划分

广告按诉求目的的不同，可以划分为营销广告、形象广告和观念广告。

①营销广告。这类广告的诉求着重突出商品的特征与魅力，给消费者留下深刻的印象，吸引消费者购买该商品。这类广告又可细分为三种：

A.报道式广告：通过向消费者介绍商品的性质、用途、价格等，诱导消费者对该商品产生初步的印象和需求。在开发一个新市场或一个新产品投放市场时，较多采用这类广告，其属于开拓性广告。

B.说服式广告：强调商品的特殊性及与同类商品的差别，进行说服，加深消费者对某一品牌商品的印象，刺激其选择性需求，属于竞争性广告。

C.提醒式广告：消费者已经有了使用某种商品的习惯，广告的目的是提醒消费者不要忘记该商品，从而刺激其重复购买，提高指名购买率。

②形象广告。这类广告也可称为企业广告，以塑造企业和商品的形象为主要内容，目的是提高企业的声誉，增强消费者对企业的信任感，寻求社会和公众的理解和支持，以促进商品销售。

美国哈佛大学鲍丁教授把这类广告分为三类：

A.惠顾企业广告：宣传企业的优点、长处，以吸引顾客光临。

B.公共关系广告：通过广告宣传，为企业树立起良好的外部和内部形象，沟通企业与社会的关系。

C.公共服务广告：从企业的经济和社会责任方面，着重宣传企业对社会的服务及所做出的贡献等，如企业对社会公益活动的支持，赞助教育、福利和慈善事业等。

③观念广告。这类广告是帮助消费者建立对一个企业、一种产品的认知或印象，建立一种新的消费观念。

（4）按广告的诉求方式划分

广告按诉求方式的不同，可以分为情感广告和理性广告。

①情感广告。这类广告采用感性诉求的方式，使消费者对广告商品产生良好的态度和感情，进而采取购买行动。家用电器或针对妇女、儿童等受众群体的商品，多采用这类广告。

②理性广告。这类广告采取理性的说服方法，通过向消费者说明购买某种商品将会给他带来什么好处，让消费者来权衡利弊、做出判断，并采取购买行动。高档耐用的商品通常针对文化层次较高的目标消费者，往往采用这类广告形式。

（5）按广告的传播媒体划分

广告按传播媒体的不同，总体上来说，可以分为大众媒体广告和小众媒体广告。

①大众媒体广告。这类广告又可分为电子媒介广告和印刷媒介广告。电子媒介广告又称视听广告，有电视广告、广播广告、电影广告、互联网广告等。印刷媒介广告主要有报纸广告和杂志广告。

②小众媒体广告。这类广告主要有三类：户外广告、专业杂志广告、销售现场广告。另外，还有促销广告（SP广告）、交通广告等。

2）非商业广告

（1）政治广告

政治广告是以政治为目的的广告，如以广告形式发布政府法令和政策、运用广告进行竞选等。政治广告在广告业发达的国家较多，随着我国广告活动的不断深化，政治广告也逐渐开展起来。例如2018年2月，为了宣传国务院客户端小程序升级到3.0版本，国务院首次在中国政府网官方微信公众号上登载了电子版广告海报。

（2）公益广告

一般来说，公益广告是指为维护社会公德、帮助改善和解决社会公共问题而开展的广告活动。公益广告也称公共广告，这类广告的内容主要包括道德、教育、环境、健康、交通、公共服务等，涉及人们当前关心的社会问题，与社会公众的利益密切相关。公益广告的主要特征：一是不以营利为目的；二是为社会共同利益服务，体现了企业所承担的社会责任。例如，中央电视台的“心有多大，舞台就有多大”“别让你的父母感到孤独，常回家看看”等就是公益广告。

此外，在一些国家还出现了与公益广告类似的倡议广告、意见广告、问题广告、抗议广告、争论广告等。2000年1月23日，《中华工商时报》首次刊载了一则抗议日本大阪举行所谓的“20世纪最大的谎言——南京大屠杀的彻底检证”集会活动的广告，就属此类广告。

（3）个人广告

个人广告是指为满足个体单元的各种利益和目的，运用媒体发布的广告，如个人启事、声明、征婚、寻人、婚丧大事等广告。中华人民共和国成立之前，报纸上经常刊载个人广告，如某人结婚等。

资源2（文本）

中国公益广告小史

1.1.3　广告的要素及特性

1）广告的要素

商业营利性广告的定义，是从广告的动态过程来说明广告是商品促销的一种手段。对具体的某一则广告而言，它仅是广告活动的结果或表现。

一则具体的广告，需要有这样一些基本构成要素：广告主、广告信息、广告媒介、广告费用和广告对象。

（1）广告主

广告主就是进行广告者，指发布广告的企业、团体或个人，如企业、商店、宾馆、饭店、戏院、个体生产者、个体商贩等。

（2）广告信息

广告信息是指广告的主要内容，包括商品信息、劳务信息、观念信息等。商品和劳务是市场经济活动的物质基础。商品信息包括商品的性能、质量、产地、用途、购买时间、地点和价格等。劳务信息包括各种非商品形式的买卖或半商品形式的买卖的服务性活动的信息，如文娱活动、旅游服务、理发、洗浴、照相、餐饮以及信息咨询服务等行业的经营项目。观念信息是指通过广告活动倡导某种意识，使消费者树立一种有利于广告者推销其商品或劳务的消费观念。诸如旅游公司印发的宣传小册子，不是着重谈其经营项目，而是重点介绍世界各地的名胜古迹和异域风情，使读者产生对自然风光和异域风情的审美情趣，从而激发他们旅游的欲望。再如，有些大型企业的企业形象广告，也并不着眼于介绍其产品性能，而是不厌其详地介绍企业的悠久历史、先进的设备、优秀的工程技术人员以及现代化的管理理念，从而使人们形成“这样的企业的产品必定是优质名牌”的观念，进而产生消费定向。广告的观念信息，其实质也是为了推销其劳务或商品，只是采取了不同的表现手法。

（3）广告媒介

广告活动是一种有计划的大众传播活动，要运用一定的物质技术手段，才能使信息得以广泛传播。广告媒介就是这种信息传播的中介物，它的具体形式有报纸、杂志、广播、电视、环境媒介、分众传媒、互联网、手机等，所以它又称广告媒体。国外把广告业称为传播产业，因为广告离开媒介，交流就停止了，可见广告媒介的重要性。

（4）广告费用

广告费用就是从事广告活动所需付出的费用。广告活动需要经费，利用媒介要支付各种费用，如购买报纸、杂志版面，购买电台、电视台的播出时间，购买手机媒体的展示位置等都需要支付相应的费用。即使自己制作广告，如布置橱窗、印刷招贴和传单等，也需要一定的制作成本。广告主进行广告投资，支付广告费用，其目的是扩大商品销售，获得更多的利润。为了降低成本，取得最大的经济效益，在开展广告活动时，要编制广告预算，有计划地进行广告，以节约广告费开支，获取最佳广告经济效益。

（5）广告对象

广告对象就是广告宣传所面向的公众、消费者。广告既然是一种宣传活动，就要有宣传对象；否则，就不能称其为宣传，或者说毫无意义。广告对象既可以是选定的，如“金利来，男人的世界”，也可以是普遍的，如许多家用电器都是面向所有的消费者。

2）广告的特性

从广告的主要构成因素看，广告具有以下几个特性：

（1）明确的广告主

明确广告主的意义有两点：

①广告主是广告的出资者，付出费用必须得到回报，只有明确了广告主，才可能得到经济回报。如在“去屑实力派，当然海飞丝”这句广告语中，嵌入了品牌名称，在传播过程中，消费者记住了海飞丝的功效，提升了购物时的选择概率，宝洁也因此获得了经济回报。如果文案是“去屑实力派，品质洗发精华”，没有突出品牌要素，那么传播的效果就会大打折扣。所以，在广告中，广告主的标识要鲜明、突出、简洁，易于广告接受者识别和记忆。

②能够明确广告责任。广告主负有一定的责任，对消费者的承诺必须兑现。明确了广告主，可以防止欺骗性广告的出现，一旦有虚假、误导的广告信息，就能追究广告主的责任。

（2）付费传播

广告活动的整个过程，包括策划、制作、通过媒体传播、进行效果调查等，每一个环节都需要付出一定的费用。既然付出费用，广告主也就拥有了对广告信息传播的控制权，有权决定广告的内容、表现方式、发布的时间和媒介等。

（3）非人际传播

广告主要通过报纸、杂志、广播、电视、网络、手机等传播媒介和其他媒体向消费者传播商品信息，是一种非人际传播。

（4）具有特定信息

广告传播的内容，不仅包括商品、劳务方面的信息，而且涉及形象、观念方面的信息。例如，万科的“让建筑赞美生命”、安踏的“永不止步”、李宁的“一切皆有可能”就是观念类广告。广告内容要求真实、简洁、生动、具体、精彩，能够产生促销效果。同时，还要符合社会规范和道德规范，要受到一定的管理和约束。

（5）采用说服方式

广告的最终目的，是使目标消费者接受广告信息，影响其购买行为，促进销售。在商品生产不发达时期，商品产量低、品种少，广告的主要形式是向消费者告知商品信息。在市场竞争时代，产品极大丰富，广告的主要形式就变成了说服。但要注意，所谓的“说服”不是指硬性推广，而是要结合时代特点和消费者需求采取恰当的方式。比如

Z世代的消费者更重视与企业的情感连接，关注企业的价值观是否和自己相契合，关注企业带给自己的心理感受等。企业也要结合这些层面展开新时期的适应性营销。

资源3（文本）

网络广告常用语及解释

（6）选择传播对象

广告活动并不是向所有的消费者进行宣传，而是有特定的目标公众。有了目标公众，可以制定广告策略，有针对性地进行宣传。

1.1.4 广告的影响和作用

随着广告活动的开展，广告已深入到经济生活的各个方面，由经济领域扩展到社会和文化等领域，产生的影响和作用也越来越大。

1）广告对企业经营的影响

在现代社会化大生产、分工更加细密、商品经济日益发达的条件下，信息资源已成为一种战略资源。广告通过信息传播，沟通生产与生活、生产与流通、生产与消费、流通与消费之间的联系。其作用包括以下两个方面：

（1）沟通产销信息，促进商品销售

随着生产能力的提高，商品适销对路以及同类产品之间竞争的问题变得越来越突出，销售成了企业经营活动中的首要问题。

企业运用各种营销手段，组合成一种系统化的整体（合）营销策略，来实现经营目标，就是市场营销组合。它包括产品（Product）→价格（Price）→销售地点（渠道）（Place）→销售促进（Promotion），由于这四个英语单词第一个字母都是“P”，所以又称为“4Ps”。企业在经营过程中，对产品进行“定价”，将其转化成商品；再通过各种流通渠道将商品分配到销售场所；然后开展各种促销活动，把商品信息传递给消费者，促使购买行为完成。

现代的营销观念已发生了新的变化，20世纪90年代以后，欧美一些市场营销学者提出，市场营销组合应由“4Ps”转向“4Cs”。也就是说，要研究消费者的需求和欲望，销售的不是企业能够制造的产品，而是消费者希望购买的产品，产品（Product）转向消费者（Consumer）；要研究消费者对产品的价值感和愿意支付的成本，摒弃传统的价格策略，成本（Cost）代替价格（Price）；要从消费者的立场出发，考虑怎样使购买方便，不必考虑一般的营销通路，销售地点/渠道（Place）转向便利性（Convenience）；为此，要能以满足消费者的需要为目的，与消费者保持持久性的联系，做好整合营销传播和互动传播，销售促进（Promotion）转向传播和沟通（Communication）。企业的经营活动不是以生产或销售为中心，而是以消费者为中心来展开。

这种营销观念的转变，基于商品的数量、质量、种类等，在市场上都相当丰富，消费者已有条件根据自己的意愿来选择商品。企业必须使消费者了解有关商品信息，才能获得被选择的机会。因此，建立企业与消费者之间的联系，必须做好信息传播工作。

在整合营销传播中，企业要开展多方面的、综合的信息交流活动，如公共关系、人员推销、促销活动等。其中，广告是企业面向社会、面向消费者交流信息的重要手段和方式。

(2) 激发竞争活力，推动企业发展

竞争是商品经济的产物。当市场上有几个企业生产和销售同一类产品或劳务时，必然会产生竞争。广告能增强竞争的声势，向消费者提供选择和比较的机会，激发竞争活力。

广告宣传必然会促进企业开发市场，扩大市场容量，大量生产并大量销售，从而降低成本、降低售价，提高市场竞争力。例如，传统媒体时代的杭州“娃哈哈”集团就是通过大量的广告宣传，将“娃哈哈”系列产品推向全国并使其家喻户晓的，“娃哈哈”集团也像滚雪球般越做越大。数字媒体时代，新消费品牌“完美日记”借助小红书等短视频的营销传播与推广，仅仅用了三年时间，便跻身高端美妆品牌，斩获多项国际美妆大奖，成为国产美妆赛道中的超级“黑马”。

2) 广告对消费者的影响

(1) 促进消费

消费者在购买商品之前，首先要了解有关商品的信息。消费者获取商品信息的渠道，一般来说有三个：一是亲身接触；二是通过人际传播，如亲友、同事之间互相转告，推销员介绍等；三是通过传播媒体，如通过报纸、电视、互联网平台或者路牌、传单等获取。广告正是通过传播媒体，把有关商品的性能、用途、使用方法、价格、口碑以及销售的方式、地点、时间等信息发送出去，使广大消费者获得商品的有关知识。

新产品的上市、新品牌的出现、新服务的提供，人们往往是通过广告先知道的。通过广告，消费者可扩大商品选择的范围。

(2) 影响观念

改革开放以来，人们的购买力大大增强。从家庭耐用消费品的普及来看，20世纪50年代，我国城乡居民追求的是手表、收音机、缝纫机和自行车；70年代，北京人结婚家具要“48条腿（12件）”；80年代，电子产品开始进入普通家庭，电视机、摩托车、电子手表和洗衣机“四大件”登堂入室；到了21世纪初期，冰箱、空调、电脑、手机新的“四大件”在很多地区已经普及。20世纪80年代时，人们还陶醉于“大碗茶”的服务，现在几乎全被纯净水、矿泉水所替代。移动互联时代，手机、平板电脑等相关电子产品也逐步替代电脑的功能，成了人们生活中的新宠。消费水平和消费层次的提高，都是广告带来的消费观念的变化。

广告还可以创造流行，制造时尚，提倡和推动新的生活方式。许多流行商品的出现，与广告传播是分不开的。一种新的产品问世或一种新的消费方式产生，经过广告推广，就会被消费者学习、接受或模仿，成为新的流行和时尚。

广告还具有宣传教育功能。作为社会教育的一种形式，大量的广告信息传播，可以弥补家庭教育和学校教育的不足。广告传播的有关信息，能够潜移默化地普及新的商品知识、科技知识，影响消费观念等，甚至在精神文明建设、社会良好风气和高尚情操的培养和熏陶等方面，都能起到很重要的作用。

3）广告对社会文化事业发展的影响

（1）促进大众传播媒体发展

广告主要通过大众传播媒体传递有关的信息内容。反过来，大众传播媒体又通过刊播广告获得可观的经济收入。在资本主义国家，绝大多数报纸、杂志、电视台和电台等，都是依赖广告收入来生存和发展的。其中，广播电视业的收入90%以上通过广告获得，报业有一半的收入来自广告，杂志的广告收入也占20%～70%。

在我国，广告收入在媒体经济中亦占有较大比例。基于媒体的二次销售理论，媒体对消费者的直接诉求并不是购买行为，因为消费者的购买并不能使其从中盈利，其关键的诉求在于消费者对传媒产品的认同和喜爱，继而将受众的注意力出售给广告主以获取盈利。数字媒体时代，媒体经营越来越追求多元化的商业模式，但尽管如此，广告依然是各大主流及新媒体的主要盈利源泉。

由于大众传播媒体的经营主要依靠广告收入，为了争取广告市场中的更多份额，大众传媒就要提高质量，获得企业、广告商和目标受众的青睐，因此在广告内容和形式上，都力求变化和创新，贴近生活、贴近受众（消费者）。受众影响力越大，广告就越多，收入也随之增加，从而形成良性循环。

（2）美化市容环境，丰富文化生活

现代广告已成为社会文化的组成部分，与人们的生活紧密相联。很多广告作品也是艺术品，具有一定的欣赏价值和文化品位，能给人们带来审美享受。

广告能够利用较强的艺术感染力来吸引和打动目标消费者，取得很好的艺术效果。广告作为一种文化现象，已被人们所接受。优秀的广告语有的已成为日常生活中的流行语，如“横扫饥饿，做回自己”“‘关心牙齿，更关心你’”“感动常在”“自然堂，你本来就很美”“不做下一个谁，做第一个我”等。美国电视广告歌曲之王史提夫·卡文曾创作了广告歌《我爱纽约》，由于受到群众的喜爱，还成为纽约州州歌。

广告也是现代化城市的一个重要标志，为美化市容环境做出了贡献。竖立在高楼大厦上的广告牌、闪烁变幻的霓虹灯、各大商场陈列商品的橱窗，都成了城市亮丽的风景，把城市装点得更加美丽多姿。

1.2　广告原理

通过以上介绍，我们对广告有了初步认识。那么广告作为一门学问即广告学，它的理论点是什么？如何较为全面、科学地把握广告的原理与规律？广告学在众多学科中究竟占有什么样的地位？它的性质是什么？研究对象是什么？这些都需要我们进一步了解。

研究广告理论，一般有两个角度：传播学和市场学。传播学着重分析和研究传播过程的五个方面（“五个W”），即传讯者、讯息、接受者、媒介、效果。市场学则重视广告与市场营销策略的关系。我们从传播学的原理出发，把广告作为一种信息传播手段来研究，发现广告不仅在经济领域发挥着重要作用，而且在政治生活、社会协调、文化娱乐、情报信息等方面同样发挥着重要作用。我们在从信息传播程序方面对广告活动进行探讨的同时，侧重面还应集中在经济方面，因为市场营销是广告活动最活跃的领域。

1.2.1 广告学的性质

随着商品经济的发展，市场经济由卖方市场向买方市场转化，市场竞争日趋激烈，争夺消费者和提高市场占有份额成为企业成功的关键。随着科学技术的进步，广告手段日益科学化、现代化，运用广告来开拓市场、争夺消费者，成为企业开发市场、扩大商品销售的重要方式，对广告理论和广告策略的研究也日益为人们所重视。广告理论研究的日益发展和广告工作的实际需要，逐渐使广告学从新闻学和商业经济学中分离出来，成为一门正规和独立的学科。

广告既是一门科学，又是一门艺术，可以说是一门综合性的边缘学科。它以科学开始，以艺术结束。广告学作为一门独立的、规范的、综合的边缘学科，对于认识广告学的性质和学科体系具有实际意义。这主要体现在以下两个方面：

1）广告学是一门综合性的边缘学科

广告学的雏形实际上是在其他学科的母体中孕育的，广告学的形成过程，不仅是吸收其他学科研究成果的过程，也是从其他学科中逐渐分离出来的过程。广告学的内容一开始散见于其他学科体系中，然后从其他学科逐渐分离出来，也使得自身的体系不断趋于完整。认识广告学学科体系形成的特殊背景及广告学发展的独特轨迹，对正确认识广告学的性质具有十分重要的意义。这有利于认识其他学科与广告学学科在其体系形成过程中的地位和作用，避免忽视或夸大分支学科在广告学学科体系中的作用和影响，进而对把握广告学学科体系的内涵和外延、正确认识广告学的性质具有实质性的帮助。

2）广告学是一门具有学理规范的科学

广告学作为一门规范学科，有其自身发展、演变的规律。在广告学的发展过程中，其内部各有机组成部分之间的联系也是必然的或自然形成的。

广告学是从20世纪初开始出现的一门边缘学科，是一门既包括社会科学又具有自然科学性质和心理科学性质的综合性的独立学科。在对广告学与经济学、市场学、管理学、美学、心理学、公共关系学、文学艺术等的既联系又独立的分析中，我们可以勾画出广告学性质的轮廓。

1.2.2 广告学与相关学科的关系

广告学作为20世纪初开始出现的一门综合性边缘学科，在其形成过程中，由于研究对象的日益明确而逐渐从其他学科中独立出来，在其发展过程中不断吸收和融合其他学科的研究成果，与其他学科发生着紧密的联系。

1）广告学与经济学和市场学

广告学是市场经济发展到一定阶段的产物，随着市场经济的发展而不断完善与成熟。经济学和市场学中揭示的许多规律，在广告活动中照样适用，广告活动也必须遵守。广告现象又是市场经济中存在的重要现象，它服务于市场经济，推动着市场经济的发展。经济学和市场学的研究成果可直接用于广告学，而广告学理论的发展又影响到经济学和市场学的理论演变，每一次广告学理论的突破都对社会经济产生了重大影响，推动经济学和市场学对新问题、新现象的研究。

2）广告学与传播学

广告学与传播学的联系最为密切，甚至在许多研究成果中，都把广告学视为传播学的一个重要组成部分。但是，广告学不同于传播学，主要表现为：

第一，广告学以广告现象为研究的出发点，而传播学以信息传播为研究的出发点。广告的目的是通过传播广告信息而诱导社会公众，传播学中信息传递的目的是与公众进行交流。

第二，广告的媒体是大众传播媒介；而传播的媒体既可以是大众传播媒介，也可以是自身传播媒介和组织传播媒介。

第三，广告讲究突出重点信息，强化形象，可以采用多种艺术形式进行形象塑造和文案设计；传播讲究的是信息的完整性、准确性。

第四，广告追求广告效果，注重投入产出效应；而传播追求的是信息到位。

第五，在约束机制上，广告信息传播受到广告法规的限制和保护，广告信息一旦失真、失误，要受法律制裁；而一般的信息传播大多不受什么约束，即使失真、失误，往往也不负任何责任，法律也并不追究，但在网络上散布谣言除外，侵害公民或企业名誉权，或者严重扰乱公共秩序的需要承担法律责任。

3）广告学与管理学

广告活动作为社会活动、经济活动和传播活动的一种综合，在活动过程中必然要求以管理行为来计划、组织、指挥、协调和控制。

广告学借助管理学的理论和方法指导广告工作，以完善广告学的理论体系并指导广告实务。

4）广告学与心理学

广告作为说服社会公众的艺术，与心理学有着密切的关系。心理学提供了人的心理构成的机理、心理活动的特点和性质，广告只有借助心理学的理论和规律才能达到说服的目的。

一则广告从确立主题、构思内容到选择媒介，无不体现广告学与心理学的结合，甚至一则广告的版面设计、文字语言多少、词义准确度、刊播媒体、背景材料等，都要求心理学理论体现于其中。

5）广告学与美学、文学和艺术

广告要利用各种文学和艺术手段来达到其目的，它与文学和艺术有着不可分割的关系。文学、艺术可以通过其特有的形式去影响、感染甚至支配人们的情感，有时乃至改变人的观念和行为。广告作为一种具有特殊意义的艺术形式，正在吸收美学、文学和艺术的理论方法，逐步形成自己独特的艺术方式和规律，不断推动广告美学理论、广告艺术和广告活动的发展。

6）广告学与公共关系学

在现代信息社会，广告和公共关系都是运用一定的传播媒介来宣传自身，树立形象。广告学与公共关系学既相互联系，又有一定的区别，各自都具有本学科存在的质的差异性和规定性。

（1）广告学与公共关系学的差异

首先，广告学与公共关系学出现的时间不同。广告学先于公共关系学成熟化和系统化。广告学是20世纪初随着商品经济的发展和心理学由普通理论向实验阶段转变而产生的，并受到传播手段多样化和现代化趋势的直接推动；而公共关系学作为一门学科是在20世纪20年代后随着经济领域高度社会化和商品化、政治领域和文化传播手段现代化而形成的。广告学的产生和发展推动了公共关系学的形成和发展。

其次，广告以树立产品形象为核心，目的在于促进产品销售。而公共关系以树立组织形象、提高组织的知名度和美誉度为核心，目的在于树立组织的整体形象。

最后，广告一般是单向地传递诉求信息，以影响人们的观念和行为。而公共关系活动采取全方位和双向沟通模式，充分显示组织的宗旨、实力、信誉和社会责任，形成一种全面的社会舆论，影响公众，使其对组织具有良好的总体印象。

（2）广告学与公共关系学的联系

在现代社会中，广告学与公共关系学出现了诸多领域的融合与交叉。首先，组织公共关系活动在许多时候都利用广告的形式来宣传自身，树立自己的形象；广告主也在不断地吸收公共关系的思想来调整、修正、完善传统的广告活动。传统的广告往往直接诉求自己的产品信息，而现代广告则开始以树立产品的形象为侧重点。其次，公共关系和广告在传播组织信息时，是从不同角度传递给有关组织不同的信息，但目的都是为组织整体目标服务，从而树立组织及产品或服务的完整形象。最后，广告学与公共关系学出现了融合的趋势。

广告学从属于社会科学领域的经济学科，它揭示了广告促进商品销售的科学规律。人们只要按照这些规律去开展广告活动，必然会收到好的经济效益和心理效果；相反，如果在广告活动中违反这些规律，必然会导致失败。比如，广告要想取得视听效果，必然要符合人们对客观事物认识的规律性；而不同的市场，也要求广告主具有相应的符合市场特性的广告行为。广告活动事实上是一项经济活动，是受社会各方面因素影响的，而社会各项影响因素又是多变的和复杂的。同时，广告活动也受主观因素的影响，因而广告效果的因果关系也比常见的自然科学中所描述的自然界活动的因果关系要复杂。

1.2.3 现代广告学理论体系

如前所述，广告学是一个边缘学科，与其他学科如传播学、新闻学、公共关系学、营销学、社会学、美学等都有着密切联系，所以其理论体系也十分复杂，许多学者都有各自不同的见解，构建的理论体系也各不相同，有待进一步研究，这里暂不介绍。我们只是从传播学角度对广告学学科本体理论体系加以简单勾画，以使大家对这一学科有一个较为完整的印象。

一般认为，传播学是广告学研究的理论基础。从传播学角度来讲，所谓广告，就是广告主（Who）通过某种媒体（Which Media）和方式（How）向受众（Whom）传播某种信息（What），从而影响他们的态度和行为（Why）。所以，从这一角度来说，广告学的研究内容就是五个“W”和一个“H”，如图1-4所示。

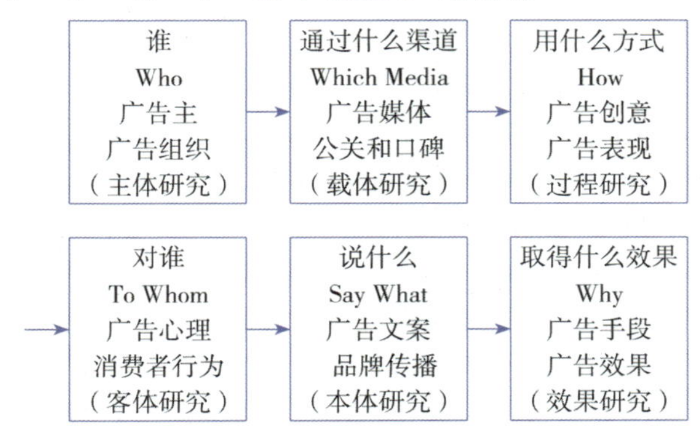

图1-4　广告学理论体系示意图

其具体包括：

（1）广告本体研究——研究广告信息（What），包括什么是广告以及广告经典理论、品牌策划、优秀广告作品分析等。

（2）广告主体研究——研究广告主（Who），包括广告公司、广告代理制、广告法规、广告管理和广告人培养等。

（3）广告载体研究——研究广告媒体（Which Media），包括各种广告媒体，特别是现代广告四大媒体和新兴的网络、手机广告媒体等。

（4）广告客体研究——研究广告受众（Whom），包括广告心理、广告环境、消费者行为等。

（5）广告过程研究——研究广告方式（How），包括广告历史发展过程、广告策划、广告创意和整合营销传播等。

（6）广告效果研究——研究广告目的（Why），包括实现有效传播的广告手段和最终的广告效果测评等。

1.3　广告历程

1.3.1　广告学及其源流

多年来，学界一直流行着“广告是人类有目的的信息交流的产物”与“广告是商品生产和商品交换的产物”的不同观点。这两种不同的表述分别代表了人们对广告起源问题的不同看法。站在前者的角度看问题，广告伴随着传播技术的进步而进步；站在后者的立场找原因，广告则因营销环境的变化而变化。“传播”和“营销”，是广告赖以生存和发展的相互支撑的两个层面。广告学与广告学科体系也是在这两个层面上，成为广告传播技术进步和广告营销功能增进的必然产物。

1）广告学学科体系的端倪

广告学的形成，既有广告作为单个活动的长期积累，又有广告作为整体活动的科学运作。广告学的形成是一个漫长的过程，有许多重要标志或参考的坐标可供人们研究和探讨。

首先，广告学作为一个学科出现，是广告活动与人们现实生活发生紧密联系的结果。广告伴随人类信息的交流活动而产生，在商品生产和商品交换活动中得以发展。随着广告技术的进步和大众传播媒介的成长，广告活动有了更为广阔的空间和更为丰富多彩的表现形式。在大众传播媒介出现之前，广告的形态和运作方式均较简单，影响范围也较有限，广告仅仅被人们视为传播信息的方式或推销商品和观念的“技术”，称为“推销术”。随着科学技术的发展和大规模的商业活动的开展，广告技术与大众传播媒介开始有机地结合在一起，广告功能和价值得到进一步发展。一方面是广告技术和大众传播媒介的结合，广告的功能和价值日益增强；另一方面是广告对人们日常生活和社会各个领域的影响日甚，人们开始注重对广告现象的研究和对广告规律的探讨。

其次，广告学作为一个学科出现，与广告运作规模化、规范化并日益呈现出一定的规律性也不无关系。

2）广告学发展步入成熟阶段

第二次世界大战以后，随着西方资本主义经济的发展，广告业得到快速发展。广告学的研究也取得突破性进展，广告学学科体系因研究对象日益丰富而趋于完备。

首先，市场营销学和传播学被引入广告实践活动，成为广告学学科体系中新的两大理论体系。

20世纪中期，随着西方资本主义走向繁荣，营销学、传播学两门学科逐渐形成。其中的理论和方法被杰出广告人引入广告实践中，极大地增强了广告活动的有效性，从而将广告战略和方法技巧置于科学化的基础上。至此，广告学的理论框架基本形成，以心理学、传播学、市场营销学的基本理论为支柱的广告学理论体系逐步建立起来，广告学也基本实现了从其他学科中分离出来，进而形成了相对独立、完整的学科体系。

其次，广告大师们对广告理论的总结，为广告学学科体系注入了更为丰富多彩的内容。

伴随广告市场的发育和广告运作环境的不断优化，一批在长期广告活动中积累了丰富经验、对广告市场情况充分了解、对广告感悟又特别深刻的广告大师们脱颖而出。他们对广告学发展做出的杰出贡献，就是总结了一系列广告创意的理论和方法。这些理论和方法被运用到广告实践中，不仅产生了巨大的经济效益，而且伴随着这些理论和方法同时产生的经典创意案例，也成为广告学学科体系中最为精彩的部分。

从20世纪50年代到70年代，广告大师们创造的理论有：罗素·瑞夫斯的独特销售主张、大卫·奥格威的品牌形象理论、艾·里斯和特劳特的定位理论等。在这三位代表人物的前后，还有许多广告大师对广告学研究中不同创意流派的形成也产生了重大影响。例如，E.肯尼迪认为“广告是一种印在纸上的推销术”；威廉·伯恩巴克认定广告不是科学，而是说服艺术；芝加哥广告学派之父李奥·贝纳则认为创作一个好的广告作品的秘诀就在于找出产品本身固有的刺激性，也即找出广告作品中“与生俱来的戏剧性”；有“叛逆创意者”之称的乔治·路易斯则通过《广告的艺术》，使“广告是一门艺术”的观点得到全面彰显。这些广告大师从不同角度对广告理论进行了总结，并引发了20世纪40年代至70年代的“创意风暴”。

最后，广告学研究向多元化方向发展，广告学学科体系的内涵和外延均得到强化和延伸。

1.3.2 广告学说的发展

随着新兴媒体广播和电视的相继出现，广告活动与大众传播媒体的结合更为紧密，以报纸、电视、广播、杂志为标志的四大媒体的形成，为广告活动提供了更为广阔的空间和市场。如何科学地选择、运用媒体，更好地提高广告效能，日益受到人们的重视。广告媒体逐渐成为学者们重点研究的对象。科学运用媒体的理论和方法也逐渐成为广告学学科体系不可分割的重要组成部分。

随着广告市场的扩展，对广告活动的规范管理也受到高度重视。各国政府纷纷出台相应的法规和政策，加强对广告行业的管理。在这一过程中，广告行业组织的作用和地位也得到加强和提升，在协调关系、行业自律、提高效率等方面发挥着重要作用。随着广告市场发育的成熟，多角关系相对稳定，广告代理制应运而生，使广告市场的运作更加规范化。随着研究成果的不断丰富，这些内容也成为广告学学科体系的重要组成部分。

自 20世纪 70年代起，广告摄影技术、计算机图文设计制作技术，以及卫星传输技术、喷绘技术被广泛运用于广告实践。90年代以来，被称为第五大媒体的互联网走进人们的生活，同时数字技术的快速发展带动了互联网、移动电视、移动通信等的蓬勃发展，使得信息传播发生了革命性的变化。之后伴随着移动互联网时代的到来，以及大数据、人工智能等技术的广泛应用，媒介生态环境发生了巨大变化，由此衍生出了广告运作体系的新形态，广告业也打破了与不同行业之间的藩篱并且迸发出新一轮的增长活力。而今广告的样态正以超乎人们想象的速度迅速增长，广告业运营进入了一个新时代。这又为广告研究提供了新的课题，使广告学学科体系增加了新的要素。

20世纪70至80年代，随着全球经济发展步伐的加快，广告业的跨地区、跨国度运作力度逐渐加大，广告理论也得到进一步发展。如80年代，CI作为一种企业系统形象战略被广泛运用到企业的经营和管理中，并在世界范围内掀起一场令人瞩目的“形象革命”。同时，品牌战略、品牌管理、品牌延伸、品牌维护也随着国际竞争的加剧而逐渐成为广告运作的有机组成部分。

20世纪80至90年代，整合营销传播在中国广告界掀起波澜。整合营销传播是一个营销传播计划概念，其核心思想是将与企业进行市场营销有关的一切传播活动一元化。一方面把广告、促销、公关、直销、CI、包装、媒介等一切传播活动都涵盖到营销活动的范围之内；另一方面则使企业能够将具有良好清晰度、统一连贯性信息传达给消费者，从而使传播的影响力实现最大化。精明的企业领导者都看到了这一点。人们已经认识到，在信息爆炸时代，消费者的注意力极易被稀释，大众媒介广告的效益已不如从前，消费者也从被引导型变成自助型，对无处不在的广告持否定和怀疑态度。在此情形下，企业努力培养与顾客间的良好关系远比实现单纯的交易更重要。

资源4（文本）

广告的使命

在新媒体时代，营销即传播，企业营销就是通过各种手段向消费者传递信息，从而实现消费者对企业品牌的认知与认同，消费者对企业营销信息的接收与认知至关重要，企业需要用传播思维来塑造营销，也就是说，不能仅仅站在企业立场看管理，更要站在用户立场看沟通，如此才能打造营销传播的一体化，才能实现“企业所做的一切都是在传播”的目标。从这个意义上而言，今天的广告概念的范畴被大大地拓展了，它更偏向于品牌传播的概念，从广义范畴上理解，实际上所有的消费者接触点都存在广告信息的传播，都在共同形塑消费者对于品牌的认知与认同。因此，整合营销传播已成为重要的营销手段，并改变着营销规则和广告作业的形态。

本章小结

本章着重论述了广告学说的转变过程及其学科体系的建立与发展现状、广告学的基本原理构成及其与相关学科的关系、当前广告学理论体系的框架和研究范畴。

广告活动与人们的现实生活紧密联系，广告运作规模化、规范化并且日益呈现出一定的规律性，杰出广告人对广告活动基本原则的总结，促使广告发生了蜕变，并逐步成为一门独立的、规范的、综合的学科。

广告学学科体系逐渐趋向完备的过程大致分为三个阶段：广告心理学成为广告学学科体系的重要分支、广告与营销产生联系、广告管理成为广告运作中的重要组成部分。

广告学逐步发展成为以心理学、市场营销学和传播学为理论支柱，内容呈现多元化，多学科交叉融合，具有规律性的学科。

广告学在长期发展过程中，逐步构建成以理论广告学、历史广告学和应用广告学为结构框架，研究领域不断拓宽，具有独立性、规范性和综合性的边缘学科。

关键概念

广告主　广告媒介　广告对象

复习思考题

第1章测一测

1）简述广告的影响与作用。

2）简述广告的要素和特征。

3）广告学与传播学是什么关系？

4）广告如何有机运用消费时尚心理和角色心理？

5）“营销”和“传播”是广告运作中截然分开的两个层面吗？谈谈你的看法。

专业技能训练

请每人收集十则广告案例，以小组讨论的方式，将所有案例分别按照非商业广告、商业广告的区分细目进行分类，以此了解每类广告的具体特征及相互区别。

本章参考文献

[1] 里斯，里斯，张云. 21世纪的定位［M］. 寿雯，译. 北京：机械工业出版社，2019.

[2] 舒尔茨，等. 整合营销传播：创造企业价值的五大关键步骤［M］. 王茁，顾洁，译. 北京：清华大学出版社，2013.

[3] 张金海. 现代广告学教程［M］. 北京：高等教育出版社，2010.

[4] 刘刚田. 广告策划与创意［M］. 北京：北京大学出版社，2012.

[5] 严学军，汪涛. 广告策划与管理［M］. 北京：高等教育出版社，2015.

[6] 卫军英. 整合营销传播理论与实务［M］. 北京：首都经济贸易大学出版社，2017.

[7] 张贤平，黄迎新. 广告学概论［M］. 北京：中国人民大学出版社，2015.

[8] 何修猛. 现代广告学［M］. 上海：复旦大学出版社，2008.

[9] 陈培爱. 现代广告学概论［M］. 4版. 北京：首都经济贸易大学出版社，2018.

第2章　广告美学

学习目标

通过学习本章，你应该：

提高广告艺术理论的水平，了解广告不仅是美育的讲坛，还是文化的使者、道德的风向标，作为现代文明的巨大驱动力之一，美的广告给人以视觉与心灵的启迪。

提升审美能力、艺术修养、文化素质，了解审美心理和沟通规律，将文化精神与美学创作理论转化为审美实践，立足打造我国广告大品牌。

引例　　一镜到底，百雀羚新年广告美爆了！

百雀羚每次的新广告都会带给我们惊喜，这次也一样。

当我们已经习惯新年主题色就是金色、红色的时候，百雀羚这次的贺岁广告突破了传统年味广告的藩篱，短片使用深浅不一的绿色打造出的浓郁年味充满新意，不落俗套而又让人惊喜。

很明显，本次百雀羚贺岁短片运用了一镜到底的叙事风格，镜头干净简练，外加图形表现的形式，并结合百雀羚品牌自身的绿色属性配色作为画面主要的美术风格，图像简约，画面丰富，镜头灵动，用自然之力的概念演绎东方美感，用情节体现品牌进阶的意图，用元素与视听氛围达到贺岁的目的。广告画面虽然简单，但内容充实饱满，画面制作精良，每一帧截图都可以框一下当装饰画卖。

片中，首先出现的是百雀羚图腾，图腾中的雀苏醒活动起来，衔住中心的叶子向花朵飞去。雀穿过草本植物丛，掠过鸟群、山峰，来到密林深处的窗前，落在坐在窗口的东方女子的手上。雀口中叶子上的露水滴在女子手背上，女子抬手一抹，镜头跟着她一直在动的手，指缝变成台阶（如图2-1所示）。

图2-1　百雀羚新年广告创意（1）

女人身穿旗袍走上台阶，转身时场景发生变换，旗袍侧面开口的扇形变成扇子，出现了女子用扇子遮面的中景。扇子旋转，女子眨眼，瞳孔里映出她在参加Party，一只盛着香槟的高脚杯入画（如图2-2所示）。镜头推进，酒杯里的气泡上浮、爆炸，变成新年倒计时的钟声（如图2-3所示）。

图2-2　百雀羚新年广告创意（2）

图2-3　百雀羚新年广告创意（3）

新年到来，外滩上空绽放的烟花像前一年的勋章，见证着外滩的变化，也展现了百雀羚品牌历久弥新的坚持，钟下欢庆的人们在见证这一刻的同时，Logo的演化随之而来。

在百雀羚贺岁短片的最后，出现该短片的名称“新年就是新的”（如图2-4所示）。

图2-4　百雀羚新年广告创意（4）

资源5（视频）

“百雀羚”新年广告案例赏析

新的什么呢？新的一年，新的生活，新的工作，新的挑战，新的突破，新的期待，新的惊喜……新的你。

借短短一个动画片，百雀羚明确表达了产品天然、不刺激的护肤理念，演绎了东方之美，也凸显了品牌的主题色，传达出了百雀羚追求自然本真的精神会继续传承，并成功地从一众红色、金色的新年味广告中脱颖而出，使受众感受到了来自百雀羚的清新年味。

资料来源　佚名．一镜到底，百雀羚新年广告美爆了！[EB/OL]．[2018-02-09]．http：//www.sohu.com/a/221870681_487881.

2.1　广告美学概述

广告是美的创造性的反映形态，作为审美对象，一方面，它反映或渗透着一定时代的审美观念、审美趣味、审美理想，同时也凝聚着广告人构思的心血和独创性的精神劳动。从这种意义上说，它是广告人审美心理结构的物质化表现。另一方面，广告又是具有一定审美能力、审美意识的人的欣赏对象，是物质美、精神美的能动反映，是一种社会意识形态。通过大众对广告的认知、感受和理解的过程，广告向社会传播着某种美学观念，如道德观、价值观、幸福观、消费观等，从而逐渐影响人们的价值观念和生活方式。

2.1.1 什么是广告美学

广告美学是广告学和美学相结合的边缘性学科，是从美学的基本原理出发，研究广告表现的艺术规律及广告中审美现象和审美文化等审美特征的应用美学学科，是指导广告创作的基础理论，具有社会使用功能和市场价值。

广告美学以广告审美现象为研究对象，具体来说是研究广告的审美属性和广告美的本质特征，广告审美活动中的主客体关系，广告的审美创造、审美欣赏、审美批评以及广告审美文化。

广告美学的宗旨是在美学基本理论与市场需求心理相结合的基础上，从具体作品出发来分析、把握和提高广告艺术水平，为广告创意思维和艺术表现构筑一个新的平台。

2.1.2 广告的审美特征

广告作为商业艺术，它的艺术价值是依附于它的经济价值而存在的，其艺术性表现在对信息的艺术化包装与处理上。广告反映现实的基本方式是塑造符号化和个性化的商品品格形象，既承载其诉求意愿，又以其直观的美的形式激发起受众的心理认同与共鸣。它是一种通俗的大众化的艺术形式。从艺术的角度看广告，它的美学特征可以从如下三个方面加以剖析：

1）明显的商业性

资源6（视频）

竹叶青只此青绿

广告是一种宣传商品的艺术，它首先是一种商品，其次才是一种艺术品。也可以说，广告自身的艺术价值是依附于它的经济价值而存在的。这就意味着广告不是一般意义上的纯艺术，而是功利性很强的商业实用艺术；以艺术为包装、寓商业于艺术是广告艺术的根本特征。广告创作不能脱离商业性这个特点来单纯追求画面的美、色彩的美、语言的美。广告艺术美的要素绝不能游离于广告营销战略整体构想之外。

2）独特的形象性

艺术形象是艺术反映生活的特殊形式，其特殊性在于它是创作主体对客观外在世界一种感性形式的审美反映。这应当是包括广告艺术在内的所有艺术形式共同的基本特征。从审美的眼光来看，商品形象的塑造，可以说是作者站在艺术的制高点上对美的一种发现。显然，用艺术的标尺来衡量，绝大多数商品自身的形象都有些先天不足，它们太实用，太缺乏艺术的灵气与诗意了。因而，如果只是简单地对商品进行图解说明，则势必会使消费者对广告的欣赏只停留在认知的层次，而难以进入美学的境界中。

资源7（视频）

方太“地球情书”

3）高度的兼容性

广告从表现形式、物质媒介和技术手段来看，呈现出一种高度综合、高度扩张的发展趋势。广告在最初的成形阶段，就已经不局限于利用单一的媒体和单一的手法来传递商品或劳务的信息。可以说，今天的广告已经基本上占领了人们可以利用的一切物质媒介（从火柴盒到航天飞机），运用了迄今为止的各种审美艺术表现形式，融合了各种现代科学技术，创造了多姿多彩的表现手法。因此，现代广告审美艺术是一门兼容性很强的综合艺术。

2.1.3 广告审美文化的表现形态

任何民族的审美文化都受本民族传统文化的影响。广告在借助审美文化传播经济信息的过程中，也是从民族文化中汲取营养，以一定的艺术形式表现出来，从而被目标受众理解并引起其感情上的共鸣，取得最大的诉求效果。广告审美文化的表现形态主要包括以下几个方面：

1）价值理念

不同的民族、不同的国家在政治制度、宗教信仰、生活方式等方面存在着各种各样的差异，这些差异经过长期的历史积淀，逐渐内化为一种价值理念。正如著名的儿童心理学家皮亚杰所指出的那样：“文化背景铸就了个体的心理图式，使人在观察、理解和描述对象的过程中，展现出不同的时代特征或个性倾向，并蕴含着一定的价值判断。”

2）风俗民情

风俗民情是各个民族约定俗成的礼尚往来的准则和规范，它规范甚至制约着人们的物质生活、精神生活，影响着人们的性格气质、思想感情和人们对客观事物的审美观照、功利评价。正如著名作家汪曾祺所说：“风俗反映了一个民族对生活的挚爱，对‘活着’所感到的欢悦。他们把生活中的诗情用一定的外部形式固定下来，并且相互交流，融为一体。风俗中保留着一个民族的常绿的童心，并对这种童心加以圣化。风俗使一个民族永不衰老。风俗是民族感情的重要组成部分。”在广告创作中，善于抓住风俗民情中最具闪光点的地方，协调地配合商品的宣传，往往能取得事半功倍的效果。随着人们生活水平的提高和经济收入的增加，各种化妆品纷纷问世，其广告竞争也越来越激烈。

3）伦理道德

伦理道德是调整个人之间，以及个人与社会之间相互关系的行为准则和行为规范的总和。中华民族是礼仪之邦，自古便形成了以儒家的“仁”“礼”为核心的伦理道德规范，所谓“孝弟也者，其为仁之本与”。这种“仁”即爱人的道德意识，让人懂得恻隐之心、辞让之心、是非之心、羞恶之心，形成诸如真诚、信义、尚礼、忠勇等美德。这些伦理道德规范也深刻影响着每一个中国广告受众的接受心理。

4）思维方式

思维方式不仅仅指思维的形式和方法，也指由一系列基本观念所规定和制约、被模式化了的思维的整体形式，是特定的思维活动形式、方法和秩序的总和。与西方人的猎奇、浪漫、富于冒险等思维方式相比，深受中庸思想影响的中国人更注重“致用”原则，讲究调和折中、不偏不倚，反对走极端，在艺术表现上就是追求“乐而不淫，哀而不伤”。有些广告创意如果用西方人的观点看可谓新颖、独特、大胆，而中国受众却难以接受。

5）审美观念

广告审美文化的效应之一，就是看它是否带给受众情感上的共鸣、精神上的愉悦、情操上的陶冶。一言以蔽之，是否给受众一种审美感受。人类的审美感受既有共同性又有差异性，不同的文化圈和文化区，由于价值理念、语言形式、思维方式等的不同，会在很大程度上影响到审美判断，使得审美观念带有民族的差异性。与西方人相比，中国人的审美观念更偏于抒情，重视意境的创构，追求含蓄、典雅，强调主体的感悟与体验，讲究语言的对仗之美、声律之美。

2.1.4　广告艺术的审美原则

1）愉悦的原则

现代美学将美的形态归为以下几种，在很多广告作品中得以体现：

（1）优美和柔和

特征：平和、细微、宁静，没有强烈的刺激。例如，中国园林的曲径通幽、小桥流水；大自然中的苍天白云、明月清风。

广告表现：广告作品中的亲情、爱等都是优美与柔和的美。其形象表现平和、丰富，主要体现了和谐美、平衡美；其内容与形式、主体与客体都处于没有对立、没有冲突的融洽状态，审美者看了赏心悦目，同时伴生恬静、温馨或感动等情愫。例如，“像母亲的手一样柔软”（儿童鞋）、“春意蕴春芽”（竹叶青，如图2-5所示）等就体现了优美、柔和的美学特征。

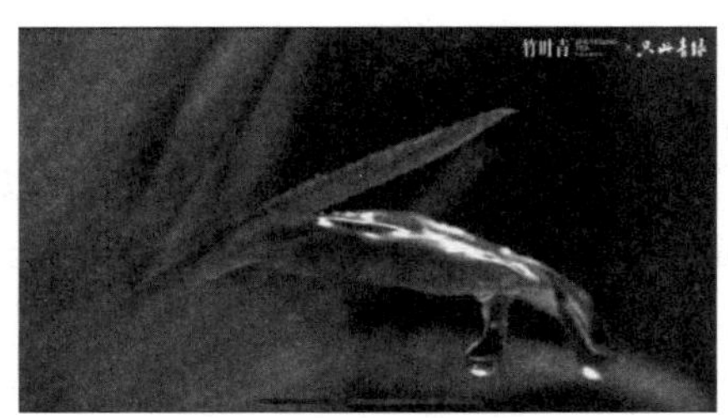

图2-5　竹叶青只此青绿联名春茶视频图片

（2）崇高与伟大

特征：雄浑、巨大，有强烈刺激。例如，浩瀚的宇宙、浩渺的大海、屹立的高峰、奔腾的江河，都能令人产生雄奇壮伟的感觉。

广告表现：广告作品中的崇高与伟大，使受众的精神受到考验，迫使主体与客体进入对立的状态。神圣的理想、伟大的人格、高尚的情操、天才的发明、高明的创造都是美的表现，是广告艺术表现的最高境界。例如，可口可乐“I'd like to buy the world a Coke”、方太“地球情书”（如图2-6所示）等广告作品较好地表现了崇高与伟大之美。

图 2-6　方太“地球情书”视频图片

（3）创伤与悲惨

特征：凄凉、痛苦、哀伤，有极强烈的刺激。

广告表现：优秀广告作品中的这种美带给人的是强烈的冲击和心灵的折磨。如下面这则保护动物的公益广告：每一分每一秒它们都在消亡！广告以时间为主题，选择了指针交叉时的最后几分钟作为创意突破点，把动物面临死亡的瞬间表情刻画得十分到位，画面震撼，发人深省，会使受众不由得想阻止时间的流逝来拯救它们的生命，从而进一步生发“保护动物人人有责”的责任意识和使命感（如图 2-7 所示）。

图 2-7　保护动物的公益广告

（4）幽默与快乐

特征：喜剧般的效果，给人的刺激强烈且回味无穷。

广告表现：优秀广告作品经常使用幽默与快乐的情节，以取得喜剧效果。其经常采用夸大、变形、悬念甚至是“黑色幽默”或恶作剧式的处理方法来取得引人发笑的审美效果。例如，博朗电动剃须刀的广告（如图 2-8 所示）画面上一个猩猩与一个男人并列，并在猩猩旁边标明“使用前”，在男人旁边标明“5分钟后”，相似的两个面孔摆在一起，让人在忍俊不禁的同时体会到博朗电动剃须刀的使用效果。

图 2-8　博朗电动剃须刀的广告

(5）荒诞与怪异

特征：光怪陆离、怪诞诡异。

广告表现：用荒诞与怪异的形象与情节，满足广告受众的好奇心、想象力和冒险精神的要求，激发人们的自信心和对万事万物的怀疑与探究的心态。

2）认知的原则

(1）广告审美认知要求准确

广告作品的认知要求是确定的，对不同的广告受众，其认知结果要具有同一性。如果在审美认知上每个广告受众的体验都不尽相同，那就是广告诉求不准确。

(2）广告审美认知要做到迅速

广告艺术必须在审美诱导起作用的瞬间立即表明认知的指向。这就要求广告艺术形象与其所表现的商品紧密联系，并且与受众的生活情节相关，使之能迅速地理解广告艺术形象烘托的是什么，最终通过艺术形象的审美达到对广告内容认知的目的。

(3）广告审美认知的目的在于指导选择

每个消费者都具备潜在的需求倾向，这种潜在的需求倾向可以借助广告审美的诱导变成现实的消费。广告审美认知的导向要实现两种区别效果：其一是将特定广告与其他广告相区别；其二是将特定广告的主信息与起烘托作用的艺术形象区别开来，从而使广告受众的认知集中到广告的主信息上，达到广告的最终目标。

3）启迪的原则

优秀广告作品的审美启迪是指启发消费者产生联想并做出购买行为。因此，广告艺术的审美诱导具有强烈的功利目的。一般来说，广告有三种启迪类型：

(1）含蓄型审美启迪

其表现为艺术性强，理性表现居多，通过对科学知识深入浅出的表述，使消费者产生对特定商品的理解乃至偏好。

(2）暴露型审美启迪

其表现为开门见山，平铺直叙，商品的特点和促销目的显而易见。这种类型的广告感情色彩浓厚。

(3）知识型审美启迪

这是指广告受众在享受广告艺术的同时可以获得多方面的知识。广告传播商品知识，介绍商品的性能、用途、构成，使消费者全面了解所需商品的形状、价格、使用方法等。

2.2　广告审美活动

依照美学的基本原理，人类的审美活动即审美创造与审美欣赏是自觉的、有目的的自由活动，是按照一定的“尺度”进行的。广告审美活动，同样也遵循着人类审美活动的一般规律，具有“种的尺度”，即审美活动的客观规律和“内在的尺度”，也即主体的审美标准或审美取向。

2.2.1　广告的审美取向

广告的审美取向是指广告艺术的创作者和欣赏者在进行审美感知、审美判断和审美评价时所遵循的价值尺度。

正如人类其他审美活动的产生一样，广告审美活动也是在广告审美主体（广告创作者及广告欣赏者）与审美客体（所要宣传和推销的商品和劳务及其广告作品）互为对象的审美关系中产生的。广告审美客体向主体显示出能满足其审美需要的有用性，即显示出能使人愉快的审美属性，而广告审美主体便以自身内在的审美结构，经由审美情感的中介，建立与审美客体审美属性的“同构”关系，由此便产生了广告艺术的审美活动。因此，要了解广告的审美取向，必须首先对广告审美的主客体及其关系有一个透彻的了解，在充分把握了广告审美客体的审美属性、广告审美主体的审美结构及其相互关系的审美价值特性后，才能对广告的审美取向内容有一个全面的了解。

1）广告审美客体的审美属性

广告审美客体也就是能满足广告审美主体的欲望、需要，经由感性的形式表现和确证其本质力量的具有肯定性价值的存在对象，即商品、劳务以及广告艺术作品。

按照马克思主义的观点，任何事物都有两种不同的属性：自然属性和价值属性。广告审美客体的审美属性，就是以广告审美客体的自然属性即商品的质地、材料、外观、结构，或劳务的方式、过程，以及构成广告艺术作品的物质要素，如色彩、音响、线条、文字等所体现的属性为依托，用以满足主体审美需要的价值属性，它是广告审美客体的自然属性与广告审美主体发生价值关系的产物。

广告的审美取向就是对广告审美客体的审美判断与评价的尺度。一件商品、一种劳务或一部广告艺术作品，要进入广告创造者和欣赏者即广告审美主体的审美感觉之中，并激发起鲜明的情感与意志指向，其必然要对主体显示出自身的审美价值属性。对广告审美客体来说，自身的审美属性包括形式美属性和意蕴美属性。

形式美属性源于主体生命运动的韵律，是生命运动韵律对象化于客体的产物。广告艺术作品，是广告审美主体将其生命运动的韵律移注到作品之中的产物。广告审美客体的形式韵律与广告审美主体的生命韵律形成一种“同构”关系，只有这样，人们才有可能在对审美客体的直观中确证自己和自身的本质，从而获得某种精神性的享受和乐趣，在审美过程中实现审美愉悦。

意蕴美属性表现为一种情感的形式、观念的形式，是广告主体审美结构中的心理意识层次及社会文化层次在广告审美客体中对象化的产物。

形式美与意蕴美的属性对立统一于广告审美客体之中，共同构成广告审美客体的审美属性。这就决定了广告审美取向必须从广告审美客体的形式要素中挖掘出深藏的意味，或者赋予客体形式以一种情感和观念的氛围，以此实现消费者审美需要的深层满足，从而使广告在潜移默化中引导消费行为，树立人们自觉的合乎人性发展本质状态的消费观念，同时发挥其重要的审美教育及文化塑造的角色作用。

2）广告审美主体的审美结构

审美主体是指有着内在审美需要及审美结构和功能，并与客体结成一定审美关系的人。追求功利性是广告首先要达到的目的。但是，广告创作者首先是以审美的感觉对广告客体进行审美感知并进入到审美创作过程中的，于是审美主体开始翱翔于精神境界，顺随情感的导向，获得一种超然物外的审美体验，充分享受和表现着生命体自由伸展的韵律与情致。在这种状态下，广告创作者才能在充分揭示广告审美客体的审美属性的同时，倾注自己合乎人性自由的情感与观念，从而达到与消费者即广告艺术欣赏主体的情感共鸣，使广告所宣传的信息和观念为消费者所欣然接受，最终达成其功利性的目的。

由于广告审美主体的审美活动经历了一个由审美态度、审美感受到审美体验，再到审美超越，最终实现审美愉悦的心理过程，因此，广告审美主体的审美取向必然呈现出多元化的趋向。如前所述，广告审美客体形式美属性的呈现，决定了广告审美主体审美结构中生理（本能）层次功能的实现；而客体意蕴美属性的呈现，则决定了主体审美结构中心理（意识）层次和社会文化层次功能的实现。所以，广告审美取向在主体方面也有着形式和意蕴两种标准。

2.2.2　广告的审美活动

广告作为经济发展不可替代的巨大驱动力之一，已经成为大众消费文化的主要支柱，在商业和文化活动中，广告的审美活动必然要承担一定的社会责任。从20世纪广告的发展历程来看，广告的美学表现也慢慢发生着改变：广告不再急功近利地简单叫卖、刺激消费，而是慢慢体现出人性的关爱、文化的渗透；广告在寻求着新的价值观和文化内涵，从喧嚣变得成熟，从物质变得精神（尽管这精神有时是表面的），从追求经济利益的最大化慢慢转向了追求综合社会效益。

1）从社会责任看广告的审美活动

评判一个广告审美活动的成败，其渗透的道德性理念是首要的。这应该是基本的审美态度。广告审美的形式表现因素最为丰富，包括图、文、色、声、光和立体空间，动静结合，所以引人注目；表现风格多样、富有创意，所以人们喜闻乐见；广告长于表现时尚生活场景和概念，所以易于流行和被模仿；最重要的是广告发布媒体多样，它拥有最广大的宣传阵地。如果它扮演了一个正面角色，所有广告的这些优势，可算是人类文明的幸事；如果它恣意妄为，也可沦为人类的悲哀。正如彼得罗·瓦茨贵兹先生所说："设计作为人类发展的一个重要因素，既可能成为人类自我毁灭的绝路，也可能成为人类到达一个更加美好的世界的捷径。"因此，广告承载着更多的社会责任。

（1）广告是道德的风向标

日本设计师原研哉（Kenya Hara）曾说过："今天的世界到处都是'文明的冲突'，这说明长久以来自由经济所提供的利益追求是有限度的……在今后的世界中，关注全局、抑制利己主义的理性精神将会取代小众文化优先的价值观。"这句话对经济发展迅速的我国更加适用。

今天的广告必须明确自身的道德追求，并摒弃单纯的谋取商业利益，自觉承担起

“成教化，助人伦”的重担。广告也有这个能力扮演一个社会德育者的角色。广告不应该只是令人烦躁的欲望的引诱，它还应该是净化心灵的诗篇。它的诸多优势也证明了它良好的教育效果，是学校和家庭德育的有力补充。

（2）广告是美育的讲坛

人们都喜欢看到美的事物，听到美的声音，品读美的韵文，享受美的感觉。对具有艺术属性的广告而言，其审美表现形式不仅要为广告内容服务，而且形式本身就具有特别的美感，有巨大的感染力。比如，我们在看许多国外广告作品时就会有这样的体会：虽不解其意，但爱不释手。大卫·奥格威说过：“作为好的广告，除了准确传递商品信息外，还有必要在广告的表现形式上使人赏心悦目，满足人们也许并不是主要但一定有的审美心理期待。”

广告的美受各种创意哲学深刻的影响，广告的审美表现千姿百态、变化多端，在审美表现的类型、风格、形式方面，充满无限的创意空间，比传统艺术形式更具创造性和时代感。所以，欣赏广告比欣赏传统的艺术作品能带来更加复杂和细腻的审美感受，它是欣赏传统艺术作品和其他设计形式所不能替代的。

广告与受众之间的这种审美关系应当是相辅相成的。一方面，广告创作要遵循人们的审美心理，受众的审美水平会直接影响广告审美表现；另一方面，广告又培养了人们新的审美习惯、审美趣味，对人们的审美能力提出了巨大的挑战，培养着人们的想象力、创造力和理解力。有时候，欣赏一个广告作品要比欣赏一幅绘画作品更有难度。很多广告作品充满了幽默、智慧、想象力、哲理和寓意，思想性很强，而形式成了这一切的外衣，如果读不懂广告的内涵，你自然也无法理解其形式。

（3）广告是文化的使者

文化可谓人类的命脉，文化的概念内涵丰富，可以说，文化是人们在生活和劳动过程中所创造的物质成果和精神成果。它既可以表现为物质实体，也可以是虚拟仪式或某种思想。文化影响着人们的思维定式，也日趋改变着人们的消费心理和消费行为。

文化积淀了前人的智慧，具有传播性、延续性和时代性。正是在各种文化的交流、融合、继承、创新中，社会才得以发展和进步。随着信息传播速度的加快，文化的传承方式发生了很大变化，文化已从“文学文化”转化成了“视觉文化”，并且人们的专注力也变得非常有限。

广告设计本身就是一种以视听为主的文化活动，今天的广告已不仅仅是一种商业策略，文化内容成了广告审美表现中不可或缺的要素之一。人类文化中的自然科学、社会科学与人文科学构成了文化底蕴。设计者自觉地将文化因素渗入广告审美表现中，这不仅升华了企业形象，更促进了文化传播，刺激了公众基于精神消费而萌发的商品文化享受意识，提升了公众的文化品位。

广告受各种文化的影响，已经成为文化的载体之一。它长于吸收、融合各种文化，并善于通过创造性的审美表现，使传统文化焕发新的光彩。对于广告的文化传播功能，罗斯福总统的话最为经典：“若不是有广告来传播高水平的知识，过去半个世纪，各阶层人民现代文明水平的普遍提高是不可能的。”

（4）广告是民族的代言

一个国家广告所表现出的审美观念、价值观念等文化特征，可以透视一个民族的性格、精神、现状以及未来。比如，美国人的自由、幽默、乐观；德国人的理性、冷静、秩序；意大利人的奔放、前卫、明朗；法国人的优雅、浪漫、精致；日本人的简朴、理性、沉稳……我们都可以在他们的广告作品中有所感悟。

我国目前的文化发展现状是高速、多元、有活力的，但也有喧闹的、观念模糊的、随波逐流的……

广告作为现代文明的巨大驱动力之一，责任相当重大。我们新一代的广告人需要冷静分析思考我们中华文化中的坚韧不拔、自强不息、贵和尚中、天人合一等的文化底色，在广告中表现相应的文化精神和审美取向，弘扬民族精神与美德，形成健康向上的审美趣味。

资源8（视频）

微众银行的《不服》

2）社会责任对广告审美活动的要求

明确了广告的社会责任，以下这几点就可以作为原则性的东西，体现在具体的广告审美活动中。当前，“绿色广告”的概念对广告提出更多的也是这种道德性要求，广告的这种美学表现本身也是这一要求的内容之一。

（1）真实

与对人的审美要用“真、善、美”的标准一样，真实性也是广告审美表现的根本性原则。所谓真实，是要求广告无论以何种审美创意进行表现，其传达的内容必须实事求是，不能弄虚作假、吹嘘夸大、以次充好、无中生有甚至公然诈骗。

曾有这样一个笑话：一个濒死的人问上帝，他死后该去地狱还是天堂，上帝分别给他看了地狱和天堂的景象，天堂富庶、美丽、歌舞升平，而地狱恐怖、阴森、鬼哭狼嚎，他坚决选择了天堂。可死后，他发现天堂空无一物，只有孤独游荡的魂魄。他很失望，去质问上帝，而上帝的回答是“你刚才看到的是广告”。

这个笑话讽刺的显然是虚假广告。赵本山的小品“卖拐”系列，不也是表现了广告的这种“忽悠”本领吗？相声大师马季关于“宇宙牌香烟”的小品，不就活脱脱一个虚假广告吗？广告的真实性已经到了全民关注的程度，著名的广告词“别看广告，看疗效”就是在这种背景下产生的，成了广告充满哲学意味的反讽。

虚假的药品、保健食品广告曾经让人们防不胜防，我们会在许多药品、保健品甚至生活用品的广告中看到由演员扮演的身着白衣或戴着口罩的“科学人士”或“医务工作者”，表情严肃、义正词严地发布某种健康通告或最新的医学科研成果，并郑重推荐一种商品，同时给出一个有力的承诺。在一定时期，这种广告形式真的迷惑了很多人。2015年修订的《中华人民共和国广告法》规定，任何人不能代言药品广告，同时，广播电台、电视台、报刊音像出版单位、互联网信息服务提供者不得以介绍健康、养生知识等形式变相发布药品、医疗器械、医疗、保健食品广告，杜绝了伪科学类虚假广告的发生。

真实是广告的生命，它不仅关系到广告主、广告创作者、发布媒体及商品的信誉和形象，更重要的是，它直接关乎消费者的切身利益甚至生命安全。世界各国的广告法也都对广告的真实性原则有明确具体的规定。虚假广告的另一恶劣后果是“假作真时真亦假”，使人们在消费时如履薄冰，不辨真伪，不仅搅乱了市场，最终还导致人与人之间的不信任，严重破坏了社会风气，干扰了社会秩序。

需要注意的一点是：广告的虚假不同于艺术表现中的夸张修辞。广告的创作者和受众需认真加以辨别：什么是艺术的真实，什么是生活的真实。“白发三千丈，缘愁似个长”，那是艺术的夸张；“挂羊头卖狗肉”“明修栈道，暗度陈仓”，则是广告的骗术。

美国广告大师大卫·奥格威在世时，一直大力谴责虚浮、夸大、不实的广告，并且认为具有十足销售力的广告应诚实无欺，但锋利无比。他在谈到广告的真实性时提出一个问题：如何使社会大众相信我们所说的一切都是事实。如果别人不相信你，再多的事实也无用。这个问题就如同“狼来了”的故事。所以，在广告审美真实的情况下，还要考虑如何增强广告的可信度。

（2）健康

首先，广告设计者要对设计任务作正确的道德判断：哪些是可以进行广告传播的，哪些是不能传播的；不能给钱就设计，有利益就吆喝；要为健康的产品做健康的广告。1960年，大卫·奥格威在其所写的管理指南——《奥美的新客户政策》中指出：“我们寻求的客户是要能够制造出很好的产品，不但使我们觉得帮它做广告是件引以为荣的事，同时也会毫不迟疑地推荐给我们的家人用。”大卫·奥格威尊称伯恩巴克是“有智慧的绅士”，原因是，伯恩巴克具有崇高的职业尊严和道德勇气，在他主持公司业务的23年里，没有接受过任何一家烟草公司为客户，始终拒绝庞大的广告费的诱惑，不做香烟广告。

其次，各种外来文化和新文化现象的出现容易使人迷惑，失去对道德的判断力。设计者必须要在广告审美表现中坚决摒弃那些颓废的、堕落的、色情的、暴力的、拜金的、享乐的画面或观念，避免广告作品成为视觉垃圾，要传达积极的、乐观的、健康文明的文化思想。还是要记住大卫·奥格威的话：“当你每次在构想广告影片时，千万记住：你的子女、太太、先生，以及你的良知都会看到这个广告片。”

再次，要注意为内容选择适当的形式风格和语言，如果二者发生错位，也可能会导致不良影响。例如，某方便面广告片中的广告词“泡的就是你”，因有谐音双关，体现了不良的联想及诱导意义，广告语言被指低俗，有失妥当。

最后，还要注意选择与受众文化相符的审美表现形式，如运用性元素的广告，运用得当可以增加产品情趣，但运用失当，则会导致不良反应，被指庸俗、思想不健康。椰树牌椰汁近年来的广告争议也正在于此。

（3）公正

所谓公正，是针对比较广告而言的，比较广告应遵循公平、正当竞争的原则，不能在贬低同类的基础上抬高自己，不能指桑骂槐，含沙射影，中伤、诽谤其他产品，要诚挚、友好、坦诚、透明。

现代意义上的比较广告诞生于19世纪30年代的美国，而美国的广告设计自20世纪70年代以来，就趋向于将自己的产品坦诚、公开地与竞争对手的产品进行比较，让消费者自己来鉴别高低。与美国相比，我国采取的态度更为保守些，对大多数提及竞争者名字或商标的广告，原则上仍有极严格的限制。1993年我国工商行政管理总局发布的《广告审查标准（试行）》中，专门就比较广告的使用原则、内容及方式作了具体规定，如严禁使用“最”“第一”“最佳”等字眼。

事实上，只要比得公正、比得巧妙，对比广告也会成为经典，如1962年由DDB为美国一家汽车出租公司艾维斯策划的一系列充满生机的对比广告。第一则广告是这样开头的：“艾维斯在租车业中仅排名第二，那么为什么还要跟我们一起干呢？答案是因为我们做得更努力……我们只是难以接受那么脏的烟灰缸、半空的汽油桶、破旧的雨刷、总是瘪瘪的轮胎，还有该调整不能调整的座位调整器，该加热却不能加热的热气机，该除霜却不能除霜的除霜器。”

资源9（视频）

“艾维斯”广告案例赏析

广告一遍又一遍重复着——“当你处于第二位时，你就必须努力，否则的话……我们就会被吞并。”一夜之间，这则广告成为全国的热门话题，而“我们做得更努力”也成为日常用语。不到两年，艾维斯的市场份额就增长了28%。如果只说“我们做得更努力”，多么平庸！可一个“仅排名第二”却不同于常规思维——如果你觉得第二已经是个不错的排名，那正显得它谦逊；如果你觉得第二不值一提，那它用这种方式提出来并配以内文，恰恰显示了它的坦率。它没有明确提及对手及贬低对方，却一直在比较的状态中说明自己的服务优势。

（4）公益

从道德的角度看广告，广告必须关注人类所共同面临的社会问题，维护和平、保护动物、节约能源、防止工业污染、关注妇女儿童、关注残障人士、助学济困、防治艾滋病、维护城市清洁、安全驾驶、护牙、爱齿、忌烟、诚实守信、自强自信、爱家报国、尊老爱幼等都可成为公益广告的主题。

必须明确一点：公益性要求并非只是针对公益广告，商业广告也常用此法，以其充满人性的关爱、责任、道德等各种情感取向而触动观众的软肋，产生“广告移情效应”，使人将对广告的情感因素转移到广告所推荐的产品上。

例如：MUJI是日本的一个概念性商品品牌，中文译作“无印良品”。其包装力求简洁朴素，使用环保的无漂白纸张做商品袋。2002年原研哉加入MUJI咨询委员会后，在设计中进一步明确和强化了“世界合理价值”，就是一种以理性的态度来利用资源的哲学。基于这一审美理念，原研哉在广告提案中提出了“虚无”的概念，与那些奢华、喧嚣、世俗的场景相反，广告本身并没有明确的信息。它以地平线为基本意象，以人与自然为主题，画面看似空无一物，宁静、内敛，充满了禅意。同许多成功的广告品牌一样，其具有可被多元解读的向心力。观者在各种各样的想象中，默默分享着MUJI“世界合理价值”的价值观。

广告中所传达的各种理念，必须是能够体现一个民族甚至是人类正确道德价值观的。但有些广告为博眼球似乎忽略了这一点。比如我们近年来见过的一些“翻车”广告：

某脱口秀演员在社交平台上为Ubras内衣推广带货，其中“让女性轻松躺赢职场”

的文案用语，被认为歧视女性。将内衣和职场联系在一起，营造出了性暗示和职场潜规则的歧义，抹黑了女性的职场价值，引起了巨大的争议。

还有被大众称为广告界“泥石流”的椰树牌椰汁推出的雷人招聘广告，海报上，代言人大秀S曲线，配色五彩斑斓。更为显眼的是，广告中称“入学就有车、有房、有高薪”，还有“600万元海景房、1 000万元别墅”等顶级待遇，引发了网友的争议。最终，当地市场监管部门认为此广告妨碍社会公共秩序，违背社会风尚，对其进行了处罚。

这些广告都有悖于正确的价值输出，违背了公序良俗，难以赢得消费者的认同和理解，也严重损坏品牌形象，得不偿失。

（5）创新

创新本身就是广告审美的基本原则之一，从社会责任角度出发，这一原则又有了更深远的意义。

广告的美属于一种实用的艺术之美，是陈逸飞先生所定义的“大视觉”艺术，是“把自己在艺术中对美的感悟和创造，通过各种手段和载体，作用于社会，使人们的生活更美好，使中国的经济更具竞争力，使我们的民族更有尊严感”。如何理解设计与尊严的关系？陈逸飞说得很有道理：“富裕不等于文化等级，也不等于尊严……尊严很大一部分体现在审美概念上。”

拥有什么样的审美观念才算是有尊严呢？那就是能够表现中国人独立的审美观念和审美气质的审美创新内容。

陈寅恪先生说，“自曰之思想，独立之人格”——这是一个人、一个民族的立世之本。我国的广告设计经历了不同发展时期的审美演变。在改革开放之初的一些年，为了更快地解决温饱问题，我们用市场换技术，用时间换空间，以牺牲建设自有品牌的机会，去做来钱更快的代工生产。这一时期，反映到广告设计上，要么对外来文化“生吞活剥”，没有个性，要么像“暴发户”一样，以价格砸效益，作品风格同质平庸。比如，20世纪末中央电视台涌现出了一个个广告“标王”，这些大公司制作的广告和做给某类受众群体看的广告，始终难以产生深厚的美学价值和审美内涵，终难经受住时间的考验，而很快被人们遗忘。长此以往，难以形成自己的文化气质，中国的广告行业也很难与世界广告业竞争，而逐渐沦为追随者。

之后，温饱解决了，消费升级了，广告人开始去做更加体现美好追求的东西，并且深刻体会并实践陈寅恪的话，努力形成我国广告业独特的审美气质。文化的价值在于差异，也正是文化的差异才促进了文化的交流。我国有五千年的历史文明、56个民族，各时代、各民族都有自己鲜明的文化特征，文化元素可谓取之不尽、用之不竭。书法、绘画、篆刻、陶瓷、建筑、玉石、服饰、音乐、诗词、青铜器、年画、版画、剪纸、刺绣等各种艺术琳琅满目，儒、道、释多种文化并存。作为广大的中国广告策划者，有责任发掘、传承我们五千年的文化精髓，融合他国先进的现代创作理念，从审美内容到审美形式，培植出富有中国特色的广告审美文化，并加以弘扬。这样我们才有和别人交流的资本，中国广告才能成为世界广告中有价值的一员，才能为中国设计赢得尊严。可喜的是，这种设计趋势已经随着时间的推移日益凸显。

2008年奥运会，中国将其办成了人文奥运，彰显了中华民族的文化特色。会徽“中国印·舞动的北京”，借鉴了中国传统的书法、印章的艺术形式，并用了最具代表性的中国红；35个项目的体育图标“篆书之美”，也基本沿用了会徽的思路，采用了拓片的形式；吉祥物“福娃”也煞费苦心，努力从传统文化中寻找灵感，传统的火焰纹、卷云纹、波浪纹、青铜器纹样、陶瓷纹样、风筝、甲骨文、篆文、大汶口文化的古老图腾等都曾成为被考虑的因素；奖牌采用“金镶玉”，挂钩由中国传统玉双龙蒲纹演变而成，设计构思算得上新奇大胆，够具中国特色。

2022年北京冬奥会从大写意“冬梦”会徽，到雪游龙、雪如意、雪飞燕、冰丝带等场馆设计与命名，从开幕式二十四节气倒计时短片，立春、雪花、“不点火”代替点燃火炬等环节的设计，到闭幕式折柳送别等场景表演，都巧妙地化用了中国传统诗歌、节令文化、迎来送往的待人接物伦理，天下一家、四海之内皆兄弟的“和合”友善之邦传统，体现了“以少胜多、大音希声、大象无形、和合”的中国传统美学精神，冬奥会将国风、国潮进一步推向世界。2022年北京冬奥会开幕式图片如图2-9所示。

图2-9 2022年北京冬奥会开幕式图片

如今，在国际品牌的本土化抑或本土品牌的国际化进程中，广告日益呈现出显著的多样化特征，中国元素在广告设计运用中十分盛行。在广告实践活动中，很多广告主充分挖掘中国悠久的历史文化元素，配合现代审美特征所提出的广告创意蕴含着无限的广告价值。诸如以祥云、凤羽、牡丹等为印花主题的Nike新年款商品，在广告页面结合象征AF1运动文化的篮球，并加以中国元素的祥云呈现浮空效果，为商品和品牌注入了更多中国文化的隽永遒劲。中国本土品牌李宁在巴黎时装周直截了当地将“中国李宁”四个大字呈现并留存在当前的服装潮流趋势下。中国元素在广告中的应用不是“花鸟虫草”的简单叠加和呈现，而是一种中国气韵和民族自豪感的自然流露。近年来涌现出的诸多新消费品牌的传播案例更是充分展示了中国的古典美学与文化意蕴，充分体现了品牌传播的中国元素创意趋势与大国气韵。

资源10（视频）

国风美学广告欣赏

我们应该清醒地认识到一个广告人所应承担的这些社会责任，应该具备的职业道德、审美能力、艺术修养、文化素养，并为此做出切实努力，这样中国广告必将焕发出持久的魅力与光彩。

本章小结

本章主要对广告的美学特征和广告活动中应该遵循的审美原则做了介绍和讲解。当代广告在重视直接推销商品及劳务的同时，越来越重视树立企业形象、革新消费观念、追求情感交流与哲理思辨，融商品及劳务的宣传与人生的美感体验及价值实现于一体，在展示商品及劳务的物质特性的同时，更具有一种艺术作品的审美价值，发挥着越来越重要的现代文化塑造的角色作用。

但是，广告艺术所采用的手段和表现形式，都围绕着推销商品及劳务，并基于改变消费者的消费理念、促进消费这一目的，这就决定了广告艺术的审美活动（创造与欣赏的）在审美取向上存在着与一般艺术不同的特征。

从社会责任的角度审视广告，我们会发现：广告社会性审美创作原则也是激发审美共鸣、增强广告传达力度、提高全民审美意识、促进我国广告良性发展的关键。

广告审美文化多元、多维的发展和艺术审美的交融渗透，开阔了人们的文化视野，改变了人们的思维观念，也极大地提高了人们的审美品位。只有浸染了审美文化背景的广告创意，才能构建和塑造完善的企业形象和商品形象，才能使中国广告具有与他国广告交流的资本，才能使中国广告成为世界广告中有价值的一员。

关键概念

广告审美现象　广告的审美属性　广告的审美特征　广告审美文化

复习思考题

第2章测一测

1）什么是广告美学？

2）结合实际谈谈广告美学研究对象的普遍存在性。

3）广告的审美价值对促进销售有什么功用？

4）如何将广告美学理论以及广告策划创意与广告文案写作有机结合起来？

5）为什么说广告是一个审美消费过程？

专业技能训练

有一幅卖睡衣的漫画广告十分有趣：穿一身睡衣、头戴礼帽的胖男人倚着一堆睡衣在长椅中酣睡，脖子上还挂着出售睡衣的广告。一对信步走到这里的夫妇不胜惊讶地读出广告的内容：“我厂的睡衣质量上乘，优异无比，就是卖睡衣者也无法保持清醒。”

试分析这则广告的广告审美心理。

本章参考文献

[1] 王纯菲，宋玉书. 广告美学［M］. 长沙：中南大学出版社，2015.

[2] 孙永. 消费语境下广告的图像叙事与审美［M］. 北京：中国书籍出版社，2018.

[3] 何修猛. 现代广告学［M］. 上海：复旦大学出版社，2008.

[4] 祁聿民，苏扬. 广告美学：原理与案例［M］. 北京：中国人民大学出版社，2011.

[5] 宗白华. 美学与意境［M］. 南京：江苏凤凰文艺出版社，2017.

[6] 洪再新. 中国美术史［M］. 杭州：中国美术学院出版社，2013.

[7] 丁邦清，程宁宁. 广告美学［M］. 长沙，中南大学出版社，2011.

[8] 奥格威. 广告大师奥格威：未公诸于世的选集［M］. 庄淑芬，译. 北京：机械工业出版社，2014.

[9] 陈晓环. 现代广告创意的美学研究［M］. 北京：中国水利水电出版社，2016.

[10] 周文杰，郑保章. 从接受美学看广告受众中心论［J］. 新闻爱好者，2002（11）.

[11] 任立生. 设计心理学［M］. 北京：化学工业出版社，2011.

第3章　策划思维

学习目标

通过学习本章，你应该：

了解在广告活动中策划思维的基本方法与养成，重点掌握策划思维方法，着重培养策划思维能力。

了解策划思维的培养途径，形成逆向思维的习惯，通过不断高速化、变换思维的学习与应用，突破思维定式，实现思维的激荡与创新。

引例 左岸咖啡馆：缘起于法国左岸的咖啡情怀

资源11（视频）

“左岸咖啡馆”广告案例赏析

左岸咖啡馆是中国台湾统一企业旗下的代表咖啡品牌。该品牌的诞生缘于统一企业对高端乳品品牌的开发需求。在左岸咖啡馆这一品牌诞生之前，统一企业的乳类食品都是以“统一”牌子出售的，在市场上长期无法突破二、三线商品的形象。究其原因，“统一”其他商品也都以企业的名字为品牌，不仅包括饮食，还有保险产品甚至娱乐场所。这就导致了品牌混淆，给“统一”乳类食品的销售造成了长期困扰，其需要一个新鲜和专业的清晰形象。为此，“统一”希望它的乳类食品建立一个新品牌，并利用其在台湾地区具有竞争力的冷冻设施及分配系统。

而当时台湾市面上，以Tetra Pak包装的饮料，不论是高价的咖啡还是低价的豆奶，基本上都在10～15元新台币，罐装饮料则卖20元新台币。市场竞争非常激烈。

“统一”希望能将类别、容量相同的饮料卖到25元新台币。“统一”创品牌的故事是从一个塑料杯开始的，其开发出了一种白色塑料杯，它看起来像一般麦当劳外卖咖啡的杯子，差别是快餐店用的是纸杯。这个没有真空密闭的杯子只有放在5℃的冷藏柜中才能让内容物保存短暂的一段时间。这本应是一个缺点，但反过来看，这也是一个机会：保存期短使消费者相信物料新鲜，而一杯新鲜的饮品自然要贵一些。

于是，所有的策略思考都集中在以下主要目的上：如何让消费者接受25元一杯的高价？在这种杯子里放进什么商品才能卖到最高价，以确保能创造出一个高级品牌？在考虑过很多商品——果汁、牛奶等之后，最后选取了咖啡。因为咖啡不易变质，被认为是高质饮品，并因牛奶成分而得到优惠税率。

从什么地方运来寄售的咖啡最有高级感？策划人员为此组织了8个讨论小组，最后想出用4个高级场所作为尝试的概念：

（1）空中厨房：来自空中厨房、专门为头等舱准备的咖啡。

（2）日式高级咖啡馆：来自优雅、精致的日式咖啡馆的咖啡。

（3）左岸咖啡馆：来自巴黎塞纳河左岸一家充满人文气息的咖啡馆的咖啡，这是一个诗人、哲学家喜欢的地方。

（4）唐宁街10号：来自英国首相官邸厨房的咖啡，平日用来招待贵宾。

经过分析尝试，人们觉得来自左岸咖啡馆的咖啡价值最高，他们愿为此付最高价钱。但是风险仍然存在，用Tetra Pak包装的咖啡只卖15元新台币，谁会再高出10元新台币买一杯咖啡？新饮品在推出3个月内如果达不到高营业额就会被撤走。一些人会由于品牌的创意而购买这个新牌子，但仅有好奇心不能形成固定的消费群，还需要赋予品牌以个性和意念，并编造一些动人的故事。

“统一”决定选择17～22岁的年轻女士作为目标对象，她们诚实、多愁善感、喜爱文学艺术，但生活经验不多，不太成熟，喜欢跟着感觉走。相对于产品质量而言，她们更寻求产品以外的东西，寻求具有情感回报、使她们更成熟的东西，寻求了解、表达其内心需求的品牌。左岸咖啡馆，这个来自法兰西塞纳河边的神秘幽远的艺术圣地，带着咖啡芬芳、成人品位，给她们精神上一种全新的感觉。

对台湾地区17～22岁的年轻女士进行调查后发现，她们最欣赏的作家是村上春树。他的作品忧郁、超现实、冷峻，能唤起城市人的感觉。因此左岸咖啡馆的广告视觉应该非常法国化，但其文本却应是日本文学的风格。“让我们忘记是在为包装饮料做广告，假想是在为一家远在法国的咖啡馆做广告。”策划师这样告诉自己。他们从法国收集来许多咖啡馆的资料，包括图片甚至菜单。进一步，策划人员想到：既然我们的品牌是咖啡馆，那么它不仅卖咖啡，还可以延伸到咖啡馆餐单上的所有东西。因此，现在台湾人从便利店的冷藏柜里，还能找到左岸咖啡馆牌子的奶茶、牛奶冻和其他法式甜品。

现在，左岸咖啡馆要推出自己的广告了。广告应促使消费者在脑海中建造一个自己最喜欢的法国咖啡馆，一个理想的咖啡馆，一个历史悠久、文化艺术气息浓厚的咖啡馆。左岸咖啡馆有能力刺激消费者在她们的想象中产生一种真实、强烈的反应，它就像一本你喜爱的书、一册旅游摘记，在你享受独处时，它随手可得，带你到想去的地方。就好比你身在台湾，忙碌中偶尔会想去欧洲度过浪漫假期，左岸咖啡馆能够满足你随时可能冒出的一点精神欲望。于是左岸咖啡馆的电视广告是一位女孩的旅行摘记；平面广告为读者创造了一个个身临其境、颇具回味的咖啡馆场景；电台则在深夜播放着诗般的咖啡馆故事。

为使消费者相信咖啡馆的存在，策划人员又策划了一连串节目让幻想变成现实。在法国咖啡馆摄影展期间，台湾最豪华的书店外布置着左岸咖啡馆，还制作了15分钟题为“左岸咖啡馆之旅”的有线电视节目，介绍塞纳河左岸20家咖啡馆。法国国庆期间，左岸咖啡馆是国庆宴会和法国电影节的赞助商之一，与雷诺、标致、香奈儿、迪奥等法国品牌同在赞助商之列。左岸咖啡馆的电视广告有一种愉快的孤独感，八成被访者相信有左岸咖啡馆的存在，其中一位说“宁愿相信有”。

左岸咖啡馆广告（如图3-1所示）如一阵旋风刮过台湾，在一批年轻女士的心中产生了很大反响，她们说“广告太棒了，我们去买吧”。头一年，左岸咖啡馆营业额就达到了400万美元，品牌继续得到巩固。1998年上半年，营业额比1997年同期增长15%。直到今天，这一增长速度仍在继续保持。左岸咖啡馆成为名副其实的高级品牌。

图 3-1　左岸咖啡馆广告

资料来源　作者根据相关资料整理.

3.1　策划思维概述

策划思维是策划过程中对策划对象收集到的相关资料的整理、判断、创新的思维过程。

策划思维是知识密集型的高级思维，严密性和创造性以及某种意义上的灵感性是其基本的思维特质。它不同于一般的创作思维，也不同于经营管理思维，更不同于经验思维、理论思维、形象思维，而是一种以创造性思维和直觉思维为精华的多种思维方式融为一体的组合思维。广博的知识、丰富的经验、敏锐的市场触觉、深厚的专业素养是卓越的策划思维的基础。策划思维的严密性与围棋思维相仿，既要有良好的大局观，又要有精确的计算能力，以权衡得失、判断优劣、明确取舍。

策划思维要经过三个步骤：第一步是整理，即进行市场调查，用数据说话，要围绕策划对象——工作项目，以实现目标为出发点，列出策划决策点，再回到出发点，形成一个决策环；第二步是判断，就是运用教育策划的基本原理对策划决策点进行优劣分析、判定和筛选；第三步则是创新，结合实际情况，进行完善，使其具有新颖性和可行性。

策划思维的模式主要有以下五种：

1）求实性思维

求实性思维是一种客观性思维，或者说理性思维，是一种符合客观实际的科学思维，是全能型思维模式中最基本的思维、全部思维内容的立足点，是建塑全能策划思维的基础。它在全能型思维中表现为：

（1）坚持尊重客观实际，力求使我们的思想认识符合客观实际，准确地反映客观实际。这就是要坚持调查研究，坚持收集、分析客观信息，在此基础上准确地把握客观实际。《孙子兵法》在开篇中有“存亡之道，不可不察也”“校之以计，而索其情”的论述，这是我国最早的求实性思维的体现。这就是说，对客观实际不可不察，要用计谋，就必须全面、详细、周密，要准确地了解实际情况，只有这样，才能使我们的思维变得真实、可靠，具有实践性和可操作性。

（2）求实性思维也是多种思维（如观察思维、目标思维、记忆思维等）的综合，我们只有综合运用这些思维，才能使我们的思维具有客观性和科学性，策划才具有可行性。

2）辩证性思维

辩证性思维是哲学思维，是最为重要的理论思维，是人们辩证地认识客观事物的理性思维，是全能型思维中的核心思维，为其他思维提供理论前提和科学的方法论。

辩证性思维的内涵极其丰富，它运用辩证法运作思维的结果，是人们对客观事物的理性认识和由理性认识变为能动地反映客观世界的思想、方法的思维；是富有哲理、具有真理性的思维；是揭示事物本质和规律性的思维。要想使认识理性、正确，并能转换为改造客观世界的有效方法和手段，实现由精神的构想转化为实体的物质，就必须坚持辩证性思维。

辩证性思维是论证思维，全能型思维通过辩证的论证，就会使思维变得富有哲理，变得斩钉截铁、不可动摇，变得十分坚实、不可摧毁。只有经过思维的辩证过程，全能型思维才能变得功力无穷、价值无限。

3）超常性思维

超常性思维是打破常规的非惯常性思维或非常性思维，是具有反常性、超越性、发散性、独特性的思维，是全能型思维中最活跃的思维，它能使全能型思维超凡和卓越。超常性思维在全能型思维中表现为：

（1）超常性思维首先是一种反常态思维，它以一反常规的思维方式和思维程序，突破思维习惯，或不遵循习惯性思维，独辟蹊径。这种思维方式和程序反循常规、反守旧法，追求新异。超常性思维还是多向性思维、发散性思维，它能围绕着思考对象向不同方向、不同领域、不同内容、不同形式和不同现象进行发散、辐射，或者说从不同角度、不同方位、不同侧面、不同视野来思考同一问题。因而，它既拓展思路，形成无穷的思想，又能实现对客观事物的全面性认识和进行超常性思维创造。超常性思维包含着逆向思维、侧向思维、转换性思维等。

（2）超常性思维是一种独创的思维，独创是超常性思维的本质和核心，它能发现常规思维所不能发现的问题，解决常规思维思而不解之谜。这种独特性就在于超常性思维的方式和方法、思维角度、思维程序、思维结构、思维方向以及思维结果等的独特和不同寻常。

4）整体性思维

整体性思维是一种系统性、立体性的网络思维，是把任何事物都看成是一个系统，按照系统理论或方法运作的思维。其注重思维的整体效用，是全能型思维具有无限能量之源。整体性思维在全能型思维中表现为：

（1）整体性思维是指思维具有完整、严密的特点。它表现为思维能够做到对一定时空范围内的各种要素、各个层次、各个环节、各种联系都考虑到，密无疏漏，完全能够在整体上反映事物，因而能够全面、正确、深刻地认识事物、把握事物、运作事物。

（2）整体性思维是一种网络型思维，是把若干单个思维按照一定的排列组合模式进行排列、搭配、组合而形成的框架思维。它能使思维和运作齐头并进而又线线相联、环环紧扣，组成统一、严密的思维之网，犹如诸葛亮的八阵图，面面相联，稍有改变就会有新发现，并能使系统拥有最大的功能，或拥有社会活动要素组合整体性的最大功能，从而使社会活动要素的作用最大限度地发挥出来，取得最大的成功。

（3）整体性思维同时也是一种组合思维，它是将客观事物的各种要素或系统要素在思维中进行有机组合形成新思想的思维。整体性思维实质上是按照最佳组合原理，对思考对象的各种要素进行多样性的排列组合，使其产生“裂变”而形成无穷无尽的新认识、新思想，然后经过优选形成最佳组合，使组合要素的功能作用发挥到最大限度，形成最大的整体功能。如“三个和尚”的有机组合，不仅能改变“没有水喝”的状况，而且能办好更多的事情。

5）发展性思维

发展性思维是思维的运动变化和发展，是不断有所创新、永葆思想活力的思维；是为适应客观世界复杂多变的现实情况，而不断破旧图新，不断求索，不断变革、创新的思维。

发展性思维亦是一种创新思维。从某种程度上说，思维发展就是思维创新。思维创新是思维发展的根本，是思维生命活力之所在。

3.2 策划思维的基本方法

3.2.1 系统分析策划法

1）什么是系统分析策划法

系统分析策划法是把将要研究的目标策划问题作为一个统一的整体，并把这个整体分解为若干子系统，在揭示影响子系统的环境、社会、经济、文化等各项因素及其相互关系并对获取的信息进行综合整理、分析、判断和加工的基础上，选择出最优方案的策划分析方法。

系统分析策划法的主要特征就是从整体的角度揭示出整体下各局部所产生的影响和相互关系，从而找出系统整体的运行规律，并分析达到目的的途径。它通过明确一切与问题有关的要素（目的、替换方案、模型、费用、效果、评价标准）同实现目标之间的关系，提供完整的信息和资料，以便策划者选择最为合理的解决方法。

2）系统分析策划法的一般步骤

运用系统分析策划法研究和解决策划问题，通常按如下步骤进行：

（1）确定策划目标

这是指从系统整体的要求角度出发，提出需要解决的中心问题，确定策划活动必须达到的目标与希望达到的目标。确定策划目标一般应满足四个条件，即目标的唯一性、具体性、标准性和综合性。

（2）拟订策划方案

这是指根据既定的策划目标，制订出可以实现目标的各种方案。在拟订策划方案时，一般应遵循两个基本原则：

①提供两个以上的备选方案，防止越权和代替策划。例如，在一般情况下，兰德公司会向项目委托人提供多达五份策划选择方案，并将每一种方案在政治、经济、社会、公共关系等方面可能产生的后果及利弊一并告知用户，为用户提供科学、客观、公正而全面的策划建议。

②在多方案情况下，坚持各方案间相互排斥的原则，即要么A要么B；不同原则的方案是不能重合的，即鱼和熊掌不可兼得。

（3）系统分析，评价方案

这是指通过数学分析、运筹学分析、模型分析、功能模拟分析等方法，对提出的各种备选方案进行比较和评估，以找出各种方案的优缺点。在对诸多方案进行分析、评价时，应掌握策划方案的价值标准、满意程度和最优标准。

策划方案的满意程度和最优标准的条件应包括以下几方面：①策划目标的可量化性；②策划方案的完整性；③策划方案执行结果的可预测性；④具有较高的择优标准。

（4）系统选择，策划优选

这是指通过上面的综合分析、比较和计算，从诸多备选方案中选择出最优方案。根据系统局部效益与整体效益相结合、多级优化和满意性等原则，策划人员应该向策划委托部门提出书面策划报告，由策划者根据报告中提出的若干方案或建议权衡利弊，决定最终方案，同时由委托部门开始组织实施。

（5）跟踪实施，调整方案

这是系统策划的最后一个步骤。在实际工作中，由于策划从性质上说是预测性活动，方案在实施时不可避免地会遇到在策划时所无法预见的问题，所以策划委托部门一般还要求策划人员协助，继续跟踪方案执行情况，以便及时发现问题，修改或补充原方案，使方案的实施能始终朝着策划目标方向前进，最终实现策划目标。

3.2.2 综合分析策划法

1）什么是综合分析策划法

综合分析策划法是策划主体全面、完整地认识策划目标客体之间的各种关系、各个方面，从而真实地把握策划客体的一种策划方法。策划者要真正地认识事物，就必须把握、研究它的一切方面、一切中介和一切条件。

2）综合分析策划法的主要内容

（1）把握一切方面的策划法

把握一切方面的策划法，也可以叫方面综合策划法。任何策划客体都是由实体和属性两大方面构成的，而实体又由多种要素构成，属性也是由多种特性构成的，因而一个策划客体就是多方面的要素、多方面的特征以及二者之间多方面关系的集合体。要真正地认识策划客体，就必须在将其分解为各方面关系的基础上，进行关系综合，从而全面、完整地掌握它。方面综合策划法要求防止用客体某方面的关系代替全部关系，防止用客体的局部认识代替整体认识。

（2）把握一切中介的策划法

策划者把握一切方面，实际上是把握策划客体诸方面的直接联系，但是现实中策划客体的诸方面不仅有直接联系，而且有间接联系，同时该客体与其他客体间也存在间接联系。认识这种间接联系也是认识客体的重要方面，而这种间接联系是通过中介来实现的，所以把握了中介，就扩大了客体联系的范围，对客体的认识就更加完整、准确。由于客体的一切差异都在中间阶段融合，一切对立都经过中间环节互相过渡，中介成为事物关系网上的节点，因此把握一切中介是认识事物的重要方法，具有重要意义。把握客体中介有两种途径：一是把握客体之间的联系环节；二是把握客体转化的中间环节。

（3）把握一切条件的策划法

任何客体的存在和发展，都受一定条件的制约，被条件所决定。条件所表明的是客体同影响它存在和发展的其他客体之间的关系，所以只有把握策划客体的一切条件，才能正确认识其存在和发展的环境，才能准确认识策划客体和进行科学有效的策划。我们在进行策划时要充分认识条件，要尽可能地把握一切条件，把策划的目标、计划、措施建立在对条件综合分析的基础之上。把握策划客体的一切条件，应当注意以下三点：

①要同策划主体的策划目的联系起来把握条件。同客体相关的事物是很多的，但是只能有一部分是条件。要把与策划客体存在和发展的特定方面有关的那些事物作为条件来考察，而对其影响很小的事物可以不作为条件来考察，这样才有利于我们按照策划目标的需要把握事物的条件。

②要从策划客体内外两个方面把握条件。人们往往认为条件只是客体之外的诸要素的总和，而实际上它还包括客体内部的诸要素。也就是说，策划者既要考察外在条件，也要考察内在条件，以利于全面考察客体存在和发展的条件。

③要全面而具体地把握条件。策划客体存在和发展的条件是多种多样的，可以做多角度分析，有基本条件与非基本条件、主要条件与次要条件、有利条件与不利条件、主观条件与客观条件等之分。策划者不仅要全面地把握这些条件，而且要具体分析多种多样的条件在条件总和中的地位和作用，以及各条件之间的关系，以确定基本的主要条件，从而把握条件的全面性和具体性，掌握带有关键性的条件。

总之，综合分析策划法是以把握一切方面、一切中介和一切条件为内容的，而这三点并不是孤立的。为了达到对客体综合分析的目的，三种策划法也是综合使用的。在策划的实践过程中，只有真正做到在方面、中介、条件相互交叉的汇集点上去把握策划客体，才是进行了科学有效的策划。

3.2.3 策划的特殊方法

1）什么是策划的特殊方法

策划的特殊方法就是策划的一些绝招，也可以说是“不是办法的办法”。它们有的只可意会不可言传，有的不可思议，有的非常简单，但这些方法往往能够使许多疑难问题迎刃而解，它们更能体现策划的艺术性和策划者的独特魅力。

2）常见的特殊策划法

（1）热点移用法

资源12（文本）

冬奥会借势营销，这三个品牌赢大了！

在商务活动中，巧妙地移用“热点”——当今社会大家广泛关注的问题或现象，必定能够产生“带有煽动性的灵感”，引发成功的商业行为。

（2）拦腰切入法

这是指以小换大，即以小投入换取潜在的高位起点，或未来的高端价值平台，在半路趁势搭上快车，使自身得到高起点的快速发展，获得超值的利益。其经常用在企业产权收购或融资策划中以及产品研发或技术引进的策划中。

（3）概念提升法

资源13（视频）

沙县小吃

这是指为策划对象提供更多的附加价值、体验价值。概念之所以成功，是它能带来“1+1>2”的聚合效应，同样一个产品，由于新概念的提出，可以使消费者产生更多的想象。

（4）加减乘除法

这是指用数学运算手段为策划对象提供更多、更经济实用的解决方案。许多新的产品和服务项目不需要特别的创新，加一加、减一减、乘一乘、除一除就会取得意想不到的效果。例如：体育+地产=体育地产，成就了“让运动就在家门口”的南国奥林匹克花园；农夫山泉的广告把产品的优点减到只有“一点甜”，成就了中国饮料行业的一个知名品牌。乘法则是让几个产业或项目同时互动，产生“化学”作用，从而产生质变，形成新的利润点，实现多方共赢，如地产与旅游、工业与旅游的配合互动。当然，也可以互相借势、互相映衬，如IP跨界营销、同品类品牌联动等。除法则是细分市场，除得越细，越能找到新的市场机会。

3）如何理解策划方法的不定性

对于策划方法的不定性，我们应作如下正确的理解：

（1）策划方法很多，策划者可以灵活应用，随时改变方法，或活用已有方法。

（2）策划方法自身在不断变化，再成熟的策划方法也不可能一成不变，会因方法应用者的删减、添加、改造而有所不同。

（3）策划就是创新，策划方法随着策划人的智力创造而不断涌现。

3.3　逆向思维

3.3.1　逆向思维特质

1）什么是逆向思维

逆向思维也叫求异思维，是对司空见惯的似乎已成定论的事物或观点反过来思考的一种思维方式。当大家都朝着一个固定的思维方向思考问题时，你却独自朝相反的方向思索，这样的思维方式就叫逆向思维。

人们习惯于沿着事物发展的正方向去思考问题并寻求解决办法。其实，对于某些问题，尤其是一些特殊问题，敢于“反其道而思之”，让思维向对立面的方向发展，即从问题的相反面深入地进行探索，由结论往回推，从求解回到已知条件，或许会使问题简单化。这就是树立新思想，创立新形象。

2）逆向思维方法举要

我们发现在策划思维过程中，逆向思维的培养很重要，所以，下面简单介绍三种可以训练、培养和加强逆向思维的方法，以培养我们的思维习惯。

（1）反转型逆向思维法

这种方法是指从已知事物的相反方向思考，形成发明构思的途径。从“已知事物的相反方向”思考，常常是指从事物的功能、结构、因果关系三个方面作反向思维。比如，市场上出售的无烟煎鱼锅，就是把原有煎鱼锅的热源由锅的下面安装到锅的上面。这是利用逆向思维，对结构进行反转型思考的产物。

（2）转换型逆向思维法

这是指在研究一个问题时，由于解决该问题的手段受阻，转而换成另一种手段，或转换思考角度，以使问题顺利解决的思维方法。例如，历史上被广为传颂的司马光砸缸救落水儿童的故事，实质上就是一个采用转换型逆向思维法的例子。由于不能通过爬进缸中（救人）的手段解决问题，司马光转而采用另一手段，破缸救人，进而顺利地解决了问题。

（3）缺点逆用思维法

这是利用事物的缺点，将其变为可利用的东西，化被动为主动、化不利为有利的一种思维方法。这种方法并不以克服事物的缺点为目的，相反，它是化弊为利、解决问题的一种方法。例如，金属腐蚀通常被认为是一件坏事，但人们利用金属腐蚀原理进行金属粉末的生产，或进行电镀等，无疑是缺点逆用思维法的一种应用。

3.3.2　逆向思维的意义

在学校的时候，我们常常是先学规则，再接触实例。比如，我们在学习中学物理的时候，先在课堂上听老师讲牛顿三定律，然后再到实验室去做实验，看物体在没有阻力的时候能够滑多远。在这里，实际的例子用来验证事先被灌输的规律。

可是，在工作中，我们还会遇到这样一种情况：我们接触到了具体的东西，却不知道其中有什么规律。比如，我们买了一幢旧房子，可是，为什么房子四角有四个管道垂直而下？为什么烟雾探测器会发出响声？前任房主没有告诉我们，这就需要我们有逆向思维的能力，从现象中悟出后面隐藏的规律来。

有些公司招聘新人的时候，会测试候选人的这种能力。例如，某公司对应聘者出了这样一道题：一个系列M、T、W、T、F、____、____，请填出最后两个字母。这其实就是测试逆向思维的能力。

其实，逆向思维还是基于很多已经知道的规则。以上面这道题为例，你先要假定这组字母肯定会有规律，然后用枚举法去一一测试你所想到的规则，再逐一检查这些已知的字母是否符合这个规则，如果符合，你只需套用已知的规则就可以推导出剩下的字母了。

如果是数字，我们就会想到等差数列、等比数列、斐波那契数列，你知道的规则越多，找到答案的可能性就越大。所以，具有逆向思维能力的人，需要涉猎广博的知识领域。

在前面所提及的例子中，因为不是数字，所以不能套用我们所知道的关于数字的规则。既然是字母，而且连在一起也不是一个有具体意义的单词，所以，很有可能是一组单词的开头字母。这一组单词的个数是七个。

“七”是一个有意思的数字，最先想到的是一周有七天，这会不会是这七天所对应的单词的第一个字母呢？

我们可以开始检验，Monday，Tuesday，Wednesday，Thursday，Friday，检查到这里，我们会发现，其第一个字母正好一一对应题目中的前五个字母。所以，后面的两个字母应该是Saturday和Sunday的首字母，即S、S。

为什么公司会考查这种能力呢？到IT公司里任职，常遇到这种情况：前面有人已经写了一套系统，留下了一大堆代码，然后就离开了。新进的员工需要读懂现有的代码，然后在其基础上做修改。有时候，离职的员工没有留下什么说明书，所以，你不知道其中的规则，这就需要你具有逆向思维能力。通过看源代码，明白其中的规律，然后再去改进。从表面上看，逆向思维很像看行星的数据而发现开普勒定律一样，是少数一流科学家才有的能力。可是，一般公司要求没有这么高，因为公司里面用到的规则，不是还没有发现的，而是已知的。我们可以利用自己已有的知识，逐一去验证，发现哪些是代码里所使用的。

要做到这一点，你在这个领域的知识面就必须广。有些人精通某一领域的知识，所以他在有些领域可以进行逆向思维，但是如果换一个他不熟悉的领域，他就手足无措了。比如猜谜，也是测试逆向思维的能力，可是猜谜高手不一定能看懂程序代码，因为那是他不熟悉的领域。

我们应该在自己熟悉的领域学会逆向思维的能力。比如，在处理人和人之间的矛盾的时候，有人提倡换位思考，可以加强人和人之间的理解，这其实就是把逆向思维用到了处理人际关系上。

在商界，有头脑的人经常使用逆向思维来赚钱。在工业界，很多公司都比较保守，它们向消费者提供产品，却从来不透露这些产品是怎么做出来的。竞争者需要根据其产品研究出制造方式。所以，公司特别看重有逆向思维能力的人。具有逆向思维能力的人能够根据一个药片，研究出其中的成分和配方，从而很快就造出相同的药来。

3.3.3　逆向思维的优势

逆向思维是用绝大多数人都没有想到的思维方式去思考问题。运用逆向思维去思考和处理问题，实际上就是以“出奇”去实现“制胜”。因此，逆向思维的结果常常会令人大吃一惊、喜出望外而有所得。下面，我们不妨通过一些案例来说明逆向思维的优势。

案例3-1 

网球与足球、篮球不一样：足球、篮球有打气孔，可以用打气针充气；网球没有打气孔，漏气后球就软了、瘪了。如何给瘪了的网球充气呢？专业人士首先分析网球为什么会漏气，气从哪里漏到哪里。我们知道，网球内部气体压强高，外部大气压强低，气体就会从压强高的地方往压强低的地方扩散，也就是从网球内部往外部漏气，最后网球内外压强一致了，就没有足够的弹性了。怎么让球内压强增加呢？运用逆向思维，专业人士考虑让气体从球外往球内扩散。怎么做呢？那就是把软了的网球放进一个钢筒中，往钢筒内打气，使钢筒内气体的压强远远大于网球内部的压强，这时高压钢筒内的气体就会往网球内“漏”，经过一定的时间，网球便会硬起来了。

让气体从外向里漏的逆向思维，让没有打气孔的网球同样可以实现充气。

由此案例推出逆向思维优势之一：

在日常生活中，常规思维难以解决的问题，通过逆向思维可能会轻松破解。

案例3-2 

有两个人一起出差，其中一个人逛街时看到大街上有一老妇在卖一只黑色的铁制的猫。这只铁猫的眼睛很漂亮，经仔细观察，他发现，铁猫的眼睛是宝石做成的。于是，他不动声色地对老妇说：“能不能只买一双眼珠。”老妇起初不同意，但这个人愿意花整只铁猫的价格买下眼珠。老妇便把猫眼珠取出来卖给了他。

他回到旅馆后，欣喜若狂地对同伴说，我捡了一个大便宜，用了很少的钱买了两颗宝石。同伴问了前因后果后，问他那个卖铁猫的老妇还在不在，他说那个老妇正等着有人买她的那只少了眼珠的铁猫。

同伴便取了钱寻找那个老妇去了。一会儿，他把铁猫抱了回来。他分析这只铁猫肯定价值不菲。于是，他用锤子敲击铁猫的身体，铁屑掉落后，他发现铁猫的内质竟然是用黄金铸成的。

买走铁猫眼的人是按正常思维走的，铁猫的宝石眼很值钱，取走便是。但同伴却通过逆向思维断定：既然铁猫的眼睛是宝石做的，那么它的身体肯定不会是铁。正是这种逆向思维使同伴摒弃了铁猫的表象，发现了铁猫的黄金内质。

由此案例推出逆向思维优势之二：

逆向思维会使你独辟蹊径，在别人没有注意到的地方有所发现、有所建树，从而制胜于出人意料。

案例3-3

有一位赶马车的脚夫，驱赶着一匹马，拉着一平板车煤要上一个山坡。无奈路长、坡陡、马懒，马拉着车上了整个坡的1/3就再也不愿意前进了。任脚夫怎么抽打，马只是原地打转。脚夫这时招呼同行马车停下，从同伴处借来两匹马相助。按常规的思维方式，一匹马拉不上坡，另找两匹马来帮忙，那肯定是来帮助拉车的。但脚夫并未把牵引绳系在车上，而是将其系在自己那匹马的脖子上。这时，只听脚夫一声吆喝，借来的两匹马拉着懒马的脖子，懒马拉着装煤的车子，很快便上了坡。对脚夫的这种做法你可能会感到疑惑，用借来的两匹马拉自己的懒马，其结果仍然是自己的懒马在使劲，另两匹马不但使不上劲，还有可能拉伤自己的马。

脚夫就是运用了逆向思维。

思考一：这匹马的力量同其他马的力量差不多，车上装的煤也差不多，别的马能上去，这匹马就应当能上去，上不去的原因是这匹马懒惰。也就是说，是态度问题，而不是能力问题。

思考二：用两匹马拉住懒马的脖子，就迫使懒马必须尽最大的力量，拼命拉着煤车前进；否则，脖子就有可能被另外的两匹马拉断。求生欲使得懒马必须积极主动地拉车上坡。

思考三：如果让另外两匹马帮助拉车，虽然可以顺利地将车拉上坡，但让懒马尝到偷懒的甜头后，再遇到上坡时一定还会坐等别的马来帮忙。而系住它的脖子让另外两匹马教训它一下，则可以使懒马记住偷懒所吃的苦头，以后上坡时不敢再偷懒，从而根治了该马的懒病。

我们不得不承认，马夫运用逆向思维解决懒马问题的招数实在是高人一等。

由此案例推出逆向思维优势之三：

逆向思维会使你在多种解决问题的方法中获得最佳方法和途径。

案例3-4

某企业工会实行差额选举，规定从10名候选人中选出8名工会委员。常规操作方法是按工会会员代表数量发出选票，上列10位候选人名单。代表拿到选票后“择出”自己同意的那8位候选人，投票后，由监票人进行唱票统计，最后8位最高得票者当选。对于这种司空见惯的做法，谁都没有异议。

但是，这种做法显然不是效率最优的选择。对于这个问题，采用逆向思维完全可以这样来做：当拿到选票后，“择出”自己不同意的那2位；唱票时，每张选票也只唱2次；最后，谁的“票多”谁就落选。这样，每一位代表所花的时间只有原来的10%，每一张选票的唱票时间也只有原来的10%，选举效率提高了10倍。

仔细想过就不难发现，这种做法不但提高了效率，而且有助于增强候选人和代表的压力感和责任感。如果选取赞成的8位时，很多人都是从前往后打钩，只要不是很不顺眼就按照顺序往下打钩了，最后的结果往往是居于最后面位置的2位候选人落选的可能性最大。这种做法使得落选的人压力不是很大，谁让自己的地理位置不佳呢？而要代表从10位候选人中“择出”2位自己认为不合适的人，对候选人来说就加大了压力，他必须十分注重自己的形象，改进自己的不足；对代表来说，必须经过慎重思考，负责任地表达自己的意见。

由此案例推出逆向思维优势之四：

生活中自觉运用逆向思维，会将复杂问题简单化，从而使办事效率和效果成倍提高。

案例3-5

湖北10岁小学生王帆发明的双尖绣花针，获得第四届全国青少年科学创造发明比赛一等奖，被中国发明协会授予专项发明奖。王帆曾仔细观察过大人们的湘绣绣花过程，看到绣花针刺到布下面，针尖朝下，需要掉转针头，才能再刺到布的上面来，又需要再次掉转针头刺下去，如此反复操作，非常麻烦。王帆想，能不能不掉转针头进行刺绣呢？常规的绣花针一端是针尖，另一端是针鼻儿，显然针鼻儿不能代替针尖的功能，反过来针尖也不能代替针鼻儿的功能。怎样对绣花针进行改进呢？王帆想，既然要不掉转绣花针进行刺绣，绣花针必须对称，即让两端都是针尖。那么针鼻儿怎么办呢？经过思考，王帆选择将针鼻儿放在针的中段位置。

王帆发明的这种双尖绣花针下面有针尖，可以刺透绣花布，从下面拔出针，上面也有针尖，不再需要掉转绣花针就可以继续刺绣，减少了刺绣操作的步骤，提高了刺绣的速度。双尖绣花针虽然简单，却非常新颖和具有实用性。

王帆就是利用逆向思维的方法，变不对称为对称，发明了双尖绣花针。

由此案例推出逆向思维优势之五：

逆向思维也有助于人类的发明和创造。

在日常生活中积极主动地运用逆向思维，能够起到拓宽和启发思路的重要作用。当你陷入思维的死角不能自拔时，不妨尝试一下逆向思维法，打破原有的思维定式，反其道而行之，说不定就会眼前一亮、豁然开朗。

3.4 策划思维的培养途径

策划是一种思维方式转化为系统，由系统转化为流程，再由流程转化为行动的过程。培养策划思维方式，大致有以下一些思维创新途径：

1）换位思维

绝大多数创造性思想都源于思维角度的改变。对于任何事情，你都应该尝试从不同角度、不同位置、不同群体等方面去看一看、想一想，往往你会有一些意想不到的发现。视角的特别，也往往决定了创造力的高低，反向思维便是其中的一个特例。比如开发产品时，最好把自己当成服务终端，考虑一下客户的感受，把每一个环节都考察一遍，看是不是可以做得和别人不一样；也可以把自己当成竞争对手，想想他们的实际情况，多问问为什么这样，反过来问问自己为什么不这样，这样思考的时候，你就可能发现问题并加以革新和完善。

2）求同求异

多做比较，而且要换不同角度进行比较，既要找出它们的相同点，也要找出它们的不同点。比较一定要细致、全面，不放过任何细微之处（细节非常重要）。所以，最好将它们一项一项列出来，翻来覆去地比较。相同必有相同的内在机制，更可能是最基本的问题。大多数人喜欢求异，而思想家更喜欢求同，从千变万化的复杂事物中找出共性和本质，从而更好地理解不同之处。异，可能是思维的入口，是线索，顺着它就有可能进一步找到事物的特性，发现规律，这点大家容易理解。

3）分解与综合

你如果能将关注的事物分解得足够细，越细越好，把大问题分解成无数个小问题，对每一个问题都细致考察一遍，你就有可能找到突破口或开辟新的领地。比如，研究生物的，可以将多细胞的行为分解到单细胞水平，甚至单分子水平，这样必定会遇到很多技术问题，但也可能激发你建立新的技术体系。另外，对于自己研究的领域，你也可以这样要求自己，即提出200个或更多问题，在这200个问题中，一定会有你的思想火花。爱因斯坦曾说过，提出问题往往比解决问题更重要，因为关键问题的提出，常常表明你已经意识到解决问题的突破口在哪。

4）非常规思维

想象一下理想状态会如何，极端条件会怎样，特殊人群会有什么需要以及时间起点和终端情况，或者无限夸大、缩小又如何，变成懒鬼是啥样，故意犯错会怎样，极小、极大、极多、极少时又会如何等，这些思考可能会使你的问题简化或者拓展。比如，你开发一个产品，想象一下要是小孩子拿了就可能猛敲，战场上就有可能颠簸和损伤，坏人就想搞破坏，你的产品是不是可以往这方面尝试着革新。

5）艺术性

你能把平凡的事赋予更多艺术性或社会意义，如变得有趣、富含深意，那就是一种创造力。把复杂的公式简单化，把普通的事做得更精细，优化组合，更节能轻便，这是一种美学创意。把简单的东西做出复杂的结构和多样的功能，也是一种令人惊叹的艺术。所以，做任何事，要试着把它做得细致入微、精美有趣或有意义。

6）增加新特征

组合也是一种创造，所以要时时想着是否可以给你的产品赋予更多的功能，是否可以整合不同的事物。

7）胡乱联系

胡乱联系也是头脑风暴。头脑风暴法又称智力激励法，由现代创造学奠基人亚历克斯·奥斯本提出，是一种创造能力的集体训练法。自己进行头脑风暴训练，实际上是对自身发散思维的练习。

你可以试着把大量不相关的东西放在一起，让它们任意组合，胡乱联系一下，再经过筛选分析，启发思维，寻找灵感。有时候随便走走，或者随便翻翻不相关的书刊，与无关的人员聊聊天，都可能启发思维，不一定老是待在某个地方冥思苦想才叫工作。我们应多结识社会上各行各业的人员，有意无意中就可以交流一些信息。

8）思考社会需求

只要是需求，都值得认真思考。实际上，对创造力进行评价的一个重要指标就是其社会意义，包括理论的、技术的以及现实生活中需求的。所以，一定要把自己的思维拓展开来，考察社会需求的方方面面，看能不能建立一种关联。比如，做基础生物学研究的不一定就只做实验室工作，可以拓展一下，是不是可以与国计民生联系起来，如垃圾处理、口腔卫生、食物监控、生物能源之类。也可以先考察社会需求，然后看看哪些可以作为自己研究突破的方向。

9）移植思想

这是一种发散思维，就是将其他领域的思想方法运用到自己专注的领域，或者将自己的思想方法拓展到其他领域，也就是学科交叉，甚至学科横断或上升到哲学层次。首先要有一个习惯，就是一有什么想法，赶紧先记下来，然后不断完善，之后就会想想是不是可以推广到相关领域，或者更宽的领域。其次是实用性考虑，如可不可以用到日常生活或科学研究中去，可不可以申请专利、开发产品或进行工业化大生产。这样想的时候，也就会连带出更多配套性问题，思维也就活跃了。

10）形象思维

一定要试着用图形表达各种意思，因为形象思维能够再现事物原形，能轻易发现言语容易遗漏的空间细节和时空逻辑矛盾。所以，想问题的时候，不妨多画画图，建立模型，用想象力去弥补思维空缺。你也可以用形象去类比，想象一下它像什么，内部可能是什么样的结构，换个角度想象一下，又会是什么结果；或者，建立一定的符号，进行逻辑运算，也可以很直观地理解问题，发现矛盾。

11）关注矛盾

问题就是机会，不应逃避，而应把它当成取得突破的机遇。每次遇到困难，你最好问问自己，是不是里面暗藏了什么机制性的东西，不要轻易放弃，先记下来再说，然后尽可能提出各种设想，逐个加以分析排除。

12）数学化

我们对任何事都要尝试建立数学模型去量化、标准化。但世界上很多事还无法量化，这实际上既是挑战，也是发挥创造力的机遇。比如生物医学，目前很难量化，但某些方面又存在数量关系，很多人就不考虑这种关系，做的研究就可能与实际情况相去甚远。

13）预测未来

你可以想象一下，20年后人们会怎样生活和工作，然后把目标聚焦到具体领域细化一下，这些预测结果就可以作为你研究要达到的目标。比如计算机行业，在若干年前很难想象，一台掌上电脑就可以满足你几乎所有的信息处理需要，如打电话、看电视、上网、学习、咨询、服务、仪器控制等。所以，这个行业的一个创新就是不断整合，今天有iPhone、iPad，明天就可能有i100，后天就可能有iALL，做饭、自动驾驶这样的事几个按钮就可以控制。现在的任务就是围绕这些去开发、去完善，做出比现有产品功能更多、更好的产品应该是一种必然趋势。对于其他领域，思想也是可以超前的，如人体那么多奥秘，有些很少人问津，虽然技术上相当困难，但也不是不可能设计实验进行研究的，至少可以确定为目标，一步一步往前摸索。也只有这样，你的思维才能超过别人，才有可能取得大的突破。

14）关注最新技术和最新思想

新技术和新思想实际上就是创造力的最佳生长点，一定要敏锐地把握最新信息，了解前沿动态。对新事物的第一反应应该是：这是我创新的机会，一定要琢磨一番，是不是自己可以在此基础上更进一步，或者拓展开来，为己所用。即使这样的想法没什么实际价值，也要把它记下来，权且作为一种思维训练。所以，越是自己不明白的，越要去接触它，不能完全由着兴趣来（喜好有时候就是一种思维定式）。因为新技术必定不完善，有太多值得拓展的空间，获得新想法的概率更高。

15）逻辑推演

我们应该无拘无束地想各种问题，大胆设想，先不考虑任何技术的可行性或者是不是荒诞不经，先根据已有材料建立假说，然后大胆推演，寻找证据，不断改进。没有证据的，就用想象来填补，留一个空缺。比如，假定自己的模型正确，它必定会有很多衍生特征，可以分解它的这些特征设计实验进行验证；假定它不正确，在验证的过程中自然也会了解很多信息并加以修正。所以，一定先要有模型或假说，不管对不对，有总比没有好。有了之后就要不断推演，分解细化。此时长进最快，能学到很多东西，也会提出很多自己都觉得惊奇的设想。

16）哲学思考

学点哲学总是有好处的，因为哲学是归纳的结果，具有普适性，下意识地用哲学思想去分析具体问题，往往能更深刻地理解事物的本质，触发灵感。比如，要学会辩证、系统、动态地分析问题，从不同层次分析系统要素，研究其结构特性和信息调控机制，也可以从具体研究对象出发由此及彼地推广应用，甚至上升到更高层次或哲学层次。有些人很反感哲学，以为学不学无所谓，其实这也是一种感情用事的定式，因为关键是你会不会用，或者你用了还以为没用。比如，生物学家学点耗散结构等哲学思想，就可能会去思考生命现象中的自组织机制，研究自组织中心，猜测系统运作机制，就有可能想到别人想不到的可能性。

17）行胜于言

很多时候，只有亲身经历一些事情，才可能在某方面形成独到的见解。文学家如此，做科学研究也一样。比如，创立肿瘤血管阻断疗法的哈佛医学院教授佛克曼，就是因为发现了临床上肿瘤血管增生与预后有关，而众多待在实验室的肿瘤学家就很难了解这一点，也就无从谈起发现新规律了。所以，有时候不一定要有成熟的想法才去做，而应边做边发现，摸索前进，很多顶级学者都是这么做的。

18）跳出定式

你要下意识地问问自己的思维模式是不是一种定式，是否可以跳出来。这样想的时候，也许你可以悟到自己的局限，并把思维带到另外的角度或方向，甚至可以天南海北自由驰骋，突破常规。

19）把自己想象成上帝

我们不要老是在自己的圈子里打转，看大量文献，而要把自己看成上帝，想想要是自己来设计会怎样做。有很多问题用目前的理论无法解释，很多人就不敢碰，但这又是人类认知突破的节点，只有感悟世界上存在的规律，你才可能用想象去填补事实与知识间的巨大空缺，才可能从高处俯视你的研究领域。当然，要达到这种思维境界，非一般人能做到，需要刻苦磨炼和有高超的悟性。

20）学做有心人

学会收集资料和思想方法，积累基本知识和资源，成为某方面的专家，洞察研究前沿，这些都是策划思维的基础。所以，策划思维的创新性就在于知识的积累。

本章小结

本章讲述了在广告活动中策划思维的基本方法与养成。策划思维的创新性是指运用各种艺术性思维，艺术地运作思维，不断高速化、变换思维的过程。例如，运用联想思维、求异思维等艺术性思维，激荡、扩展思维，就能使思维异常活跃，而产生种种新思想、新观念，实现思维的创新。

策划方法在策划中占据着十分重要的地位，有方法就有办法，有办法就容易开展策划。但是，对策划人来说，一方面要注重对各种方法的学习和掌握；另一方面还要灵活运用，突破思维定式，不断地寻找和总结更多、更新的策划方法。特别需要注意的是：方法是达到目的的手段，“条条大路通罗马”，只要能达到目标，在不违法、违规、损害公众利益的前提下，策划就没有固定的模式，正所谓“法无定式”。

关键概念

策划思维　逆向思维

第3章测一测

复习思考题

1）什么是策划思维？

2）什么是逆向思维？

专业技能训练

美国《检查者报》曾经在电视上做了这样一则广告：电视画面推出旧金山电报大楼塔顶的特写，画外音是“我们正在重复伽利略的试验，以证明究竟是这台电视机重，还是这份报纸——《检查者报》重”。接着，一台电视机和一份报纸同时从塔顶被扔下。报纸落地时，竟把人行道撞出个大洞，而电视机仅仅跳了几下。反常的试验结果马上引起人们的争论。一家电台就试验结果发表了一篇措辞激烈的评论，要求记者重复这个试验，以证明事实。这件事在美国引起了不小的反响，不仅地方电视台进行了报道，连《纽约时报》和美国广播公司也报道了此事。结果，《检查者报》被广泛认识，发行量一再上升。

请分析该报纸推广发行的广告策划中运用的思维方式。

本章参考文献

[1] 阿伦斯. 当代广告学［M］. 丁俊杰，等译. 北京：人民邮电出版社，2010.

[2] 奥格威. 一个广告人的自白［M］. 林桦，译. 北京：中信出版社，2015.

[3] 秦勇，庞仙君. 现代公共关系学［M］. 北京：北京交通大学出版社，2014.

[4] 曾兴. 策划学概论［M］. 北京：中国广播影视出版社，2010.

[5] 里斯，里斯，张云. 21世纪的定位［M］. 寿雯，译. 北京：机械工业出版社，2019.

[6] 刘绍庭. 公共关系战略与策划［M］. 上海：华东师范大学出版社，2014.

[7] 李国威. 品牌公关实战手册［M］. 北京：中信出版社，2018.

[8] 韦尔奇，拜恩. 杰克·韦尔奇自传［M］. 曹彦博，孙立明，丁浩，译. 北京：中信出版社，2017.

[9] 王念山. 服务力：体验经济时代的服务营销方法论［M］. 北京：中国财政经济出版社，2016.

[10] 奥格威. 广告大师奥格威：未公诸于世的选集［M］. 庄淑芬，译. 北京：机械工业出版社，2014.

[11] 张勇. 广告创意训练教程［M］. 北京：高等教育出版社，2015.

[12] 蒋旭峰. 广告策划与创意［M］. 北京：中国人民大学出版社，2011.

[13] 吴柏林. 广告策划：实务与案例［M］. 北京：机械工业出版社，2017.

[14] 刘刚田. 广告策划与创意［M］. 北京：北京大学出版社，2012.

[15] 李桂英，姜凤. 现代广告经典案例评析［M］. 重庆：重庆大学出版社，2015.

[16] 关健明. 爆款文案［M］. 北京：北京联合出版公司，2017.

[17] 叶茂中. 广告人手记［M］. 北京：北京联合出版公司，2016.

第二篇

广告运作技术

第4章　广告运作基础

学习目标

通过本章学习，你应该：

了解现代广告运作的基本流程。非直线型、各个关键点上多个部门间高度协作的流程，有助于推动集思广益的达成，并产出有价值的思路，最终带来最优秀的创意。

了解广告调查的程序与方法。调查的实施需要精心的前期准备、实现与调查对象的有效沟通，并对数据及访谈文本做专业化处理与解读。

熟悉广告预算的相关内容与额度确定方法。广告预算是一个行动方案，需要针对企业自身选择合适的方法，方法一旦得以制定、确立，即需要很好地分配与宏观管理。

引例　先生的湖：把功利心放下之后的简单快乐

“先生的湖”系列广告是现代地产广告中的经典之作，不仅收获了广告实效——楼盘在自身品牌、地理位置等因素均不具优势的情况下取得了“一组团”3天之内完成全部销售任务、“二组团”3小时即售罄的骄人战绩，作品同时获得了2009年“时报世界华文广告奖”及“中国广告节长城奖”。这样的成功离不开广告公司深入细致的广告调研及贴切精准的市场定位。“先生的湖”是惠州某房地产公司旗下的重点投资项目。2009年，黑弧奥美（现在的黑弧数码传媒）接过该房地产公司光耀城二期的推广任务。经过广泛而丰富的市场调查，黑弧奥美决定剑指深圳，将目标人群锁定为在深圳有投资房产需求或自我改善住房需求的中产阶级，消费者写真的具体定位为在深圳快节奏的城市生活中，内心充满焦虑的中产阶级。这部分人通过努力打拼，事业有成，但终日忙碌，无暇享受和家人在一起的温馨时光；同时，对功利性结果的重视与追寻，使其内心充满了焦虑。正是这样一个个低调而丰富的内心，对私人空间和大自然有着强烈的渴望。为此，黑弧奥美将创意主旨设定为“先生的湖”，主张“放下功利性目的，享受过程的精彩”，勾勒出山湖别墅、岛、山上的路、一草一木……都没有城市的喧嚣。为了完美地执行这一创意主题，广告画面采用版画形式，凸显绅士气息与闲散味道；同时，配合一系列美学气息浓厚的精彩文案，诗意地展现目标人群的丰富内心。广告获得了极大的成功。作品发布之后，顷刻之间提升了光耀城的品牌知名度，最终创下了几天之内楼盘销售一空的骄人战绩。

资源14（文本）

“先生的湖”平面广告欣赏

一年之后，光耀城三期开盘，该地产公司将广告代理公司换成喔嚯广告。喔嚯出街的广告堪称黑弧奥美的续篇，两个时期的广告不仅具备生动的故事连续性，风格也十分匹配。所不同的是，喔嚯广告继续深挖市场需求和受众心理，并让“先生们”拿自己“开刀”，抛给受众一个与众不同的先生形象，以期进一步与受众建立情感联系。随着别墅户型的扩大，从容笔挺的先生们变成了滑稽的发福样子。房子发福了，先生们也发福了。透过广告受众明白过来，优雅的先生们也是凡人，拥有父亲、儿子、“老狐狸”、大叔、“怪物”、长辈、孩子等多重社会角色，形象随之充实起来，便有了庸常不雅的发福外形，如图4-1所示。尽管形象的大转变还是会令一些受众惶惑不解，但精彩的文案字字珠玑，每一句都在刺激着目标人群，每一句话都说到了生活中先生们的心里，直刺刺的形象也更加现实有效，先生们怎会不动心呢？广告出街后没多久房子又被抢光，继而成为深圳的焦点话题；同时，广告作品在当年的中国国际广告节长城奖中又榜上有名。

由此可见，细致的广告调查及精准的市场定位是广告活动成功的前提，同时也是广告创意及广告表现的重要依据。

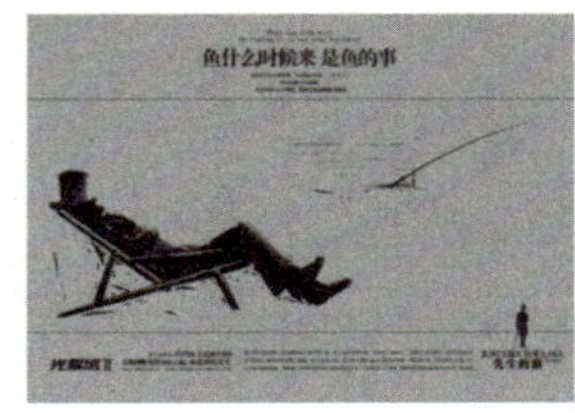

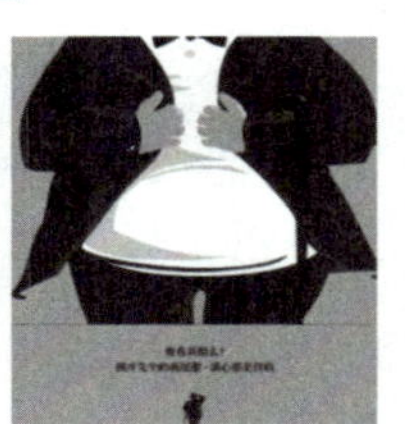

图4-1 “先生的湖”系列广告

资料来源 佚名. 先生的湖，从优雅到发福［EB/OL］.［2010-11-13］. http://www.adquan.com/post-8-6305.html.

4.1 广告流程

资源15（文本）

CPM指的是什么?

在很多人看来，广告没什么技术含量，不过就是一种简单的信息发布活动，最后体现为具体的作品，如一张有创意的图片、一篇广告词、一个高高耸立的立体招牌、一则包含产品的电视广告等。在他们的认识中，所谓的广告活动，就是单凭拍脑瓜，把广告作品制作出来就算大功告成。

实际上，这是一种狭隘、落后的广告观念，是对现代广告运动规律的误解。现代广告活动早就不再是过去那种单纯向大众传递产品、服务信息的简单的推销活动，而是发展成了具有明确目标性、强烈竞争性、日趋科学化的整体战略活动。

现代广告运作是指在现代广告运动中广告发起、规划与执行的全过程，是一种动态的、按一定顺序连续发生的行为。它由各种必要的环节构成，并且各个环节都包含丰富的内容。

在这个过程中，广告公司提供的核心服务由“为客户提供创意作品”转变为“为客户提供有效的广告计划及作品”，充当的角色也由单纯的服务性角色转变为“以事业伙伴的身份参与拟定过程”，基本上是顾问的性质。

现代广告运作有一贯的流程，图4-2是一般大型广告公司的标准作业流程。

4.1.1 前置作业

广告活动以营销战略的确立为源头，营销战略决定了广告在其中扮演的角色、担当的任务，以及与广告配合的其他行销推广工具。现代广告业竞争异常激烈，很多广告公司为提升竞争力而为客户提供增值服务，其中的一项体现就是协助客户拟定营销战略。在这一过程中，广告公司以营销伙伴也就是客户顾问或公司经营协助者的身份参与前期过程。相关的协助工作包括：提供营销建议，协助进行市场调研，确定市场中的特定问题，与企业共同拟定产品概念、品牌名称、包装设计，决定预算，协助开发新产品，提出相关项目的建议，以及进入广告计划之前的其他协助工作。

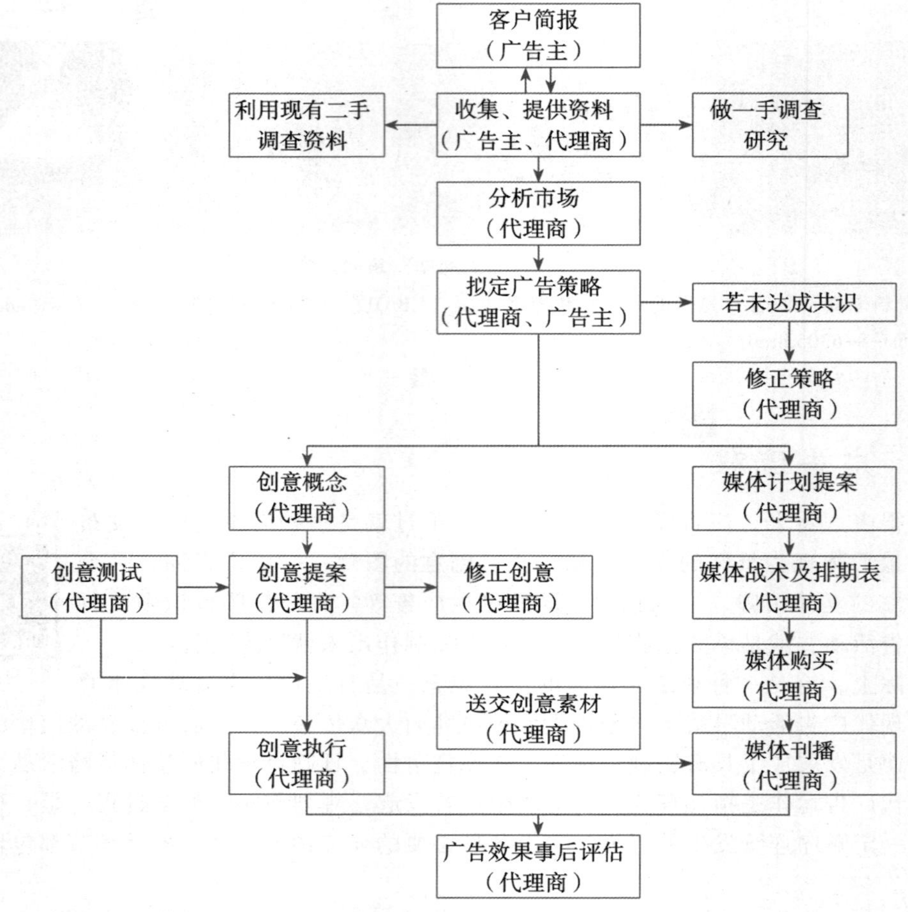

图 4-2　广告运作的基本流程

资料来源　柳婷.广告与行销［M］. 台北：五南图书出版股份有限公司，2005.

4.1.2　广告作业

1）客户简报

企业要做广告，一般出于两种目的：要么是达成某个目标，要么是有问题或挑战需要解决。对于广告公司而言，在面对客户的广告要求时，首先要弄清楚的第一个问题是：它们的目的或问题何在。一般而言，广告主如果真想广告代理商协助处理广告活动，通常会为对方举办说明会（Orientation），给广告公司一个详细的简报（Briefing），详尽地说明公司的营销策略与计划概况，包括目标、做法与问题等，让广告公司清楚地了解产品、了解整体营销计划、了解广告的角色及任务以及执行过程中的一些要求，如时间表、评估标准、其他附带工作等，以此作为双方合作的基础。

2）市场分析

听取说明会后，广告公司根据客户的要求，开始策划广告方案并组织成立项目小组。这个小组由客户执行、策划文案、创意设计等部门抽调出来的相关人员组成，通常由客户总监统领。项目小组成立后，就开始针对广告主提供的客户简报的书面材料，着手收集更多的有关市场、竞争对手和消费者的资料，并对产品、市场环境、竞争对手、目标人群等进行分析。在拟定广告策略之前，形成一份重点整理并对策略有所帮助的“情境分析报告”是必要的。

在分析的过程中，如果发现相关产品定位、目标人群、卖点不清晰，则需要进一步的市场调研，由客户总监向市场部下达工作单（范本见表4-1），初步规定各项任务，并设定时间进程。

表4-1　市场部工作单范本

下单时间：20____年____月____日

服务项目：________________________下单部门：__________公司________分机：_________

下单人：__________________________联系电话：_________________________________

工作目的：□客户开发　　□项目投标　　□客户服务

工作分类：

工作类别	详细分类
客户开发	A1.一般性资料收集　A2.一般性行业分析报告　A3.项目提案支持
项目投标	B.参与重大项目的投标比稿
客户服务	C1.资料收集　C2.单项提案　C3.季度或年度提案　C4.品牌跟踪服务
市场调研	D1.仅出具调研方案　D2.调研方案及执行
出差支援	E1.客户洽谈　E2.项目提案　E3.市场调研　E4.其他

工作要求（可加附件）：

主要用途	
一般要求	□________行业总体分析　☆　□ 消费者研究　☆ □ 竞争状况分析　☆　□ 客户自身情况分析　☆
	注：在横线上填写具体行业，需要分析的项目在□上打“√”，重点分析的在☆上打“√”
其他要求	

要求完成时间：20____年____月____日____时（由下单人员提出）

完成时间确认：20____年____月____日____时（由下单人员与市场部商议后确认）

要求提交形式：□ PPT文件　□ Word文件　□ 打印文本　□其他

E-mail：____________________________抄送：_________________________

随单提供的附件：_______________________

子公司领导签名：_________________________

主管领导签名：_________________________

市场总监签名：__________执行人签名：__________时间：20____年____月____日

做“市场情境分析”（Situational Analysis）是广告公司的必修课。在产品、渠道、市场方面，广告主或许有较强的经验和知识；但在消费者研究和竞争者分析方面，广告公司能提供更客观、更详尽的市场情况分析。

3）广告策略

广告是“有规划的艺术”（Disciplined Art），最终以商业效果论成败，而不仅仅以创意表现为目标。在进行创意表现之前，必须有经过慎重的资料分析、调查研究、经验判断所凝练出的策略来为广告创意设定方向。一方面，好的策略有助于制定方向上的决策，以减少公司执行时间、资源的浪费；另一方面，策略往往扮演“合约”的角色。广告策略的确认，需要客户与广告公司双方达成共识，之后可以作为评估创意的依据（策略拟定的前置作业与分工如图4-3所示）。具体而言，这里的广告策略是指形成初步的广告计划方案，包括创意概念、预算建议、公关促销活动配合、媒介组合等，并探讨产品的定位、名称、广告语、推广节奏、大概的推广内容等（广告策略的形成与制定有其特定的方法与内涵，将专设一章讲述，见第5章）。

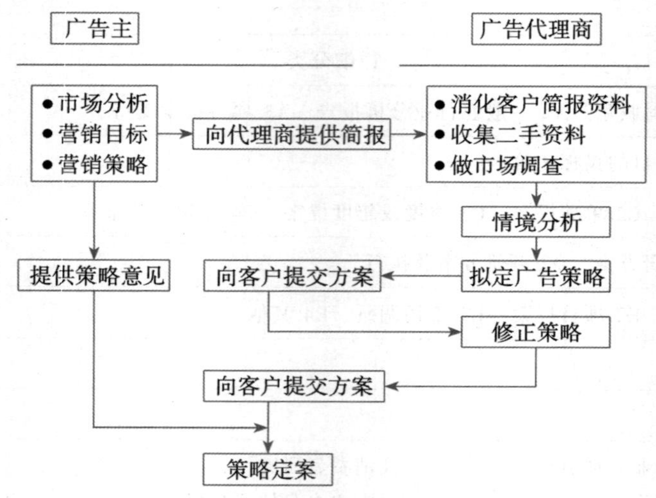

图4-3 策略拟定的前置作业与分工

资料来源 柳婷.广告与行销［M］.台北：五南图书出版股份有限公司，2005.

策略制定好后，广告公司向客户提交方案，如果客户同意并确认，项目组客户总监即向创意部与媒介部下达工作单（范本见表4-2），两部门针对工作单分别完成创意策略与媒体策略的深化，进而形成更完整、更详细的方案。

4）创意表现与媒介计划

收到客户总监/部的工作单之后，创意部与媒介部分头行动：创意部需要依据创意概念发展出3～5个不同思考方向的创意点，并经由概念测试（Concept Test）确定其中的1个，再发展成创意表现；媒介部需要研究媒介策略并提出具体的媒介建议。之后，项目小组内部就创意表现及媒介建议进行评估，确认其与广告策略方向的配合，一切就绪后，开始准备提案。

表4-2　　客户总监给创意部与媒介部下达的工作单（即创意简报）范本

Job No. 工作号	Task Delivery 下单日期	Client 客户名称	Brand/Product 商标/品牌

What's Required工作需求（包括预算、时间，以及具体的工作要求，如TVC的长度，平面的尺寸、形式等）

Background背景（包括品牌焦点、定位、市场状况、竞争对手等有价值的背景资料）

Communication Objective广告传播目标（期望广告可以达到的效果是什么）

Target Consumer目标消费者（描述广告传播的典型对象，如一个人、生理和生活形态指标、接触域）

Consumer Insight消费者洞察（消费者的心理需求，与本传播品牌的主要利益点的关联，以及怎样看待该品牌、类品牌或服务）

Single-minded Response唯一反应点（期望消费者对广告的唯一反应点是什么？与支持有直接因果关系）

Support支持（消费者为什么相信你的唯一反应点）

Tone & Manner传播调性（广告传播的格调怎么样？可以有一些相关的例子）

Creative Idea创意理念（是否有创意理念或其他有益的品牌特性）

Mandatory特别要求（必须有或不能有的内容）

A.E./A.M. 客户主管	Account Director 客户总监	Internal Review Date 内部检查日期	First Presentation Date 第一次提案日期	Launch Date 发布日期
Creative Director 创意总监	Interactive CD 互动创意总监	Creative Team 创意执行组	Traffic 流程管理	Client 客户

广告公司为了确定所选择的创意表现能打动目标消费者，常在制作之前先进行测试，即“事前测试”（Pre-test），其目的是希望能在制作之前还来得及修改、更正或重新创作，以便刊播后能收到预期的广告效果。刊播后再做的测试，称为“事后测试”（Post-test），虽然也能了解到消费者的态度，评估广告效果供未来改进参考，但如果需要大幅更改，则会造成时间、财力上的巨大浪费。

创意的事前测试往往采用质化研究（Qualitative Research），焦点小组座谈法（Focus Group Interview）是常用的形式。

5）创意提案

创意提案是广告策划中最被广告主所期待的，创意也是广告公司最花心血的部分。在做创意提案前，提案人要做好充分的事前准备，让提案的“演出”与创意一样精彩。提案是贩卖创意的关键环节，但有些提案人不善言辞，不善于把控全场或者过于夸张、强销，这些都可能导致提案失败。事实上，客户的评判也是以消费者的眼光看创意，太复杂、不好理解，或者违背人性、人情的表现，会令客户感到困惑，将来消费者也会有同样的感觉。

另外，广告创意是“戴着枷锁跳舞”的商业艺术，有时间及预算上的限制。创意再好，如果执行困难，不能配合广告计划的进度，或者制作需要大笔花销，无法在预算内完成，都会演变为无法执行的遗憾。这一点是在提案之初就需要考虑在内的。

6）媒体计划的提案

媒体计划的策略部分，常常在预算确定后和创意策略一起提案。详细的媒体执行计划，比如一个新产品上市，一般会先确认产品的认知度目标，然后确立达成认知度目标需要的总曝光量，继而根据各媒体平均的CPM（千人成本），计算达成总曝光量所需要的预算，然后以到达率最大化为目标，进行各媒介的预算分配。基于以上步骤，就可以得到一个电视/户外/互联网等几大类分媒介的预算。以上步骤是可以通过广告公司的软件进行测算的，软件可以反复排列组合和测试，找到一个分媒介预算分配的最优解。但是这个预算还会根据具体需求再调整，比如电视和户外这种保证基础曝光的媒体，一般会签署更长时间的媒介刊播计划，如果电视台没有当下很火的节目，就会把相应的经费投向网综等。

资源16（文本）

2022广告公司运作体系及流程图

媒体计划的提案以数据、统计图表形式居多，提案时容易使人感觉枯燥，因此提案人应切忌“数字报告”式的简报方式，更不要引用太多的专业术语困扰客户。广告主也应先把注意重心放在媒体目标与策略上，而不是预算的增加或者减少上，媒体策划所承诺的传播效果，可以通过“事后评估”来鉴定目标是否达成。

7）创意执行

创意执行，即创意的执行制作，是将创意的广告表现概念转化为具体的广告作品。相关工作内容包括：制作、监督或采购所有相关平面制作物，包括设计、完稿、文案撰写、摄影、修片等；监制广告影片或广播稿，并选择适当的制作公司等。就具体作品而言，可以分为：电视广告影片（CF或TVC）的制作；广播广告的录制；网络广告的制作；报纸、杂志、户外看板、海报、宣传单等平面印刷广告的制作或拍摄、印刷；其他相关公关与促销活动物料的制作等。

协助完成制作的单位，除了广告公司或下游机构外，还包括CF制作公司、录音室、唱片公司、电脑动画公司、印刷厂等，具体情况将在第5章中作介绍。

8）媒体购买与刊播

这是指媒体计划的实施与发布，包括分析、选择适当的媒体种类和时间或版面，并代为谈判以及购买各种媒体。媒体计划重在执行，只有最终实现才能体现其价值。当媒体计划为客户所同意后，广告公司的媒体购买人员即可与媒体广告部门联络，确认广告所需样态、版面、日期及时段、位置及议价。媒体购买是整个广告运作中需要巨额支出的部分，因而媒体购买人员的议价、谈判能力日趋重要。媒体的经济效益，不但表现在媒体选择上，也表现在媒体议价能力上。

广告刊播后，媒介部还需要负责监看、检查是否刊播完整，有无差错、瑕疵。如果刊发错误、漏字（不是创意人员的差错）、时段位置变动、漏登，则媒体购买人员要争取相应的权益。另外，媒体购买工作还包括收付款，准备样书、样片、样报等。

4.1.3　后续作业

后续作业包括媒体执行结果分析和广告效果测定。

媒体计划执行一段时间之后，广告公司需要向客户提供事后效果评估（Post Effectiveness Evaluation）报告。以电视广告为例，做媒体计划时的资料都是对以往收视率等的总结，只有做事后评估时，才能了解实际播出后的收视率等信息。因此，通过事后效果评估可以评测广告效果。如果能以较少的预算达成较高的目标，就算获得了相对的成功。

媒体计划的事后效果评估，可以根据媒体调查公司的电脑资料进行分析。如果在广告播出一段时间后，要了解消费者对广告信息的认知和接受程度，则需要做创意沟通方面的具体调查与测评，以评估广告策略及创意是否奏效。调查结果可以供广告公司修改创意再继续播出，也可供下一阶段的广告计划作参考（关于广告效果评估的问题，详见第9章）。

4.2　广告调查

与管理学、营销学等许多应用型的社会科学一样，在广告研究和实践的演进过程中，曾长期存在着关于广告究竟是科学还是艺术之争。20世纪早期，美国的一些广告大师甚至形成了旗帜鲜明的两大阵营：阿尔伯特·拉斯克尔、威廉·伯恩巴克等是典型的“艺术派”，具有明确的“反调查情结”。拉斯克尔认为调查的结果只会告诉你“驴子长着两只耳朵”，伯恩巴克则认为调查会使“创作动脉逐渐硬化”，他们认为广告创作应该依赖于直觉和情感。克劳德·霍普金斯、大卫·奥格威则是坚定的“科学派”。霍普金斯著有《我的广告生涯·科学的广告》一书，认为广告的形式并不重要，重要的是内容和效果；奥格威主张“真正决定消费者购买或不购买的是你的广告内容，而不是它的形式”“广告的目的是销售，否则便不是做广告（We sell，or else）”。

那么，广告究竟是科学还是艺术？从广告活动的全部过程来看，人们对这个自寻烦恼的问题还存有争议，但就广告调查这一环节而言，它是具有明确的科学性的。在现代广告的运作过程中，营销与广告调查已经成为常规的业务环节。广告中有著名的“二八法则”，即20%靠脑（即分析判断），80%靠脚（即调查）。我们知道，要想了解我们周围的事物，可以采取很多方法，如依靠经验、相信权威、依靠直觉、凭借科学等。对广告主和广告公司而言，要想深入了解消费者，也可以采取以上各种手段，但其中依靠科学是最能发现问题并有针对性地解决问题的方式，也是最有胜算、最有把握的方式。而广告调查正是广告主和广告公司通过科学方式解决问题的途径。

4.2.1 营销调查

1）对营销调查的理解

不同国家和地区的不同学者对营销调查（Marketing Research）有不同的提法与定义，在我们常看到的一些提法中，有中国大陆的“市场调查”、“市场研究”或“市场调查研究”，中国香港和台湾地区的“营销研究”“行销研究”“市场营运调查研究”，日本的“商业调查”“市场买卖调查”等。其大体都是一个范畴的概念，只是在范围细分中略有差别。美国学者谢尔比·D.亨特（Shelby D.Hunt）曾区分过营销调查与市场调查，认为营销调查是从总体上扩展和丰富营销的基础知识，而市场调查则试图解决企业具体的营销问题。例如，为某一家商场决定最佳选址方案是市场调查问题，而将这个问题一般化，即制订商店选址方案，就是一项营销调查。这里，我们不作具体区分，泛指所有的营销调查。

根据美国市场营销协会的定义，所谓营销调查，是营销者通过信息与消费者、顾客、公众联系的一种职能。这些信息用于识别和定义营销问题与机遇，制定、完善和评估营销策略，监测营销绩效，改进对营销过程的理解。营销调查确定解决问题所需的信息，设计信息收集方式，管理和实施数据收集过程，分析结果，就研究结论及其意义进行沟通。

换言之，营销调查是指针对市场和市场营销中的各种问题展开科学、客观的调查，以发现市场中的事实真相，并通过科学处理以及分析后的基础性数据和资料为制定营销决策提供依据。

2）营销调查的类型

现代营销调查的范围十分广泛，概括起来可以分为两类：问题识别调查和问题对策调查。

（1）问题识别调查

问题识别调查是为了识别存在的营销问题而进行的调查，常见的包括评估潜在市场总量的市场潜力调查，描述某个品牌或企业市场占有率的市场调查，有关企业或品牌形象的调查以及市场特征、销售分析、商业趋势预测等。这类调查提供有关营销环境的信息，帮助企业诊断问题。

（2）问题对策调查

在发现问题或机遇后，企业就可以针对问题进行对策调查。问题对策调查的结果主要用于营销决策。问题对策调查包括市场细分、产品、定价、促销和分销调查，具体内容见表4-3。

表4-3　问题对策调查内容

市场细分研究	促销研究	产品研究	分销研究	定价研究
• 确定市场细分标准； • 评估不同细分市场的潜力及反应； • 选择目标市场并表述其生活方式及人口、媒体和产品形象特征	• 促销组合优化； • 广告创意测试； • 媒体决策； • 广告效果评估； • 赠券兑现确认等	• 概念测试； • 产品设计； • 包装测试； • 品牌定位与再定位； • 试销等	• 分销方式确定； • 渠道成员态度； • 批发、零售的覆盖密度； • 渠道差价； • 批发、零售店选址	• 价格对品牌决策的影响； • 价格决策； • 产品线定价； • 需求的价格弹性； • 价格变动与对价格变动的反应

4.2.2　广告调查的内涵及类型

1）广告调查的内涵

在现代广告运作中，广告调查已经成为不可或缺的一部分。广告调查是系统的信息收集和分析活动，它提供广告决策所需的相关信息，帮助广告公司制定和评估广告战略，并对广告效果做出评价。

2）广告调查的类型

广告调查贯穿于广告活动的整个流程，根据广告调查进行的时间和所要解决的具体问题，我们将其分为四种类型：广告战略调查、广告创意概念调查、广告媒介调查和广告效果调查。

（1）广告战略调查

广告战略调查帮助广告公司明确客户产品所处的市场环境、广告主（企业）的经营情况、产品竞争情况、广告活动针对的目标市场、目标市场中消费者的特征与偏好、品牌在消费者心目中的形象以及对该类产品而言最重要的因素等。广告战略调查的主要目的在于发现问题，同时决定“对谁说”“说什么”的对策。

（2）广告创意概念调查

广告战略确定后，下一步是如何确定广告创意概念。在创意概念产生之前，可以试着寻找关键信息，激发灵感。可以采用小组座谈的方式，即邀请一组目标市场的消费者，请他们就与广告产品有关的问题（如使用体验、使用场合等）畅所欲言，广告创意人员从他们的互动交谈中寻找诉求要点以及独特的表述方式。

广告创意概念调查决定广告“说什么”和“如何说”的问题。

（3）广告媒介调查

广告媒介调查是广告调查的一个重要分支。企业支出的广告费大部分都花在媒介版面和媒介时间的购买上，因此媒介调查在广告调查中举足轻重。媒介调查包括目标受众的媒介接触习惯，媒介种类（如报纸、杂志、广播、电视、户外、网络等）及其组合的可能性与方式，具体的媒介载体（指具体的某个节目或者某个平台，包括传播范围和视听度、媒介的栏目安排、节目编排、技术水平与制作手段），媒介的版面和时间，媒介价格，媒介排期标准等。

广告媒介调查决定广告“在哪里说”的问题。

（4）广告效果调查

广告效果是指广告信息在传播过程中所引起的直接或者间接的变化总和。广告效果调查，就是通过科学的手段与方法研究广告效果和广告达到这一效果的过程，分为事前测定、事中测定、事后测定三个层次。广告效果的事前测定，就是在广告计划实施之前，先对广告作品的各个媒介组合进行评价，预测广告活动实施以后会产生怎样的效果；广告效果的事中测定，是在广告正式发布之后直到整个广告活动结束之前的广告效果测定；广告效果的事后测定，是在广告活动全部结束之后的总体评价。

广告效果调查决定广告“结果如何”的问题。有关广告效果的内容，我们将在第9章中作详细介绍。

4.2.3 调查的程序与方法

营销调查与广告调查有一些常规的程序与步骤，调查方法是调查过程的主体技巧与应用，有关调查的程序与方法我们可以用图4-4予以说明。

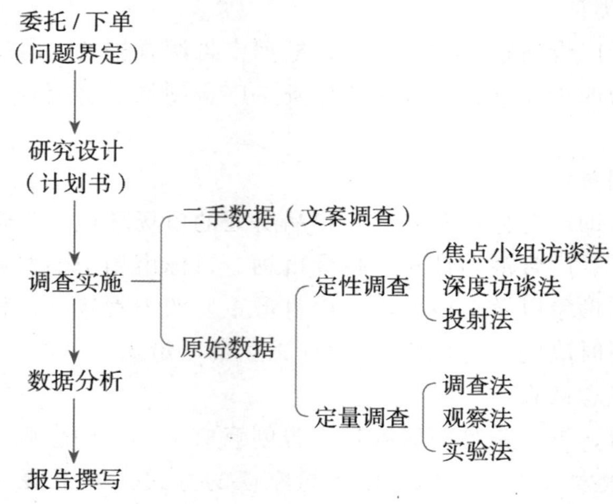

图4-4　调查的程序与方法

1）调查程序

（1）问题界定

调查流程的起点是调查的实施者接受委托并界定问题。如果调查委托给专业的调查机构来做，则广告主或广告公司需要准备一份调查纲要，对调查的目的和背景、预算与期限等做出详细陈述，以使调查者能对调查研究制订正确的计划。如果调查由广告公司内部完成，则由客户总监下单给市场部，工作单中要写明详细的调查指向、想从调查中获得的信息、对报告的要求、完成期限等相关内容。之后，调查部门依据纲要或工作单的要求，明确定义问题，通过收集、分析二手资料或进行小型的定性分析，如与决策者充分沟通、访问专家等确定调查问题，并初步确立调查的类型与方法。

就调查的目的和类型而言，调查可以分为探索性调查、描述性调查、解释性调查三类。

探索性调查是当议题本身比较新、没有其他研究或理论作为参考的时候，研究者根据某些观测到的现象提出问题，通过调查产生若干概念，发展出实验性的理论或推论，并从中归纳出需要进一步系统研究的议题。探索性调查常用于一种更正式的调研之前，帮助调研者将问题定义得更准确，帮助确定相关的行动路线或获取更多的相关资料。在营销研究和广告研究中，人们经常以探索为目的实施调查。例如，一种饮料进入新兴市场，在不了解当地消费者的喜好时，应该先就当地消费者的消费习惯展开调查，可以通过小组访谈等形式了解消费者在做出饮料选择时的最在意元素，如口味、价格、营养、包装、品位等，为进一步的调研确立基础。

描述性调查和探索性调查一样，都没有明确的假设，都是从观察入手来研究社会现象或问题。不同的是，探索性调查是找到"问题"所在；描述性调查则是描述与这个问题有关的"细节"，准确反映事物的全貌，以及某种状态、背景、行动或关系的细节。例如，在针对某一款饮料进行调查时，探索性调查的结果是发现当地消费者在选择饮料时更注重价格因素，描述性调查的结果则是具体确定不同人群接受的不同价格区间。

解释性调查是要确立问题的因果关系。例如，一种饮料就功能成分和价位而言都科学合理，但销量却一直不理想或一直打不开市场，这时候需要进行解释性调查确立问题的原因所在。与探索性调查和描述性调查都建立在观察的基础上不同，解释性调查更偏重逻辑，调查的结果可能形成理论，或者用来判断某项原则或理论的正确性。

这三种调查不是截然分开的，因为大多数研究往往不止一个目的，很多时候调查是三者的结合。

（2）研究设计

问题确定后，下一步是撰写调查计划书，亦即制订如何实现目标和获取信息的计划，包括对问题的理解（概要）、调查目的、调查的内容和范围、调查的方针和方法（定性和定量方法的使用）、时间进度以及所需资源（如经费预算）等内容。

（3）调查实施

出资者正式委托调查者实施调查后，现场工作或数据收集工作正式启动。调查的方法需要定性与定量的结合。定性调查通常出现在研究的前期，主要通过文案调查或焦点小组访谈、深度访谈等方法对问题进行预调查，检测研究设计阶段所制订的调查方案是否合理有效，同时确定调查主题，对问题进行判断。在对试调查中发现的问题进行修改之后，便可以进行正式调查了，主要采用定量调查法（如抽样、问卷等方法）完成市场的测度。

（4）数据分析

广告调查实施之后，开始进入资料的整理与分析阶段。

资料整理的内容主要包括：编校，对收集的资料加以核实，消除其中不符合实际的成分，如答案不完整或前后矛盾的要予以剔除；分类，把经过编校的资料归入适当的大类中，并制成各种统计图表，以供资料分析时使用，编制统计图表的工作可由计算机完成。

资料分析是一项难度很大的工作。首先，计算各类有关资料的平均数、标准差和百分率，使人们对调查结果有一个基本而又清晰的认识；其次，采用图表的形式找出资料之间的相互关系；再次，使用相关系数和其他检验方法来测定资料间相互关系的密切程度；最后，运用一些较复杂的统计技术，如多元回归分析、因素分析、判断分析、群体分析、正负相关分析和多向量表等，对资料进行多变量分析。通常，在分析作业中，人们借助统计分析软件进行。其中，SPSS是最常用的统计分析软件包。

资源17（文本）

SPSS简介

（5）报告撰写

调查报告是广告调研的结果，它呈现的资料对广告决策有重要影响。一份完整的调查报告应包括以下几个方面的内容：

①标题页，即报告的封面。一份好的广告调查报告首先要能引起阅读者的好奇心和兴趣。

②目录，描述报告内容，是引导浏览者了解报告结构的“导游图”。

③摘要，是报告主体中突出重点的部分，介绍市场调查的基本结果。

④序言，介绍广告调查项目的背景、目标和方法，分别描述委托调查的原因，叙述总体研究的目的以及包含信息的范围。

⑤正文，包括调查结果、结论与建议。调查结果因项目而异，有时评价市场规模、市场份额和市场趋势，有时只限于形象或态度资料的归纳。结论与建议是广告调查报告的展示橱窗，它们为广告主提供有兴趣的主题，有时还提供解决特殊问题的建议。

⑥附录，是那些对阅读者有价值或使阅读者感兴趣的资料，以及调查结果的部分支撑与参考资料。

2）调查方法

（1）常用的定性调查方法

①焦点小组访谈法。它又称小组座谈法，就是采用小型座谈会的形式，由6~8位被调查者组成一个小组，在某个场所，由调查员（主持人）引导讨论，在良好的气氛下，针对所给出的中心问题，由被调查者自由地发表意见。焦点小组访谈法要求主持人必须十分熟悉人们的心理和社会各方面情况，一般由组织能力强、善于把控会场的心理学专家担任。由于讨论的内容可能很复杂，因而要尽量做好记录，可采用速记或录音的方法。同一小组的被调查者最好具有一定的同质性，如年龄、爱好、文化程度、职业等比较相似。主持人要事先准备好询问的问题，慎重地选择被调查者。

②深度访谈法。它是指调查者和被调查者一对一地面谈，在自由交谈中，从被调查

者的反应、态度、看法、意见中探求深层次的东西。因此，深度访谈法要求由经过特殊训练的专家主持。深度访谈法大多不采用问卷，但必须事先准备好“面谈纲要”；访问不要求面面俱到，但要对主题有深入的探讨；提问的顺序和方式可以根据被调查者的具体情况而调整，目的是促使被调查者深入、连贯、自主地表达自己的态度和意见。

③投射法。它是指通过导向性的或诱导性的询问，使被调查者在无意识中将自己个性的若干侧面及对某特定产品的态度或意见表现出来。其主要有以下三种具体方法：

A.文字联想法。文字联想法（Word Association Test）用于测定对商标、产品、标语或公司的知名度等印象的强弱或支持的强弱。例如，向被调查者提示“可口可乐”这个品牌，请他们在没有限制的情况下写下自己联想到的所有词汇，被调查者可能会回答“碳酸饮料、美国精神、肥胖、热情、欢乐……”，收集并总结这些信息，调查者可以从中了解消费者对可口可乐这个品牌的认知情况。

B.文句完成法。文句完成法（Sentence Completion Test）也称填充法。调查者利用不完全的提示进行刺激，了解被调查者隐藏的动机。其具体做法是：给出不完整的文句，要求被调查者完成。回答的范围既可以是不受限制的（自由完成法），也可以受一些限制（限制完成法）。

例如，请被调查者完成一个有部分提示的不完整句子：

东方树叶是____。

每次喝东方树叶我都觉得____________________________。

C.主题统觉法。主题统觉法（Thematic Apperception Test）不是利用单词或文章，而是借助图片提出各种各样的问题，如要求被调查者根据他所看到的关于产品的部分图画等，编造出一个完整的故事，借此使被调查者把自己的意思表达出来，然后根据他们的回答投射出其动机。

（2）常用的定量调查方法

①观察法。观察法是针对一定的营销环境，对消费者的行动和反应等进行直接观察，然后将其记录下来用作原始资料的一种方法。

观察有参与性观察和非参与性观察两种类型。参与性观察是指观察者深入到被观察者中，以其中一员的身份参加活动，从而获得局外人无法获得的资料。例如，调查者以消费者的身份，参与购买行为，通过和其他实际消费者的交流以获得所需要的资料，这就是参与性观察。参与性观察得到的观察资料是第一手的，翔实可靠，但由于观察者本人成了其中一员，有时会影响对观察结果的判断。非参与性观察是指观察者以纯观察研究者的身份对被观察者进行观察。通常，观察大多为非参与性观察。例如，监测人们行为的调查者可能会站在马路边统计经过某个路牌的人流量，或在大型超市观察顾客浏览货架的情形。其结果较为客观，较少受到观察者个人主观的影响。非参与性观察也可用记录法来替代，即用机器来记录，以克服人的记忆不准确的毛病。

②调查法。调查法是最为普遍的方法。其依靠事先设计好的、结构化的、统一的问卷进行调查，调查对象往往人数众多，调查者通过系统性的抽样获取样本，因此样本具有代表性，从而保证了从调查中获得的结论能够用来推及总体的情况。问卷调查既可以

面对面地进行，也可以通过邮寄或电话、互联网进行。目前，国内的小范围调查通常是通过面对面的访问形式或电话辅助调查实现的，而当信息量和覆盖面较大时，通常采用能够突破时空界限的网络调查的方式。

设计一份高质量的调查问卷，对获取全面准确的调查资料有很大帮助，往往是实现调查目标的关键。

访谈提问一般描述四类问题：识别性问题、行为性问题、动机性问题、态度性问题。

识别性问题是在被访者同意的情况下，了解他们的年龄、性别、社会阶层、家庭构成等情况，以便识别被访者相互间的差异，提高分组信息的准确性。（询问个人情况）

行为性问题是对被访者的行为特征给予描述的问题。例如，“您最常用的……”“您用什么方法……”这类问题只描述事实而不关乎评价。（询问事实）

动机性问题是掌握被访者行为的起因或原因的问题。例如，“您为什么选择这个品牌？”“您在购物时首先考虑的是商品的价格还是质量？”（询问理由）

态度性问题是关于被访者的情绪、评价、意见等方面的问题。例如，“您对李宁品牌的广告是喜欢、感觉一般还是不喜欢？”（询问态度）

问卷的标题应该简明扼要，概括专项调查的主题，以使被调查者明确主要的调查内容和调查目的，如“全国运动服饰品牌市场调查问卷”。同时，问卷说明往往以一封简短的说明信的方式出现在问卷的开头，主要用来消除被调查者的疑虑，主要内容是介绍调查的目的、意义，对填写问卷者的合作表示感谢等。说明信要简洁，态度要热情、诚恳。有的还有填表说明，告知被调查者填写问卷的方法，帮助其按照有关要求填写问卷。

问卷的主体内容由根据调查目的提出的调查问题和可供选择的答案构成。问题分为开放式和封闭式两种。开放式问题不提供具体答案，由被调查者根据实际情况自由作答，如“您对我们的产品有什么建议”；封闭式问题是同时给出问题和选择性答案，由被调查者从中选择。开放式问题了解情况较具体；封闭式问题更容易操作，便于统计分析。

问题的设计：排列要有合理的顺序，一般先问一般问题，再问特殊问题；先问容易的问题，后问困难的问题；先问基本情况，再问行为、态度的问题；先问接触性、过渡性问题，再问实质性问题。问题要围绕广告调查的目的进行设计，语言表达要明确、清楚、规范。注意提问不能有暗示。

答案的设计：开放式问题由被调查者按实际情况填空或回答；封闭式问题要设计可选择的答案，答案形式有二项式、多项式、排序式、矩阵式、比较式等。

如果事先将调查问卷的有关项目及备选答案赋予统一设计的代码，可以借助计算机简化未来的统计工作。

在调查中，还要对调查实施情况进行记录，包括：调查中可供参考的重要情况，调查效果评价，需要复查并校正的项目等。有时候需要注明被调查者的姓名、联系方式，以便进一步追踪调查。

在调查问卷的最后，一般会对被调查者的合作表示感谢，或者征询被调查者的看法和感受。

③实验法。实验法也叫市场实验，是指将科学实验中的方法（如双盲随机化实验等方法）应用于市场调研中。其基本思想是自始至终保持实验的公正性，使实验结果具有可比性。该方法是将被调查者随机地分成两个组，或按配对的方法分成两个条件相当的组：实验组和控制组（或叫处置组和对照组）。改变实验组的控制变量（也叫自变量，如广告、价格、包装或某种营销活动等），控制组不变。对两个组实验前后的结果进行比较和评价，从而得出该控制变量（因素）对市场的影响程度。实验法适用于解释性的营销和广告调查。

4.3 广告预算

在介绍广告运作的流程时，我们曾提到很多广告代理商为体现其增值服务，在开展广告作业前，会先以合作伙伴或顾问的角色参与并协助客户拟定其营销战略，其中的一项是协助客户制定预算，这里的预算是指营销预算。而在广告运作过程中，当广告目标、创意和媒体策略确定之后，往往还需要制定出广告预算。

广告预算的标准很难确定，太少会达不到预期效果，太多则会造成资源的浪费。很多人想当然地认为，广告当然投入越多效果越好，但事实并非如此。美国广告专家肯尼斯·朗曼（Kenneth Longman）通过对大量广告活动效果进行实证分析得出以下结论：当广告投入达到一定规模时，其边际收益呈递减趋势。朗曼认为，任何商品的销售都有一个“临界点”（Threshold）和“最高销售点”，广告要想取得效果，必须在临界点和最高销售点之间取值（如图4-5所示）。这里的临界点指的是某一品牌即使不做广告也有一个最低销售额；最高销售点则指由于受商品质量、市场状况、销售网络、经营规模、生命周期等诸多因素的影响，某一品牌销售额在达到最高销售点之后，就不可能再上升了，这时候再投入过多的广告，就是一种资金的浪费。

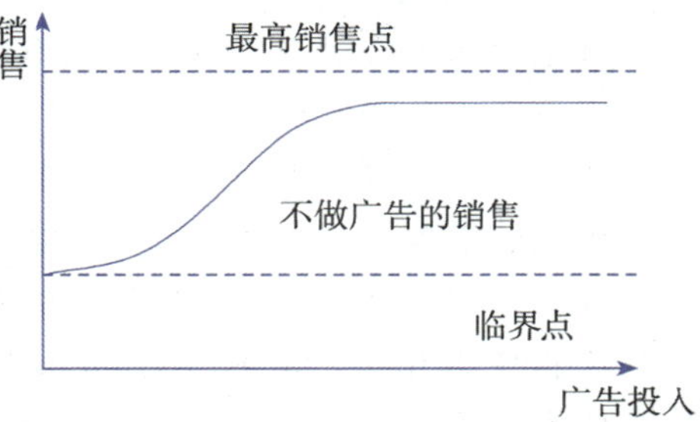

图4-5 广告投入与销售关系曲线图

在临界点和最高销售点之间，广告的确可以促进商品的销售。但是商品的销售额不可能无止境地增长，必然会因为社会因素的制约而限制在某一范围之内，商品达到最高销售点后，如果再继续增加广告投入，不但不会增加销售额，反而会增加生产成本和推销成本，造成巨大的浪费。

既然广告投入与销售产出并非完全的正比关系，同时每个企业都希望以最小的投入获得最大的效果，这就给广告预算提出了一个新课题，即必须制定科学的广告预算，以便发挥广告促销的最大功效。

4.3.1 广告预算的内容

广告预算是在一定时期内，广告策划者为实现企业的战略目标而对广告主投入广告活动中的经费总额及其使用范围、分配方法的策划。

广告预算包含广告活动中所需要的各种费用。具体地说，一般意义上的广告费用构成包括以下几个方面：

1）广告调查、广告策划费用

其包括广告调查、咨询费用，购买统计部门和调研机构的资料所支付的费用，广告创意与策划、广告效果测定费用等。这一部分经费约占广告费用总额的5%。

2）广告设计制作费

其主要包括广告设计人员的报酬和广告设计制作的材料费用、工艺费用、运输费用等。这一部分经费占广告费用总额的5%～15%。

3）广告媒体费

其主要指购买媒体的时间和空间所需的费用，占广告费用总额的70%～75%。

4）广告部门行政费用

其包括广告人员的工资、办公费、广告活动业务费、公关费、与其他营销活动相关的协调费用等，约占广告费用总额的10%。

5）广告活动的机动经费

其主要用于应对意外情况，如市场出现特殊情况，需临时采取一些应变措施，一般约占广告费用总额的5%。

在以上各种费用中，广告设计制作费和广告媒体费是两项最基本的费用，任何企业的广告预算都少不了这两项。有的企业把公关与其他促销费用也计入广告费之内，这是不合理的，馈赠品开支、有奖销售的奖品等，都不应该列入广告费用的范畴。目前，公认的广告费用开支表是美国Printer's Ink杂志于1960年刊出的白灰黑表单，白表是必须作为广告费用结算的费用项目，灰表是可作为也可不作为广告费用结算的费用项目，黑表则是绝对不能作为广告费用结算的费用项目，详见表4-4。

4.3.2 影响广告预算的因素

编制广告预算时，为使预算分配更为合理，必须考虑到对广告活动产生直接或间接影响的各种因素。一般说来，影响广告预算编制的主要因素包括以下几项：

1）企业实力因素

广告是一项付费才能实施的宣传活动。如果企业的规模大、实力强、产量高、资金雄厚，就可以把广告预算编制得规模宏大；反之，如果企业的资金匮乏、入不敷出，则广告费必须遵循量力而行的原则。

2）产品生命周期因素

大多数产品在市场上都要经过导入期、成长期、成熟期和衰退期四个阶段，处于不同阶段的同一产品，其广告预算有很大的差别。

表4-4 广告费用支出表

分类	主要费用项目		
白表	必须作为广告费用结算的费用项目	时间、空间媒介费用及其他广告费	一般报纸、一般杂志、行业报纸、行业杂志、剧场广告、户外广告、店内广告、新产品、宣传小册子、人名录、直接邮寄广告（DM）、商品目录、面向商店和消费者的机关杂志、电影、幻灯片、出口广告、特约经销广告、用于通信或陈列的广告复制、广播、电视、用于其他目的的一切印刷品
		管理费	广告部门有关人员的工资、广告部门办公用易耗品和备用品费、付给广告代理商和广告制作者以及顾问的手续费和佣金、为广告部门工作的推销员的各项费用、广告部门工作人员的广告业务差旅费（有的公司把此项费用列入特别管理费）
		制作费	有关美术设计、印刷、制版、纸型、电气版、照相、广播、电视等方面的制作费，包装设计费（只涉及广告部分）及其他费用
		杂费	广告材料的运送费（包括邮费及其他投递费）、橱窗展示安装费，以及涉及白表的各项杂费
灰表	可作为也可不作为广告费用结算的费用项目	样品费、推销表演费、商品展览会费、挨户访问赠品费、房租、水电费、广告部门的存品减价处理费、电话费、广告部门其他各项经费、推销员推销用的公司杂志费、宣传费、加价费、有关广告的协会和团体费、推销员用于广告的皮包费、工厂和事务所的合同费、推销员使用的商品目录费、研究及调查费、对销售店的协助支付的广告折扣	
黑表	绝对不能作为广告费用结算的费用项目	免费奉送品费、邀请游览费、商品陈列所的目录费、给慈善（宗教）组织的捐献品费、纸盒费、商品说明书相关费用、包装费、新闻宣传员的酬金、除广告部门外使用的消耗品费、价格表制作费、推销员的名片费、行业工会费、老主顾和新主顾的接待费、年度报告书费、陈列室租费、推销会议费、推销用样本费、工作人员福利活动费、娱乐费等	

在导入期，企业要在市场上推出一种新产品，为使它迅速脱颖而出，家喻户晓，被大众所接受，广告预算无疑要多一些，投入更多的广告时间与版面；进入成长期后，前期的广告宣传已经打开了销路，商品的销售量开始急剧增长，广告规模可以逐渐缩小，更加追求广告的最佳宣传效果而非大规模的广告投入；当产品进入成熟期时，商品在市场上的供求关系趋于稳定，企业利润达到最大化，与此同时出现大量替代产品，竞争的加剧使企业的广告费用又开始增加，以保持产品的畅销状态；一旦产品进入衰退期，市场趋于饱和，企业应将精力用于开发新产品或进行品牌延伸，原产品的广告费用将逐步减少直至完全停止。产品生命周期与广告费支出的关系如图4-6所示。

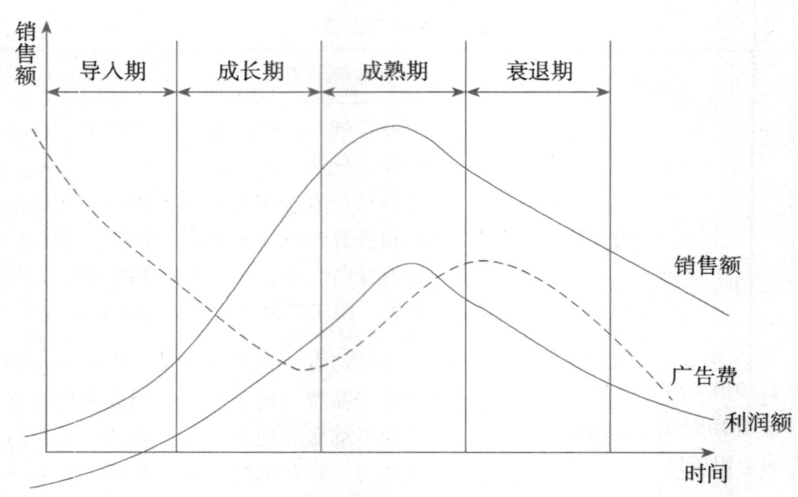

图 4-6 产品生命周期与广告费支出的关系

3）竞争对手因素

广告是企业进行市场竞争的一个手段，同类产品竞争者的数量与实力也会影响企业的广告预算。竞争对手之间进行市场竞争，往往以广告宣传的形式体现出来。在一定程度上，广告的竞争就演变为广告预算的竞争。尤其是在“广告拥挤度”（指单位时间内，某一特定媒体刊播的广告数量）非常高的市场环境中，即使竞争对手增加微弱的广告预算，企业为与其抗衡，也需要迅速做出反应。因为只有企业的广告是众多广告中最“闪亮”的一个时，才有可能引起媒体受众的注意，使他们对本品牌产生好感。

4）品牌替代性因素

产品的同质化程度越高、替代品牌越多，越需要进行较多的广告宣传来区分产品，突出自身产品的个性。例如，化妆品、体育用品等产品功能相差不大，消费者很难将它们区分开来，在很大程度上需要通过广告为产品注入文化附加值，通过增强心理价值的满足、文化意义上的个性来区别同类产品，为媒体受众识别产品创造条件。这一形象塑造与文化赋值过程，需要大量的广告投入；否则，产品品牌的个性不足以成为媒体受众辨别不同品牌产品的标志。

5）媒体因素

广告媒体费用占广告费的80%左右，因而在编制广告预算时，对媒体费用应格外关注。不同的传播媒体，广告受众不同、广告效果不同，媒体价格也相差很大。电视和广播节目的覆盖率、收视率，报纸和杂志的发行量、互联网平台的流量及影响力，以及这些媒体的权威性、最佳播出时间、最佳版面和最佳植入方式等都不一样，因而广告的价格费用也有明显的差别。

影响广告预算的因素是多方面的，除以上因素外，广告的制作水平、企业的声誉和形象、企业领导者的决策水平以及社会经济发展水平等，都直接或间接地影响广告费用预算。

4.3.3　编制广告预算的方法

确定广告预算额度的方法很多，但每种方法都不是很完善。下面我们介绍几种最常见的方法。

1）销售比例法

销售比例法（Percentage of Sales Method）是指依据过去或预期销售额的某些预定百分比编制出广告预算。销售额基数可以是上一年度的商品销售额，或者下一年度预计的商品销售额，或者若干年（近3年）商品销售额的平均数等。例如，公司预计明年某品牌的销售额为5 000万元，将明年预期销售额的5%作为广告预算，那么广告预算就是250万元。

这个方法的优点是计算简单、方便，容易实施，因为只要预定的百分比正确，那么预算就是合理的。但这种方法也有明显的缺点，就是比较死板，缺乏弹性，不能适应市场环境的变化，在一些不需要投入很多广告的产品上投入过多，而在一些需要广告支撑的产品上花费太少，使广告费用分配与实际需求不相符，造成费用浪费或短缺。在实际应用层面，许多精明的营销人员不会只用销售比例法来编制广告预算，而是把它作为初始的方法用以确定大概的预算，然后依据将要达成的广告目标和作业来更改其广告预算。

2）目标、任务法

目标、任务法（Objective & Task Method）是指先确立一定的销售目标和广告目标，然后再决定花费多少金额去达成这个目标。例如，你需要花费多少金额在广告上面，才能使60%的目标受众知道你的产品？或者，你的广告要到达多少人及多少次？每个目标花费多少？然后再把所有目标的花费加总起来。其具体的计算公式为：

广告费=目标人数×平均每人每次广告到达费×广告次数

这种广告预算编制方法相对比较科学，可以使每笔广告支出目标明确、效果明显，因而很多公司都采用这种方法。但是目标、任务法也有很大的缺点：确定这些目标到底需要多少钱是很困难的。比如，既定目标是在目标市场上将此新商品的知名度提高20%，那么，到底需要多少媒体到达率和暴露频次才能提高20%的知名度呢？确定这个问题很复杂，而且，在广告目标的四个阶段（知名—了解—确信—行为），越到后面，广告的目标实现起来困难越大，达成此广告目标的经费预算也越难以准确把握。

3）竞争对抗法

竞争对抗法（Competitive Parity Method）即竞争对手导向法，也就是根据竞争对手的广告费用总额来决定本企业的广告费用。运用这种方法的背后逻辑是，广告主相信为产品投入的广告额占同类别产品广告总额的比例，会影响消费者的“心目占有率”，同时也会影响市场占有率。其通过比较竞争对手的广告费总额与市场占有率，来预估本品牌新一年度的广告预算。具体的计算公式为：

广告预算=竞争对手广告费总额÷竞争对手市场占有率×本企业期望的市场占有率

或：广告预算=（1±竞争对手广告费增减率）×上年广告费

这种方法适用于竞争激烈的商品和企业，尤其是资金雄厚的大型企业，运用时具有一定的风险性。同时要知道，广告效果与广告量不一定完全成正比，在广告效果的影响因素中，除了广告量以外，还包括创意表现、品牌信誉的长期积累等。

4）投资利润法

投资利润法（Return on Investment Method），即根据一定期限内的利润总额比率来确定广告费用的方法。其具体的计算公式为：

广告费用=毛利润÷净利润总额×广告费用占毛利润的比例÷净利润

这种方法是把广告费用和利润直接挂钩，适合于不同产品之间的广告费用的分配。但这种方法不是以广告促进销售为出发点，而是首先考虑利润的多少。利润多，就多支出一些广告费；利润少，便少支出一些广告费。但如果企业因为一段时间没有利润而停止广告宣传，显然是不合适的。比如，在新产品上市的初期，利润还没能实现，却仍然需要支出大量的广告费来宣传和推销新产品。所以，投资利润法是一种较为被动的方法，要慎重采用。

5）量入为出法

量入为出法（All-You-Can-Afford Method），即有资源限制的公司会在分配完无法避免的支出如成本费、管理费、其他杂费后，将剩余费用合理地分配在广告预算上。这是一种最简单的预算方法，适用于新品上市或一般小型企业。

量入为出法可能具有很大的冒险性，也很难确定所花费用是否有效，而且也不易反映出广告费用支出与销量变化之间的关系。另外，还有武断分配法（Arbitrary Allocation Method），其主要依靠公司决策者的经验和主观判断来编制广告预算，这样虽然决策简单，易于操作，但由于缺乏科学依据，容易出现偏差。特别是在过多地重视广告作用的情况下，很容易出现重大的决策失误，使企业蒙受损失。例如，“一代标王——秦池特曲”的广告投放就是这种方法的典型失败案例。

预算的决定是广告决策中一个最重要的决定，同时也是最难管理的项目之一。需要建立的最重要的观念是，预算没有神奇的公式来传达正确的答案，每一次都要重新思考来确定。我们可以采取约翰·R.罗西特（John R.Rossiter）和拉里·珀西（Larry Percy）在《广告沟通与促销管理》一书中的建议，在进行广告整体经费预算决策时，至少使用两种方法，给予首选方法大部分的权重，如果首选方法推理有误，就换另一种方法加以补偿。

4.3.4 广告预算的分配与管理

广告预算是一个行动方案，一旦得以制定、确立，就需要很好地分配与执行。就分配标准而言，可依据的方面有：

1）项目

根据广告调查、策划、制作、媒体、行政等不同大项进行分配。

2）时间

根据年度、月度、季节等做不同分配，尤其对某些商品，如服装有销售旺季与淡季之分，应注意区别，把握时机。

3）媒体

根据广告的媒体战略，确定不同媒体组合的分配比例，可以先确定不同类型媒体的分配，如电视广告、互联网广告等各需要多少资金；再确定同类型不同范围媒体的分配，如全国电视广告和地区电视广告的费用。

4）商品地位

每个企业都有自己的骨干商品、次要商品和一般商品，骨干商品和新品需要分配最多的广告费用，然后再延及次要商品和一般商品。

5）受众

不同商品的定位不同，针对广告计划的诉求对象，如团体用户、企业用户、城市消费者、农村消费者等，广告费用也应该有所区分。

6）地域

商品销售也有地域性特点，根据各地区的重要性、市场需求状况、竞争状况等因素，确定重点地区和一般地区，并在重点地区多投入广告费。

与此同时，广告预算的职能在于起草计划与宏观管理。为了使广告活动能取得预期效果，广告预算就要发挥应有的计划和管理职能，不能在拟定完之后就完事大吉，放任自流，而必须在有限的期限内对各个方面进行必要的跟踪调查与管理。在正常情况下，各个环节应严格按照广告预算计划的内容开展相关工作，而且要经常性、分阶段地对广告预算实施进行检查，看是否合乎预算要求。不过，需要注意的是，广告预算在付诸实施的过程中，由于受目标市场的变化、经济状况的转变等不可预测的因素的影响，在各个时间段可能会出现一些偏差。一般说来，如果差异幅度在5%的范围内，是允许的，但也要视具体情况而定。

4.3.5 广告预算书

广告预算书是对广告预算的开支、计划和分配进行具体说明的书面报告。

一般而言，广告预算书包括预算项目、开支内容、费用分配、执行时间等内容。另外，在广告预算书的后面，应附加一段文字说明，对大概内容进行解释。广告预算书的一般格式见表4-5。

表4-5 广告预算书

预算委托单位：______________ 负责人：______________

预算单位：______________ 负责人：______________

广告预算项目：______________ 期　限：______________

广告预算总额：______________ 预算员：______________

广告预算时间：______________ 预算书编号：______________

预算项目	开支内容	费用分配	执行时间
市场调研费： （1）文献检索 （2）实地调查 （3）研究分析			

续表

预算项目	开支内容	费用分配	执行时间
广告设计费： （1）报纸 （2）杂志 （3）电视 （4）电台 （5）网络 （6）其他			
广告制作费： （1）印刷 （2）摄制 （3）工程 （4）其他			
媒体租金： （1）报纸 （2）杂志 （3）电视 （4）电台 （5）网络 （6）其他			
公关促销费： （1）公关 （2）促销			
服务费			
管理费			
其他杂费			
机动费用			
总计			

说明：（1）________________

（2）________________

（3）________________

本章小结

现代广告运作是指在现代广告业中广告从发起到规划与执行的全过程，是一种动态的、按一定顺序连续发生的行为。它由各种必要的环节构成，且各个环节都包含丰富的内容。

现代广告运作的标准作业流程为：

前置作业：协助客户拟定其营销战略。广告作业：客户简报—市场分析—确定广告策略—创意表现与媒介计划—创意与媒体提案—创意执行与媒体的购买与刊播。后续作业：媒体执行结果分析与广告效果测定。

调查分为营销调查与广告调查。营销调查可以分为两类：问题识别调查与问题对策调查。广告调查是广告主和广告公司通过科学方式发现问题并有针对性地解决问题的途径。广告调查可以分为四类：广告战略调查、广告创意概念调查、广告媒介调查和广告效果调查。调查程序分为五个步骤：问题界定、研究设计、调查实施、数据分析与报告撰写。调查方法分为定性调查与定量调查。其中，常用的定性调查方法有焦点小组访谈法、深度访谈法和投射法；常用的定量调查方法有观察法、调查法、实验法。

广告预算是在一定时期内，广告策划者为实现企业的战略目标而对广告主投入的广告经费总额及其使用范围、分配方法的策划。目前，公认的广告费用开支表是美国Printer's Ink杂志于1960年刊出的白灰黑表单。编制广告预算时，需要考虑以下因素：企业实力因素、产品生命周期因素、竞争对手因素、品牌替代性因素、媒体因素等。编制广告预算的方法有销售比例法，目标、任务法，竞争对抗法，投资利润法，量入为出法等，企业要依据自身情况选用合适的方法。广告预算是一个行动方案，一旦得以制定、确立，还需要很好地分配与宏观管理。

关键概念

广告运作　广告调查　广告预算

复习思考题

第4章测一测

1）简述广告作业的基本流程。

2）什么是营销调查？

3）广告调查有哪些类型？

4）广告调查的方法有哪些？

5）广告预算的方法有哪些？

6）广告究竟是科学还是艺术？请说出你的见解。

7）在广告运作过程中，你认为广告调查是必需的吗？

专业技能训练

以小组为单位，任选一个产品，模拟其广告流程，完成从客户简报到创意与媒介计划提案的全过程，在实战演练中加深对广告运作概念的理解。

本章参考文献

[1] 丁俊杰，康瑾. 现代广告通论［M］. 3版. 北京：中国传媒大学出版社，2013.

[2] 阿伦斯，维戈尔德，阿伦斯. 当代广告学［M］. 丁俊杰，等译. 11版. 北京：

人民邮电出版社，2010.

[3] 辛普，张红霞. 整合营销传播：广告与促销 [M]. 北京：北京大学出版社，2013.

[4] 卫军英. 现代广告策划：新媒体导向策略模式 [M]. 北京：首都经济贸易大学出版社，2017.

[5] 马尔霍特拉. 营销调研：应用导向 [M]. 熊伟，改编. 6版. 北京：中国人民大学出版社，2014.

[6] 印富贵. 广告学概论 [M]. 北京：电子工业出版社，2014.

[7] 柳婷. 广告与行销 [M]. 台北：五南图书出版股份有限公司，2005.

第5章 广告策划策略

学习目标

通过学习本章，你应该：

掌握广告运作的基本策略和方法，理解"广告是戴着枷锁跳舞"，广告创意的执行都要围绕策略的方向进行创意，正确的策略是广告目标达成的前提。能够从广告主、媒介、受众三个角度了解和学习广告策划策略。

同时，还应对行业分布、非商品广告以及跨文化广告的运作策略有较为清晰的了解，为今后服务于我国品牌的跨文化传播实践奠定基础。

引例　抢占Z世代：看“划算Z选榜单”如何圈粉年轻人

资源18（视频）

抢占Z世代：看“划算Z选榜单”如何圈粉年轻人

在Z世代独特的消费理念下，品牌想要得到他们的青睐并非易事，不仅需要年轻的营销策略和传播语境，更需要年轻的品牌心智与形象。聚划算“划算Z选榜单”不仅汇集了Z世代年轻人青睐的各大品类，立足于年轻人本身，最终评选出真正契合年轻人需求的单品；还在“划算”和“高性价比”上打出了独家特色，选择了和一般购物榜单不同的视角，更有针对性地指引消费者购买优质的商品。那这份“特色”榜单，在内在逻辑上究竟有何亮点？

一、心智打造：五大维度强控“超高性价比”心智

在“划算Z选榜单”的案例中，聚划算这次在打造“权威性”和“超高性价比”上下足了功夫。不再是单纯依赖算法模型，而是结合全网用户评价+专业评审的方式，从1 000万款货品中挑选出最具性价比的推荐。具体来说，聚划算主要从价格带维度、强比价维度、用户评论维度、附属维度、辅助标签5大维度强控货品划算心智，体现官方权威维度认证，保障用户能买到高性价比的好货。

在这五大维度的加持下，年轻人实现了对每类产品的立体把握，聚划算也做出了差异化的产品定位——年轻人专属榜单。此次聚划算的“划算Z选榜单”，真正做到了将自身平台的大数据优势服务于目标用户。

二、需求洞悉：七大场景洞察Z世代年轻人需求

要想成为受Z世代青睐的购物消费平台，就必须离年轻群体的消费行为、生活习惯甚至情感诉求都更近。

聚划算这次对于“划算Z选榜单”的定位，称得上是一次精准的印证。聚划算从不同年轻人的圈层文化入手，不仅在“划算Z选榜单”中设定了“智能懒人”“宅浪双全”“人设自由”“千禧美学”“饥也择食”“鱼塘主义”七大场景，还在每个场景下精选2个类目的货品，凭借尊重年轻群体的圈层文化以及价值观的姿态，真正打动了Z世代的心，赢得了未来消费时刻的心智主动权。

三、玩法互动：多维触达目标人群，激发共鸣撬动自主传播

在“划算Z选榜单”的传播造势上，聚划算不仅设计了品牌TVC、互动爆梗、创意H5（如图5-1所示）多个营销触点，还环环相扣地把它们串联在一起，用丰富有趣的内容营销直击Z世代内心。

正是这一系列动作，让“划算Z选榜单”快速破圈聚集流量，从情感共鸣到价值观共振再到需求共建。聚划算此次打造“划算Z选榜单”的营销动作，为目标用户甄选更多划算好物，并在此基础上提出“划算Z选榜单”营销解决方案，最终助力品牌与用户完成深度联结，可以说为各大品牌提供了一种可供参考和借鉴的打开方式。

图 5-1　聚划算创意 H5 宣传

资料来源：作者依据“创意广告”公众号文章（作者：阿广；2021-05-12）改编.

5.1　广告策略

5.1.1　什么是广告策略

广告策略是广告策划者在广告信息传播过程中，为了使广告活动取得更大的效果，同时为了实现广告战略目标，以配合广告策划的实施，所采取的对策和应用的方法、手段。

广告策略是广告战略的核心内容之一。广告战略是带有方向性的，而广告策略则是为实现战略目标而采取的手段和方法；广告战略是全局性的，而广告策略仅仅是广告战略的一个组成部分，要服从广告战略；广告战略在一定时期内具有相对稳定性，而广告策略则具有更多的灵活性，是保证广告战略实现的基础。

5.1.2　广告策略的主要类型

1）生活信息广告策略

这主要是针对理智购买的消费者而采用的广告策略。这种广告策略通过类似新闻报道的手法，让消费者马上能够获得有益于生活的信息。

2）塑造企业形象的广告策略

一般来说，这种广告策略适合于大企业、名企业的传统优质名牌产品。其主要是强调企业规模的大小及历史性，诱导消费者依赖其产品服务形式；也有的是针对其产品在该行业同类产品中的领先地位，为在消费者心目中树立领导者地位而采取该种策略。

资源19（视频）

可口可乐广告案例赏析

3）象征广告策略

这种广告策略主要是为了调动消费者的心理效应而制定的。企业通过借用一种东西、符号或人物来代表商品，塑造企业的形象，给人们以情感上的感染，唤起人们对产品质地、特点、效益的联想。同时，由于把企业和产品的形象高度概括和集中在某一象征物上，能够有益于记忆，扩大影响。

4）承诺式广告策略

这是企业为使其产品赢得用户的信赖而在广告中做出某种承诺的广告策略。需要指出的是，承诺式广告的应用，在老产品与新产品上的感受力度和信任程度是有所不同的。承诺式广告策略的真谛是：所做出的承诺必须确实能够实现；否则，就变成欺骗广告了。

5）推荐式广告策略

企业与商品自卖自夸的保证，未必一定能说服人，于是就要采用第三者向消费者强调某企业或某商品的特征的推荐式广告策略，以取得消费者的信赖。这种广告策略又可称为证言形式广告策略。对于某种商品，专家的肯定、科研部门的鉴定、历史资料的印证、科学原理的论证，都是一种很有力的证言，可以产生“威信效应”，从而带来信任。在许多场合，人们产生购买动机，是因为接受了有威信力的宣传。

6）比较性广告策略

这是一种针对竞争对手而采用的广告策略，即将两种商品放在一起加以比较，欧美一些国家的广告较多运用这种方式。“不怕不识货，就怕货比货”，比较可以体现产品的特异性能，是赢得消费者信任的有效方法。比较的方法主要有功能比较、革新对比、品质对比等。

7）打击伪冒广告策略

这是针对伪冒者而采取的广告策略。鉴于市场上不断出现伪冒品，为避免鱼目混珠，维护企业名牌产品的信誉，就需要在广告中提醒消费者注意其名牌产品的商标，以防上当。

8）人性化广告策略

这是把人心理上千变万化的感受加以提炼和概括，结合商品的性能、功能和用途，以喜怒哀乐的形式在广告中展现出来的一种广告策略。其最佳的表现手法是塑造消费者使用该产品后的欢乐气氛，通过表现消费者心理上的满足，实现消费者对该产品的长期好感。

9）猜谜式广告策略

这是指不直接说明是什么商品，而是渐次地给出线索，让消费者好奇而加以猜测，然后一语道破的一种广告策略。这种策略适用于尚未发售的商品。猜谜式广告策略看起来似乎延缓了广告内容的出台时间，其实却延长了人们对广告的感受时间。悬念的出现，使原来呈纷乱状态的顾客心理指向，在一定时间内围绕特定对象集中起来，为顾客接受广告内容创造了比较好的感受环境，为顾客以后更有效地接受广告埋下了伏笔。

10）如实广告策略

这是一种貌似否定商品，实际上强化商品形象，争取顾客信任的一种广告策略。这与竭力宣传商品的各种优点，唯恐顾客不信的广告有很大区别。如实广告策略就是针对顾客不了解商品的情况，如实告诉消费者应当了解的信息。

5.2　广告策略的架构与表现

5.2.1　广告策略的基本架构

广告策略的基本架构是：背景/行销目标；广告目标；目标市场消费群；竞争情况/竞争范畴；消费者认知；消费者利益；广告主张；支持广告主张的理由；表现基调和手法等。

1）背景/行销目标

客户应该尽其所能地描述公司（或品牌）的真正行销目标是什么。不知道最终的目的地，是很难勾画出通行路线的。或者写出所认知的行销目标，争取客户的同意。所有的行销目标都必须是妥帖的、可以被理解的、可以衡量的、值得信任的及可达成的。

2）广告目标

我们希望自身制作的广告传达什么样的信息？也即必须有一个特定的目标（通常来自一个问题或是潜在的问题）。

广告目标必须配合预算，因为你绝不可能用两角钱来改变世界。预算要确切，切勿写“大量销售”，这样既浪费时间，也浪费空间。我们要在和目标消费者沟通后，确定期望达成的具体目标。

3）目标市场消费群

任何人都有可能在公共场所看到你的广告。所以，不要过分精确地限定目标消费群体。因为目标消费者是生动的个体，而不是依模剪下的图样。

4）竞争情况/竞争范畴

在竞争情况下，我们要尽量多做研究，尽可能多收集信息，把信息写得有条理，使其具有可读性，否则没有人会去读它。在竞争情况下，最重要的是竞争者的广告，要尽量收集所有竞争者的平面广告及广告影片。这样，除了能避免和竞争者雷同外，还能由其广告表现，研判、推敲出竞争者所依据的策略。

5）消费者认知

我们的广告活动想要有具体的成效，最有效的方法就是将它运用在真正的消费者身上，也就是运用在我们的“目标消费群”身上。广告本身并没有任何效用，只有当它去影响消费者时，才会发挥作用。

消费者进行品牌选择，可能是经常性的（如选择啤酒、肥皂），也可能是偶尔一次

(如选择机票、银行)。我们所做的一切，都是在为消费者选择的那一刻做准备，我们必须去改变消费者的心意（认知)。这可以从两个方面来陈述：一是现在，我们的目标消费者如何看我们。二是广告之后，我们希望我们的目标消费者如何看我们。

如何将这两项陈述明确表述呢?

首先我们要知道，这正是创意部门尤其是电视广告对白的撰写者能够得到真实评价之处。这两项必须以目标消费对象平日所用的语言来表达。没有人会说“有一系列的产品满足每一种需求”。这是代理商向客户作简报的写法。“是的，他们什么都做得到”，这才像是一个活生生的人讲出来的句子，才是值得相信的句子。例如，“三顿半？它不是一个咖啡品牌吗?”对于一个新上市的产品而言，这已经是很不错的反应了。

6）消费者利益

消费者利益也就是承诺，是独创性销售主张，是单一诉求。它的好处就在于，能使产品免于与其他产品竞争。这里要注意：一个利益点，一个承诺（One Benefit，One Promise)。不要在枝节问题上打转，不要有“以及”或“但是”，就算产品本身有一大堆利益点可以做文章，也只能选择其中一种可以让消费者接受的利益点，这是策略，并且要将产品利益转化为消费者利益。人们不是要买产品，他们买的是从产品上可获得的利益。

7）广告主张

广告主张是一串精练字句的陈述，提出一个解决方案，阐述了我们向目标消费者传递了这个讯息之后，目标消费者会信服，会放弃某些习惯、某种态度，改变旧的认知，从而达成我们的（广告）目标。因此，它必须是有关联的，是目标消费者感兴趣的，要把商品概念转化成让消费者易于接受的形态后加以传达，并将消费者的行动引至理想的方向。消费者经由广告讯息知道商品和自己生活的关系，商品的效用可用到自己的生活中，商品概念才成为消费者生活的一部分。

广告主张必须是对消费者有意义的，必须是对消费者重要的，必须能为消费者提供利益，无论是有形的商品利益，还是心理上的满足；广告主张还是一种承诺，能解决消费者的难题，满足消费者的需求和欲求，并且有竞争力。

（1）广告主张的架构方式

①机能的联结-功能的需求-认知变化方式-主张概念：消费者从使用商品中所能得到的好处和效用，以及和竞争者的不同之处。

②感情的联结-感情上的需求-感情变化方式-印象概念：投射商品的形象，让消费者在商品中找到自我。

③生活形态的联结-新生活形态的需求-系统建立方式-提案概念：因为使用商品而拥有更好的生活形态和理想的生活方式。

④文化的联结-文化的需求-符号传达方式-象征概念：超过商品本身的功能价值的新意义，在文化探求上的认同。

（2）广告主张的思考方式

①以产品特征为诉求：基本信息用以强调商品特征和消费者的利益结合。例如：

铝箔小包装，随身可携带——包装

一天穿一件，都是新衣服——用完即丢

充电10 000次，不用买新电池——可再次使用

②以产品使用为诉求：强调商品使用带来的利益，或使用商品的方式不同而产生不同利益。例如：

轻轻地抹，一点也不费力——使用中

轻轻地抹，地板立刻光亮——使用后

好东西要和好朋友分享——分享

我听我自己喜欢的音乐——自己享受

③以产品属性为诉求：强调使用或认同广告推介品牌的团体类型，使消费者在使用商品时能感觉到自己是该团体中的成员，或与该团体有关。例如：

周润发、成龙都戴的手表——名人使用

北大数学系教授也用来教自己的孩子——专家使用

年轻一代的新口味：百事可乐——年轻人使用

④以生活形态为诉求：强调和某一特定目标消费群息息相关又具代表性的生活方式。例如：

邻家配送，多快好省——美团的“美好生活小帮手”价值主张

智能空调，智慧生活——海尔空调创设的智能化场景

个人理财的时代来临——话题事件

⑤以潜意识为诉求：将广告基本信息隐藏起来而针对消费者的潜意识需求。例如：

华为Mate60——聚力新生

特仑苏——只为更好的你

⑥以品牌形象为诉求：源于大卫·奥格威在1960年倡导的理念，即强调塑造某种品牌形象，符合消费者的自我印象、自我形象，使消费者认为这是属于他的商品。

⑦反面诉求：在广告信息中制造恐惧、焦虑、不安……使消费者认为只要用了广告中的商品，就能免除可怕的负面情境。例如：

慢严舒宁治疗急慢性咽炎——身体健康意识

5.2.2 广告策略的表现形式

在具体的广告活动中，广告策略的表现形式是独特的，通常有四大类：广告产品策略、广告市场策略、广告媒介策略和广告实施策略。每一大类下又包括具体策略，在广告活动中要根据具体情况来使用。

1）广告产品策略

广告的最终目的是促进产品的销售。对企业而言，它与消费者的关系是通过产品来沟通的，产品是否具有吸引力，能否满足消费者的需要，是企业经营成败的关键。因为对消费者来说，他对产品的要求，不仅包括对产品的占有，更重要的是希望某种需要被满足。因此，广告的产品策略不仅是市场营销的重要策略，而且是广告宣传中引导和刺

激消费需求的重要策略。

产品策略主要包括产品定位策略和产品生命周期策略，另外还有新产品开发策略、产品包装和商标形象策略等。

（1）产品定位策略

所谓产品定位，严格地说，就是根据顾客对某种产品属性的重视程度，对本企业的产品予以明确的定位，规定它应于何时、何地、对哪一层次的消费者出售，以利于与其他厂家的产品竞争。广告的产品定位策略是指在广告活动中，通过突出产品符合消费者心理需求的鲜明特点，确立产品在竞争中的方位，给消费者留下选购该产品的稳定印象。这一策略的特点就是，突出产品的个性，即同类产品所没有的优异之处，而这些优点正是被消费者所需求的。广告产品能否符合消费者的需求，是广告成败的关键。

广告产品定位策略的具体运用主要分为两大类：实体定位策略和观念定位策略。

①实体定位策略。所谓实体定位策略，就是在广告宣传中突出商品的新价值，强调与同类商品的不同之处和所带来的更大利益。实体定位又可分为功效定位、品质定位、市场定位、价格定位等。

功效定位是在广告中突出商品的特殊功效，使该商品与同类商品有明显区别，以增强消费者的选择性需求。它以同类产品的定位为基准，选择有别于同类产品的优异性能为宣传重点。例如，乐百氏纯净水的宣传，就以“27层净化”为定位基点，以区别于娃哈哈纯净水的感性定位。

品质定位是通过强调产品具体的良好品质而对产品进行的定位。例如，多芬（Dove）香皂，便以滑润皮肤作为广告宣传的重点。

资源20（视频）

多芬广告案例赏析

市场定位是市场细分策略在广告中的具体运用，即将商品定位在最有利的市场位置上。多芬香皂被定位为女士香皂，就是这种定位的具体运用。

价格定位则是因商品的品质、性能、造型等方面与同类商品相似，没有什么特殊的地方可以吸引消费者，在这种情况下，广告宣传便可以运用价格定位策略，使商品的价格具有竞争性，从而击败竞争对手。

②观念定位策略。观念定位策略是突出商品的新意义，改变消费者的习惯和心理，树立新的商品观念的广告策略。观念定位具体有两种方法：逆向定位和是非定位。

逆向定位是借助有名气的竞争对手的声誉，来引起消费者对自己的关注、同情和支持，以便在市场竞争中占有一席之地的广告产品定位策略。大多数企业的商品定位，都以突出产品优异性能的正向定位为主，逆向定位则反其道而行之，在广告中突出市场上名气响亮的产品或企业的优越性，并表示自己的产品不如它好，甘居其下，但准备迎头赶上；或通过承认自己的产品的不足，来突出对方产品的优越。这是利用社会上同情弱者和信任诚实的人的心理，故意突出自己的不足，以唤起大众同情和信任的手法。例如，蒙牛在入市之初，就以“向伊利学习，做内蒙古第二品牌”作为宣传口号，借谦逊的态度及搭（伊利的）便车效应来提升自己的知名度。

是非定位则从观念上人为地把商品市场加以区分。最有名的例子是美国的七喜（7UP）汽水。在广告宣传中，其运用是非定位策略，把饮料分为可乐型和非可乐型饮料两大类，从而把自己作为第三选择，从其他的一众饮料产品中脱颖而出，使企业获得了空前成功。

广告的产品定位策略，同样可用于企业定位、劳务定位。它是根据企业的营销策略、商品差别化、市场细分化、产品生命周期等状况，确定广告最有利的诉求定位的一种有效策略。该策略应用得好坏与否，直接影响到广告效果。

（2）产品生命周期策略

任何一种产品都有生命周期，只是长短不同。产品处在不同的生命发展阶段，其工艺成熟程度、消费者的心理需求、市场竞争状况和市场营销策略等都有不同的特点。因此，广告目标、诉求重点、媒介选择和广告实施策略也有所不同。

在产品的导入期和成长期前期，新产品刚进入市场，产品的品质、功效、造型、结构等尚未被消费者所认知。在这一阶段，广告宣传以创牌为目标，目的是使消费者产生新的需要，执行开拓市场的战略。这是广告宣传的初级阶段。在这一阶段，广告策略应以告知为主，突出新旧产品的差异，向消费者介绍新产品的有关知识，使消费者对新产品有所认识，从而引起其兴趣，产生信任感；同时，要大力宣传产品的商标和品牌名，不断提高其知名度。其目的在于运用各种与促销相结合的广告手段，促使消费者购买，并在“带头人”的推动下，争取更多的早期使用者，逐步过渡到普遍采用。在广告的初期阶段，应该投入较多的广告费，运用各种媒介，配合宣传，造成较大的广告声势，以便使新产品迅速打入市场。

在广告的中期阶段，产品进入成长期后期和成熟期。由于新产品已获得消费者的承认，销售量急剧上升，利润已有保证；同时，同类产品也纷纷投入市场，竞争日益激烈。尤其是在产品进入成熟期后，产品工艺稳定成熟，消费者已形成使用习惯，产品销售达到顶峰，新产品变成普及产品，同类产品竞争激烈。在这一阶段，广告应以保牌为目标，巩固已有的市场和扩大市场规模，展开竞争性广告宣传，引导消费者认牌选购。广告诉求必须具有强大的说服力，突出本产品同其他品牌同类产品相比的差异性和优越性，巩固企业和产品的声誉，加深消费者对企业和产品的印象。广告的对象则转化为广大消费者。

在产品进入饱和期和衰退期之后，产品供求日益饱和，原有产品已逐渐变成老产品，新的产品逐步进入市场。这一时期的广告目标应重点放在维持产品市场上，保证产品的销售量或延缓销售量下降。其主要做法是以长期、间隔、定时发布广告的方法，及时唤起消费者的注意，巩固其习惯性购买。诉求重点应该突出产品的售前和售后服务、保持企业荣誉、稳定产品的长期使用者及相对保守的消费者。

2）广告市场策略

一般来说，广告市场策略主要包括三个具体策略：广告目标市场定位策略、广告促销策略和广告心理策略。

（1）广告目标市场定位策略

所谓目标市场定位策略，就是企业为自己的产品选定一定的销售范围和销售目标，满足一部分人的需要的策略。任何企业，无论其规模大小，都不可能满足所有顾客的整体要求，而只能为自己的产品销售选定一个或几个目标市场，这就是所谓的市场定位。企业的目标市场定位不同，销售策略不同，广告策略自然也不同。目标市场是广告宣传有计划地向指定市场进行传播活动的对象。因此，在制定广告策略时，必须依据企业的目标市场的特点来确定广告对象、广告目标、媒介选择、诉求重点和诉求方式等。

企业选择目标市场是在细分市场的基础上进行的，商品市场按消费者的需求和满足程度来分，有同质市场与异质市场两类。同质市场是消费者对商品的需求有较多共性、消费弹性小、受广告影响不大的商品市场。一些生活必需品市场就属于这一类型。

异质市场则与同质市场相反，是指顾客对同类产品的品质和特性具有不同的要求，强调商品的个性，消费弹性较大，受广告影响也较大的商品市场。绝大多数商品市场都属于异质市场。在满足消费者的需求时，不仅要考虑到其生理上的需要，还要考虑到其心理上的需要。而生理上的需要有一定的限度，心理上的需要则是变幻莫测的。

因此，在同类商品总市场上，企业可以依据消费者生理上和心理上的需求，以及企业自身的经营条件，将市场细分成许多子市场，然后再依据目标市场的特点，制定企业的营销策略，并采取相应的广告策略。由于市场可以细分，在市场经营和广告宣传中就可以运用不同的策略，争取不同的消费者。依据市场来制定销售策略，一般可分为无差别市场策略、差别市场策略和集中市场策略三大类。针对上述不同情况，广告策略也采取相应的形式：无差别市场广告策略、差别市场广告策略和集中市场广告策略。

①无差别市场广告策略。无差别市场广告策略是指在一定的时间内，针对同一个大的目标市场，各种媒介搭配组合，进行同一主题内容的广告宣传。这种策略一般应用在产品导入期与成长期初期，或产品供不应求、市场上没有竞争对手或竞争不激烈的时期，是一种经常采用的广告策略。它有利于运用各种媒介宣传统一的广告内容，迅速提高产品的知名度，以达到创品牌的目的。

②差别市场广告策略。差别市场广告市场策略是指企业在一定时期内，针对细分的目标市场，运用不同的媒介组合，做不同内容的广告宣传。这种策略能够较好地满足不同消费者的需求，有利于企业提高产品的知名度，突出产品的优异性能，增强消费者对企业的信任感，从而达到扩大销售的目的。这是在产品进入成长期和成熟期后常用的广告策略。这时，产品竞争激烈，市场需求分化较突出。由于市场分化，各目标市场各具不同的特点，所以广告设计、主题构思、媒介组合、广告发布等也都各不相同。

资源21（文本）

广告的目标市场策略及案例

③集中市场广告策略。集中市场广告策略是企业把广告宣传的力量集中在已细分市场中的一个或几个目标市场的策略。此时，企业的目标并不是在较大的市场中占有小的份额，而是在较小的细分市场中占有较大的份额。因此，广告也只集中在一个或几个目标市场上。采取集中市场广告策略的企业，一般是本身资源有限的中小型企业，为了发挥优势，集中力量，只挑选对自己有利的、力所能及的较小市场作为目标市场。

这三种策略既可独立运用，也可综合利用、灵活掌握，主要视企业的基本情况而定。

（2）广告促销策略

广告促销策略是一种紧密结合市场营销而采取的广告策略。它不仅告知消费者购买商品能获益，以说服其购买，而且结合市场营销的其他手段，给予消费者更多的附加利益，以吸引消费者对广告的兴趣，在短期内收到即效性广告效果，有力地推动商品销售。

广告促销策略，包括馈赠、文娱、服务、折价、公共关系等促销手段的运用。馈赠广告是一种奖励性广告，其形式很多，如广告赠券等。食品、饮料和日用品的报刊广告多用此法，优待方法多为折价购买或附赠小件物品。这种方法既可以扩大销售，又可以检测广告的阅读率。除广告赠券外，广告与商品样品赠送配合也是一种推介商品的有效方法，但费用较高。

文娱广告也是广告促销的常用策略，如出资赞助综艺节目和电视剧、广播剧的制作等。此外，如猜谜、有奖征答等，也是广告促销的有效形式。

中奖广告是一种抽奖中奖形式的广告推销手段，在国外很流行，也具有一定的效果。

公益广告是把公益活动和广告活动结合起来的广告形式。通过关心公益，关心公共关系，开展为社会服务的活动，争取民心，树立企业形象，从而增强广告效果，能给人一种企业利润取之于社会、用之于社会的好感。

（3）广告心理策略

广告的作用与人们的心理活动密切相关，而广告心理策略，则是运用心理学的原理来策划广告，诱导人们顺利地完成消费心理过程，使广告取得成功。其过程如下：诉诸感觉，唤起注意—赋予特色，激发兴趣—确立信念，刺激欲望—创造印象，加强记忆—坚定信心，采取行动。

广告活动中常用的心理学原理有需要、注意、联想、记忆、诉求等。

①需要是人们进行实践活动的原动力。人们之所以购买这种商品，而不购买别的商品，就是由于这种商品能够满足他们的某种需要。广告的促销活动不但要告诉人们有关商品的知识，而且要说明这种商品是符合他们的需要的。当人们认识到这种商品对于他们的价值，即符合他们的某种需要时，他们才会购买。成功的广告，就是首先掌握了人们的需要，并针对人们的需要确立广告诉求的重点来设计广告内容的。需要是广告诉求定位的主要依据。同一个商品，它有许多属性，而只有那些最能满足需要的诉求定位，才能产生购买行为，使广告获得成功。消费者不仅对商品的使用价值有所要求，而且要求获得心理上的满足。广告要同时掌握人们对商品实用价值和心理价值的需要，才能获得成功。同时，广告还必须能引起需要和刺激需要，通过对潜在需要的激发，使消费者产生物质欲求，并增强其信心，排除障碍，促使其购买。这也是我们现在所说的广告指导消费的作用。

②引起人们的注意，是广告成功的基础。广告若不能引起注意，肯定要失败。因为注意是人们接触广告的开端，只有注意了广告，才能谈得上对广告内容的理解。在广告设计中有意识地加强广告的注意作用，是广告的重要心理策略。广告引起人们注意的方

法有多种，主要有扩大空间面积、延长广告时间、突出广告色彩、增强广告的艺术性和使广告具有动态感等。广告的时间和篇幅都是有限的，仅靠直接印象取得的广告效果也是有限的。只有通过各种创意手段，激发有益的联想，才能增强刺激的深度和广度。这是有意识地增强广告效果的重要手段。

③联想是广告促成购买行为的重要因素。联想能够使消费者增强对事物的认识，引起对事物的兴趣，使其产生愉悦的情绪，对形成购买动机和促成购买行为有重要影响。在广告中，主要运用接近联想、连续联想、相似联想、对比联想、记忆联想和颜色联想等。

④广告运用记忆原理，使人们在购买时能记起广告内容，并起到指导选购的作用。在进行广告策划时，要考虑不同的广告对象的记忆特点，要尽可能按需要、注意、有趣、形象、活泼、易于联想、易于理解等要求来设计广告，使人容易留下深刻的印象，保持记忆，便于回想。

⑤诉求是指外界事物促使人们从认知到行动的心理活动。广告诉求就是告诉人们有哪些需要，如何去满足，并敦促他们为满足需要而购买商品。广告诉求一般有知觉诉求、理性诉求、情感诉求和观念诉求等多种。广告心理策略实质上就是对这些诉求的灵活运用。

3）广告媒介策略

广告媒介策略实质上是根据广告的产品定位策略和市场策略，对广告媒介进行选择和搭配运用的策略。其目的在于以最低的投入取得最大的广告效益。

广告媒介的经济效益，是指媒介的质和量的价值与广告费之比。广告媒介质的价值，是指媒介的影响力和心理效能；广告媒介量的价值，则是指媒介覆盖的范围和视听者的人数。媒介选择一般要考虑媒介性质、产品定位、消费者习惯、广告市场定位和目标定位、市场竞争、广告费用预算等因素。

媒介性质是一种商品选择什么样的媒介才能获得最好的广告效益的决定性因素。因为，媒介传播范围的大小、发行量的多寡会影响视听人数；媒介的社会文化地位与广告的读者层或视听者层相适应的程度会影响广告效果；而媒介的社会威望则对广告的影响力和信任程度有重要影响。因此，在选择媒介时，应事先对媒介有所了解，这样才能使媒介运用得当，使广告收到较好的效果。

无论是生产资料还是日用消费品，其特性都是有所不同的，其消费对象也不同。因而，对媒介的适用性也不一样。一般而言，日常生活用品或高档消费品可选择电视、网络、户外等大众媒介，而生产资料则可选择报纸、专业杂志等媒介。

在日常生活中，人们常常根据自己的职业、兴趣、文化程度等来选择传播媒介，这种与媒介的接触习惯对广告的效果影响很大。因而，广告媒介的选择，必须考虑消费者的生活习惯。广告对象与媒介对象越接近，广告效果就越好。

广告主发布广告都有特定的市场目标和时间目标。这两个目标是由企业的经营活动决定的。选择广告媒介，必须考虑广告的目标因素，看是否与企业的经营活动紧密配合。如广告的目标市场是大的地区，可选择传播范围广、覆盖面大的媒介；若是小的目标市场，则选用地区性媒介。同样，若有强的时效性要求，则选择时效性强、接触面广的网络、电视、广播、地方性报纸等，以使广告在短期内迅速扩大影响。

广告宣传竞争是市场竞争的一个重要方面。为了配合市场竞争，不但要有不同的广告策略，而且要选择不同的媒介。

另外，根据政策的规定，有的广告媒介不准发布某些产品的广告，这也是媒介选择中必须考虑的。

企业发布广告要依据自身的财力来合理选择媒介，尽量将广告费用开支限制在广告预算的范围之内。广告费用包括媒介价格和广告设计制作费。同一类型的广告媒介也因登广告的时间和位置不同，有不同的收费标准。同时，在选择媒介时，不但要考虑广告的绝对价格，而且要考虑其相对价格，即广告的实际接触效果所耗费的平均费用。

在实施广告时，目前通常采用的是多种媒介组合。

选择媒介，首先要考虑目标市场、广告对象、商品属性、媒介广告价格等因素，要分析媒介的用户画像、内容特征、刊播地区、影响力、知名度等。更确切地说，要研究媒介是综合性的，还是专业性的；是全国性的，还是地区性的；是适合塑造品牌的，还是适合带货销售的。其次要考虑媒介知名度与产品档次是否相配。最后还应考虑价格是否合算，一般按千人广告价格来计算。

关于广告媒介的类型、选择与实施，在本书的第8章将会继续讲述。

4）广告实施策略

严格地说，广告活动从计划、制作到实施的一系列过程中，在不同的阶段有各不相同的特点和策略。由于广告实施过程与媒介、产品和目标市场密切相关，因而，广告的实施策略与广告的产品策略、市场策略和媒介策略又有许多交叉的地方。广告实施策略主要包括广告的差别策略、系列策略和时间策略等。

（1）广告差别策略

广告差别策略是以发现差别和突出差别为手段，充分显示广告主企业和产品特点的一种宣传策略。其包括产品差别策略、劳务差别策略和企业差别策略三方面的内容。

①产品差别策略，是突出产品的功能差别、品质差别、价格差别、花色品种差别、包装差别和销售服务差别的一种广告宣传策略。由于产品的上述差别可以是新旧产品间的差别，也可以是同类产品间的差别，因此，广告产品差别策略是具有竞争性的。运用广告差别策略时，首先要发现产品的功效差别，并且在设计制作广告作品时突出这种差别，给消费者留下能够获得某种利益的鲜明印象。

②劳务差别策略的基本原理与产品差别策略相同，主要是突出和显示同类劳务中的差别性，从而说明本企业的服务能给消费者带来更多的方便与利益。

③企业差别策略，包括企业设备差别、技术差别、管理水平差别、服务措施差别和环境差别等在内的各项内容。

产品差别策略、劳务差别策略和企业差别策略是在实践中运用较多、效果也较好的差别策略。此外，心理差别策略和观念形态差别策略等也较为常用。

（2）广告系列策略

广告系列策略是指企业在广告计划期内，连续和有计划地发布有统一设计形式或内容的系列广告，不断加深消费者对广告的印象，增强广告效果的手段。广告系列策略主要包括形式系列策略、主题系列策略、功效系列策略和产品系列策略等。

①广告形式系列策略，是在一定时期内有计划地发布数则设计形式相同但内容有所变化的广告的策略。由于设计形式相对固定，有利于加深消费者对广告的印象，提高企业的知名度，便于在众多的广告中分辨出本企业的广告。

这种策略适宜于内容更新快、发布频度大的广告，如旅游广告、文娱广告、交通广告和食品广告等。整体广告很注重这一策略的运用。

②广告主题系列策略，是企业在发布广告时依据每一时期广告目标市场的特点和市场营销策略的需要，不断变换广告主题，以适应不同的广告对象的心理欲求的策略。

③广告功效系列策略，是通过多则广告逐步深入强调商品功效的广告策略。这种策略或是运用不同的商品观念来体现商品的多种用途；或是在多则广告的每一则中都强调一种功效，使消费者易于理解和记忆；或是结合市场形势的变化，在不同时期突出宣传商品的某一用途，起到立竿见影的促销作用。

资源22（文本）

麦当劳七夕系列暖心广告

④广告产品系列策略，是为了适应和配合企业系列产品的经营要求而实施的广告策略。其密切结合系列产品的营销特点，由于系列产品具有种类多、声势大、连带性强的特点，因而在广告中可以灵活运用。

（3）广告时间策略

广告时间策略，就是对广告发布的时间和频度做出统一、合理的安排的一种策略。广告时间策略，要视广告产品的生命周期阶段、广告的竞争状况、企业的营销策略等多种因素的变化而灵活运用。

一般而言，即效性广告要求发布时间集中、时限性强、频度起伏大；迟效性广告则要求广告发布时间均衡、时限从容、频度波动小。广告时间策略运用是否得当，对广告的效果有很大影响。

①广告时间策略在时限运用上，主要有集中时间策略、均衡时间策略、季节时间策略、节假日时间策略四种。

A.集中时间策略，主要是集中力量在短时间内对目标市场发动突击性的广告攻势。其目的在于集中优势，在短时间内迅速创造广告声势，扩大广告影响力，迅速提高产品或企业的声誉。这种策略适用于新产品投入市场前后、新企业开张前后、流行性商品上市前后，或广告竞争激烈时刻，以及商品销售量急剧下降的时候。运用此策略时，一般运用媒介组合方式，掀起广告高潮。

B.均衡时间策略，是有计划地反复对目标市场发布广告的策略。其目的是持续地加深消费者对商品或企业的印象，保持消费者的记忆，挖掘市场潜力，提高商品的知名度。在运用均衡时间策略时，一定要注意广告表现的变化，不断予人以新鲜感，而不要长期重复同一广告内容；广告的频度也要疏密有致，不要予人以单调感。

C.季节时间策略，主要用于季节性强的商品，一般在销售旺季到来之前就要开展广告活动，为销售旺季的到来做好信息准备和心理准备。在销售旺季，广告活动达到高峰，而旺季过后，广告便可停止。这类广告策略要求掌握好季节性商品的变化规律。过早开展广告活动，会造成广告费的浪费；而过迟，则会延误时机，直接影响商品销售。

D.节假日时间策略，是零售企业和服务行业常用的广告时间策略。一般在节假日之前数天便开展广告活动，而节假日一到，广告即告停止。这类广告要求有特色，把品种、价格、服务时间以及异乎寻常之处的信息突出、迅速和及时地告诉消费者。

②广告时间策略在频度上，有固定频度和变化频度两种基本形式。广告的频度是指在一定的广告时期内发布广告的次数。在策略上，可根据实际情况的需要，交替运用固定频度和变化频度两种方法。

A.固定频度法是均衡广告时间常用的频度策略，其目的在于获得有计划的持续广告效果。

固定频度法有两种时间序列：均匀时间序列和延长时间序列。

a.均匀时间序列的广告时间按时限周期平均运用。例如，时间周期为五天，则每五天广告一次；若为十天，则每十天广告一次，依此类推。

b.延长时间序列是根据人的遗忘规律来设计的，广告的频度固定，但时间间隔越来越长。

B.变化频度法是在广告周期里，用各天广告次数不等的方法来发布广告。变化广告频度可以使广告声势适应销售情况的变化，常用于集中时间广告策略、季节与节假日时间广告策略，以便借助于广告次数的增加，推动销售高潮的到来。

变化频度法有波浪序列型、递升序列型和递降序列型三种方式。

a.波浪序列型是广告频度从递增到递减又由递减到递增的变化过程。这一过程使广告周期内的频度由少到多又由多到少，适用于季节性和流行性商品的广告宣传。

b.递升序列型则是广告频度由少到多，至高峰时戛然而止的过程，适用于节日性广告宣传。

c.递降序列型是广告频度由多到少、由广告高峰跌到低谷、在最低潮时停止的过程，适用于文娱广告、企业新开张或优惠酬宾广告等。

上述各种广告时间策略可视需要组合运用。如集中时间策略与均衡时间策略交替使用，固定频度与变化频度组合运用等。广告时间策略如运用得法，既可以节省广告费，又能获得理想的广告效果。这是广告策略中极为重要的一环。

一个商品广告究竟在一种媒介上投放几次，才可以使人们记住它？有关这一问题的研究目前还处在摸索阶段，但也有研究表明至少是6次，即一个人接触同一个广告6次便会记住这个广告。如果有关此类问题的研究有所突破，将会使广告的刊播在科学、合理、有效的轨道上运行。

本章小结

本章主要讲述广告策划策略等相关内容。广告策略是广告策划者在广告信息传播过程中，为了使广告活动取得更大的效果，实现广告战略目标，以配合广告策划的实施，所采取的对策和应用的方法、手段。广告策略是广告战略的核心内容之一。

广告策略有多种类型，在广告活动中，要选择合适或组合的广告策略来搭建其基本架构：背景/行销目标；广告目标；目标市场消费群；竞争情况/竞争范畴；消费者认知；消费者利益；广告主张；支持广告主张的理由；表现基调和手法。

广告策略的表现形式通常有四大类：广告产品策略、广告市场策略、广告媒介策略和广告实施策略。每一大类下又细分了具体策略，在广告活动中要根据具体情况来使用。

关键概念

广告策略　广告目标市场定位策略

复习思考题

第5章测一测

1）广告策略的目的是什么？可以解决哪些问题？

2）如何制定有效的广告策略？

3）请列举一个广告案例，谈谈如何检视此广告策略是否正确。

4）请介绍你所欣赏的一个广告目标市场定位策略，并向大家说明你欣赏它的原因。

专业技能训练

联想公司为联想电脑所做的广告创意“人类失去联想，世界将会怎样”妙在哪里？请你再举出两个类似的广告案例。

本章参考文献

［1］曹云明．广告原理与实务［M］．北京：人民邮电出版社，2012.

［2］许云斐．现代广告理论与实务［M］．北京：经济科学出版社，2013.

［3］陈培爱：现代广告学概论［M］．4版．北京：首都经济贸易大学出版社，2018.

［4］韩光军．现代广告学［M］．6版．北京：首都经济贸易大学出版社，2015.

［5］章军．广告传播理论与实践［M］．北京：中国科学技术大学出版社，2018.

［6］倪宁．广告学教程［M］．4版．北京：中国人民大学出版社，2014.

［7］王军元．现代广告学［M］．4版．苏州：苏州大学出版社，2013.

［8］印富贵．广告学概论［M］．3版．北京：电子工业出版社，2014.

［9］苗杰．现代广告学［M］．6版．北京：中国人民大学出版社，2015.

第6章 广告创意

学习目标

通过学习本章，你应该：

了解广告创意的内涵、原则；了解广告界广泛使用的广告创意原理；了解广告创意的过程、广告创意思维及其培养方法；了解广告创意的思维方法等。

理解广告作为一项创造性活动，广告创意离不开强烈的动机、高超的能力和绝妙的技巧。而广泛的兴趣和强烈的求知能力，正是培养和激发创意动机的最有效方法。

引例　“饿了么”春日营销，治愈被偷走的春天

2022年的春天似乎被偷走了，年前计划好了的春游、踏青、赏花……最后无奈居家隔离。足不出户的春天，却消减不了浓浓的春意。饿了么的春日营销如约而至，一套春日营销组合拳，与春天撞了个满怀，带给大众丢失的春意。

首先，饿了么串联品牌22款春季新品，发布了《春天在哪里》TVC，发起#请回答春天在哪里#的话题，借助这支脍炙人口的怀旧童谣，唤醒观众对童年那些无忧无虑的春天的无限怀念。

紧接着，饿了么推出一支《来自厦门春天的手写信》TVC，抓住了厦门“文艺”的城市特质，以来自5个不同地点的书信形式展开，带来了一系列富有烂漫气息的春日故事。在线下，饿了么还在厦门环岛路等多个地点设立了特殊的公交站装置，内饰有饿了么新品的蓝宝箱、人体感应识别花丛、甜甜圈样式的扶手，为路人献上浪漫的“鹭岛春色”。

在春日尾声，饿了么超级限定携手汉堡王，联合荣宝斋馆藏的齐白石先生画作，推出联名限量的“踏青青桶包”。饿了么提取齐白石画作中的经典元素带来一波中西合璧，片中“青青堡堡举高高”“青青楚楚薯一薯”“青青松松吐圈圈”，三个谐音梗融合了产品和季节的特点，表达了饿了么“就算宅家，春光也能外送上门”的理念，为宅家人士献上美食和画作里的春意。

此外，饿了么联合君爱公益，将孤独症儿童的春日画作，印在了杭州外卖骑手的餐箱上（如图6-1所示），举办了一场“马路上的画展”，展现小朋友充满想象力的画作中的美好春天。将春天的浪漫与孩子们的童真紧密相连，让爱心充满这个春天。

图6-1　饿了么创意营销广告

在今年这个有些特殊的春日营销季，饿了么用创意迭出的春日营销创造了丰满的情绪价值，用春的温暖抚慰了焦躁不安的心灵！

资料来源　作者依据“4A广告网”公众号文章（作者：张小虎；2022-04-07）整理而成.

广告策划之后，广告活动就进入了实质性的创意阶段。广告在创作过程中有两个重要的步骤，这是广告方案成功的基础。这两个步骤分别是：①战略，即消费者想要听什

么；②执行，即广告应该表现出什么。这两部分都必须非常出众，而且缺一不可。制定战略是一个漫长、沉闷的推理和发掘过程，没有捷径可走。如果没有战略对其重要的对象——消费者加以透彻分析的话，这个战略不过是在浪费时间和金钱，即使后期有一个杰出的创意作品，也挽救不了失败的战略。反之，如果制定出一个理论上非常完美的战略，但却用一种单调、毫无新意的方式去执行，同样也是在浪费时间和金钱。毕竟，现在的消费者身处天天被大量广告轰炸的时代，他们对广告的态度不是反感，就是无动于衷。如果你的广告没有与众不同的特点，不具备出人意料的构想，消费者绝对会无情地加以忽视并遗忘。正如美国DDB广告公司的威廉·彭立克所说："我们没有时间，也没有金钱，允许大量不断重复的广告内容。我们呼唤我们的战友——创意，要使观众在一瞬间发出惊叹，立即明白商品的优点，而且永不忘记。这就是创意的真正效果。"

6.1　广告创意原理

6.1.1　广告创意的内涵

广告创意，是介于广告策划、表现、制作之间的创造性构思活动，即根据广告主题，经过精心思考和策划，运用艺术手段，把所掌握的材料进行创造性重组，赋予其新颖独特的形式，使其与广告主题有机结合起来，从而准确、生动地表达广告主题。

资源23（视频）

饿了么春日营销视频赏析

换句话说，广告创意是广告人员对广告活动进行的创造性的思维活动，是为了达到广告目的，对未来广告的主题、内容和表现形式所提出的具有一定价值的创造性的"主意"。具体地说，广告创意是指以市场调研所获得的市场情报、商品信息、消费者资料和竞争者信息为依据，以广告策划诸环节所确定的广告策略为架构，寻找一个说服目标消费者的"理由"，并通过视听表现来影响目标消费者的感情和行为，使之听从劝说，从而采取购买行为。

需要注意的是，广告创意并不是纯粹的艺术创作，很多广告从业人员在进行广告创意时，一味地在创意形式——广告的表现方式上煞费苦心、标新立异，而忽略创意的表现内容——如何在承诺利益点上下功夫，不是先确定"理由"，而是先寻找形式。这种做法是从形式入手，以形式为重点，把广告当作一种纯艺术来创作，最终必然导致为形式而形式，使广告偏离广告目标和策略。因此，在进行广告创意时，首先要树立正确的创意观念，这是提高创意水平最起码的条件。另外，创意并不神秘，也不完全是灵感突现的产物。事实上，创意并非捉摸不定，也是有迹可循的。创意虽难，却也离不开一些基本原则，如独创性原则、实效性原则、科学与艺术融合的原则、合理合法性原则等。

1）独创性原则

所谓独创性，是指广告创意应当特立独行、匠心独具，与因循守旧、墨守成规形成对立。独创性的广告创意往往具备比较强的心理突破能力，因为与众不同而吸引观众的注意，通过鲜明的个性激发人们的好奇心与兴趣。同时，创意性广告还能在受众的脑海中留下深刻印象，形成与产品或服务相关的长久记忆。例如，耐克（Nike）“围篱跳高篇”广告的画面很简单，一堵围墙上涂鸦似的写着“跳高纪录245cm，围墙246cm”“Just do it”的广告语有一种挑衅的意味，鼓动着年轻人不安分的心。这则广告虽然很简单，但很震撼，将身边不起眼的东西和耐克的品牌精神相结合，创意看似信手拈来，但却很独特，使受众眼前一亮，给人留下了深刻印象。

资源24（文本）

为什么NIKE如此受欢迎

2）实效性原则

独创性是广告创意的重要属性，但却不是广告最终要实现的目标。广告的目标在于帮助广告主获得更好的销售业绩。其实现程度取决于广告信息的传播效率，而这也就是广告创意的实效性。广告创意的实效性包括两方面内容：其一为相关性，其二为可理解性。所谓相关性，是指广告创意中的形象载体与表达方式必须与广告主题相关联，并准确反映出广告主题的本质特征，脱离广告主题的创意很难使广告获得实效性。可理解性则是指广告创意应当容易为广大受众所理解和接受。也就是说，创意人通过夸张、对比、变形等艺术创作手法对收集来的素材进行创造性的组合，最终获得的形象载体应当既新颖，又通俗易懂，容易激发受众的共鸣。

3）科学与艺术融合的原则

广告创意作为科学性和艺术性高度统一的知识体系，应该树立“科学为始，艺术为终”的思想观念。所谓科学为始，是指广告前期的工作，如营销目标的落实、广告策略的确定、广告对象的选择和生活形态的描绘以及广告创意概念的得出，都是依据科学的市场调查、市场分析进行的。所谓艺术为终，就是将广告的诉求通过艺术化的方式进行表达，这样才有可能创作出吸引消费者的广告。杰出的广告创意不是夸大，也不是虚饰，而是要竭尽创意人员的智慧，使广告信息单纯化、清晰化、戏剧化，给消费者留下深刻而难以磨灭的印象。英语中的“KISS”（Keep it Simple & Sweet）原则，使之简单并甜美，表达的也是这个意思。我们耳熟能详的一些广告语，如舒肤佳的“爱心妈妈的选择”、炫迈口香糖的“嚼炫迈，根本停不下来”、德芙巧克力的“牛奶香浓，丝般感受”等，都是简单而甜美的，历经多年仍为消费者所铭记。

4）合理合法性原则

广告创作充满了不同事物之间以及现实与虚幻、真理与荒诞、幽默与讽刺、具体与抽象之间的碰撞、交融、转化、结合，并且需要发挥策划人的想象力，用最大胆、最异想天开的方法去创造广告精品。但是，广告的本质是一种商品，而商品的属性就决定了创意想象力和创造力又不是无节制的、荒谬的，它还必须遵循一定的规律，掌握一定的分寸。也就是说，广告创意既要符合人类思维的普遍规律，又要遵循艺术创作的一般规律，还要遵循广告本身的特殊规律。任何违背生活逻辑、没有真实承诺的胡思乱想都不能算是真正的创意。另外，广告创意还要符合广告法律、法规，承担起相应的社会责任。当前，广告已经成了人们生活的一部分，是社会价值观和生活态度的塑造者。为了有效地维护社会公众的利益，营造健康的社会文化氛围，广告创意必须在法律、法规允许的范围内进行创造性思维，并且要符合社会伦理道德，尊重各国、各地区的风俗习惯，以避免造成负面影响。例如，在日本丰田霸道汽车的广告画面上，一辆霸道汽车停在两个石狮子前面，一个石狮子抬起右爪做敬礼状，另一个石狮子向下俯首，配图广告语为“霸道，你不得不尊敬”。这则广告曾在网络上掀起不小的波澜，不少中国网友认为这则广告严重侮辱了中国人的感情，最后广告被迫停播，制作这则广告的盛世长城国际广告公司也被要求道歉。由此可见，即使广告创意再怎么煞费苦心，如果不遵循合理合法性原则，最终只能事与愿违。

6.1.2　广告创意观

随着广告理论和实务的发展，广告人在广告创意原则的基础上总结出了一系列带有普遍性和指导性意义的广告创意理论。掌握了这些理论，并将其灵活运用于广告实践中，就能找到创意的切入点。在当今广告界，影响深远、使用广泛的广告创意原理主要有：USP理论、品牌形象理论、ROI理论、定位理论等。

1）USP理论

USP（Unique Selling Proposition），即独特的销售主张，是20世纪50年代初美国人罗瑟·里夫斯（Rosser Reeves）提出的影响深远的广告创意理论。当时，罗瑟·里夫斯任美国达彼斯（Ted Bates）广告公司的董事长。他是较早提出“广告必须引发消费者认同”这一观点的广告人之一。他认为，在激烈的市场竞争中，消费者正面临着各种销售资讯的包围，广告人必须发掘出有效的传播途径，如果无法穿越喧嚣为人们提供独特的价值，那么消费者将弃你而去。罗瑟·里夫斯认为，USP是广告最初的也是唯一的实效，是广告的价值所在。明确的概念、独特的销售是USP的理论核心。USP的要点包括：

（1）广告必须向消费者讲明一个明确的消费主张：买这件产品，消费者可以得到什么特定的好处。

（2）它必须是一个独特的主张，是其他竞争者无法提供或不提供的主张。

（3）这个主张必须能销售，能对消费者产生巨大的吸引力。

简单地说，USP就是独特销售理论，也就是给产品一个卖点或恰当的定位。

USP理论有效的前提是，消费者是理性的，他们会注意广告并记住其中一个强有力的概念以及声明。由此推论，广告应该建立在理性诉求的基础之上。具体而言，广告针对目标消费者的需求能做出带给他们实际利益的承诺，而这种承诺又以强有力的理性说服为支持，然后广告通过不断地重复将这一主张深深印在消费者的脑海之中，从而激发消费者的购买行为。

这一新的广告创意策略一经问世便在广告界引起热烈响应，并在20世纪五六十年代得到普遍推广，其提出者罗瑟·里夫斯利用USP策略创作了许多优秀的广告作品。比如，他创作的M&M巧克力豆“只溶在口，不溶在手”的经典诉求；高露洁广告的“清洁牙齿，清新口气”等。在里夫斯看来，你可以抓住所有同类产品共同拥有的特质，然后第一个宣称你的产品有这样的特质。高露洁牙膏就是一个例子。我国的很多成功广告案例也都有其独特的销售主张。例如，白加黑宣称“治疗感冒，黑白分明”；农夫山泉宣称“农夫山泉，有点甜”；海飞丝宣称“头屑去无踪，秀发更出众”等。

2）品牌形象理论

品牌形象理论是20世纪60年代中期由大卫·奥格威提出的广告策略理论。大卫·奥格威（David Ogilvy）是现代广告业的大师级传奇人物，被誉为“现代广告的教皇”和“品牌形象之父”，他于1948年创立了奥美（Ogilvy & Mather）广告公司。由他提出的品牌形象理论是广告策划与创意理论中的一个重要流派，在其指引下，广告业界涌现出大量优秀、成功的作品。品牌形象理论的基本要点是：

（1）为品牌塑造形象是广告最主要的目标。广告就是要力图使品牌具有并且维持一种高知名度的形象。这里的形象指的是一种个性，品牌个性必须鲜明而突出，它能使产品在市场上长盛不衰，但使用不当也会使产品滞销。特定品牌只适用于某一特定的消费群体，如果品牌既适合男性也适合女性，既适合高消费群体也适合普通消费群体，品牌就失去了个性，成为一种不伦不类的东西。

（2）任何一个广告都是品牌长期投资中的一部分。创建一个品牌形象，是一个长期的过程。在这一过程中，必须高瞻远瞩，任何缺乏长远目标、只求眼前利益，一味地进行促销、降价及做出其他类似的目光短浅的行为，都不可能塑造出消费者心目中的良好品牌。每一则广告都应该被看作为品牌形象做贡献，是对品牌性格的长期投资。

（3）品牌形象比产品功能更重要。随着生产技术的发展，同类产品的差异性降低，功能同质性越来越高，消费者选择品牌时所能运用的理性依据越来越少，此时描绘品牌的形象比强调产品的功能特征重要得多。例如，百事可乐的广告创意中很少强调某一产品的具体功能，而是邀请诸多明星拍摄品牌形象广告。例如，之前蔡依林代言的“百事我创”活动就代表了其“突破梦想，创造革新”的新生代精神。

（4）广告更重要的是运用品牌形象来满足消费者的心理需求。消费者购买时所追求的是“实质利益+心理利益”。对某些消费者来说，广告尤其应该重视运用品牌形象来满足其心理需求。广告的作用就是赋予品牌不同的联想，正是这些联想带给它们不同的个性。不过，这些联想需要符合目标消费者的追求与渴望。

资源25（视频）

奥格威经典案例赏析

3）ROI理论

20世纪60年代末，广告大师威廉·伯恩巴克（William Bernbach）提出了著名的RIO创意理论。威廉·伯恩巴克是DDB（Doyle Dane Bernbach）广告公司的创始人之一。1960年，他领导下的DDB公司凭借为德国大众“甲壳虫”汽车制作的创意广告“Think small”，拉开了始于20世纪60年代的创意革命的序幕。威廉·伯恩巴克曾在《广告时代》世纪末的评选中，被推选为广告业最有影响力人物的第一位。他所提出的RIO理论，即相关性（Relevance）、原创力（Originality）和冲击力（Impact），被广告界视为实用性的广告创意指南。其基本要点是：

（1）相关性。相关性强调的是广告、商品和消费者之间的相互关系。在这方面，伯恩巴克认为在开始工作之初，要彻底地了解要广而告之的商品。广告人的聪明才智、想象力与创造力都要从对商品的了解中产生。例如，在承接了大众“甲壳虫”汽车的广告业务之后，伯恩巴克做的第一件事情，就是飞到大众设在德国沃尔夫斯堡的工厂，亲眼去看这款车是如何生产出来的。实地调查之后，伯恩巴克找到了广告所要突出的主题，他决定告诉美国公众——这是一部诚实的车子。在此基础上，伯恩巴克为大众“甲壳虫”汽车设计了“Think small”（“想想小的好处”）的广告诉求创意，抓住“甲壳虫”汽车的狭小车身做文章，讲述小车带给消费者的好处。这一创意被认为是有史以来的100个最著名的广告创意的第一名而永留青史。

（2）原创力。原创力就是要求突破庸常思维，与众不同。伯恩巴克认为广告中最重要的东西就是独创性与新奇性。例如，伯恩巴克要表明“甲壳虫”汽车的质量检验合格，不直接说“甲壳虫”汽车的质量多么好，而是出人意料地描述一辆不合格的车，标题“柠檬”（英文中有次品的含义）就引起了读者的注意，当读者怀着好奇心看完之后，才发觉原来所谓的次品只是车的仪器板杂物架上的镀铬有点损伤，大众公司“每天生产3 000辆‘甲壳虫’车，而检查员比生产的车还多”。而对一切细节如此全神贯注的结果是，“‘甲壳虫’汽车比其他车耐用而且不大需要维护”，看到这里，消费者已经把“甲壳虫”汽车与“质量可靠”牢牢联系在一起了。

（3）冲击力。冲击力就是要让广告产生强大的渗透功能，使广告进入消费者内心深处。伯恩巴克说，在创意表现上光是求新求变、与众不同并不够。杰出的广告要在视觉、听觉甚至心理上给广告受众带来强大的震撼，这样传播效果才能达到预期目标。例如，伯恩巴克为“甲壳虫”汽车创作的另一则广告“生命篇”，意指在石油危机时期，用不用大众车竟然成为性命攸关的问题。伯恩巴克洞察时事，并敏锐地将广告与之相结合，虽然略有夸张，但却对受众造成巨大的冲击力，激发了他们对“甲壳虫”汽车的好感与购买力。

4）定位理论

资源26（文本）

甲壳虫平面广告案例

定位理论是20世纪60年代末期，由美国两位资深的广告专家艾·里斯和特劳特提出的具有划时代意义的广告理论。2001年，在美国市场营销协会举办的对20世纪营销理论的评比中，定位理论一举超过了里夫斯的USP理论、大卫·奥格威的品牌形象理论以及迈克尔·波特的“竞争价值链”理论甚至菲利普·科特勒构架的整合营销传播理论，最终被确定为“有史以来对美国营销影响最大的观念”。

20世纪60年代，美国逐渐进入买方市场，要想在竞争激烈的市场上争得一席之地，首先必须理性地面对这个市场和市场上的消费者。于是定位理论应运而生，其主旨在于寻找市场空隙，挖掘消费者的心理需求，以便在市场上开拓出一个自己生存、发展的空间。所谓占位，就是使产品在未来的消费者心目中占有一个合适的位置。定位的核心内容及操作要点是：

（1）要使产品信息进入消费者的脑海中，有两种方法：一是驱逐处在消费者心目中上方的品牌，而这在一般情况下是难以办到的；二是用某种办法使自己的品牌与消费者心目中上方的品牌发生关联，相比之下这更容易做到。

（2）在利用定位理论创作广告作品时，特别强调两个方面：第一，是与竞争对手的比附；第二，是找出具有特征的销售点。所谓比附，就是将自己的品牌与其他竞争品牌尤其是处在消费者心目中上方的品牌进行对比，找到与在市场上具有领先地位的品牌相类似的特点，借以突出自己品牌的优点。还是以伯恩巴克为美国艾维斯出租汽车公司撰写的广告文案（如图6-2所示）为例：“在租车业中，艾维斯不过是第二位，那么为什么还要租用我们的车呢？我们更加努力呀！”广告将自己和租车业排名第一的赫兹公司联结起来，公开承认赫兹公司是同业中第一位的，自己甘居第二位。广告以坦诚的告白，巧妙地将自己与市场领先者建立起了联系。广告执行过后的短短几个月，艾维斯的市场份额大幅提升了28个百分点，大大拉开了与同行业排行第三的租车公司的差距。

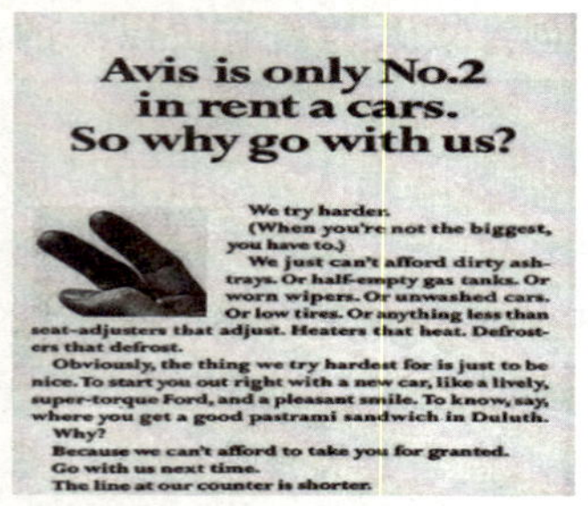

图6-2　艾维斯出租汽车广告

比附的另一种方式是和竞争对手进行层次区别。利用这种方式取得成功的是“七喜”。七喜的广告语“七喜，非可乐！”使七喜处于与百事可乐、可口可乐两大饮料巨头相区别的另一层次，不仅避免了与两大巨头的正面竞争，还巧妙地与两个品牌挂钩，使自身处于和它们并列的位置，使得七喜从一个默默无闻的后来者，一跃成为龙争虎斗的饮料市场中的“老三”。

USP理论、品牌形象理论、ROI理论、定位理论都是在广告创意的早期阶段，由著名广告人凭借丰富的广告实战经验所总结出的关于广告创意的基本理论。四种理论各有侧重，但都反映出广告人将促进销售作为广告不可动摇的基本任务的思想，同时又都强调广告所宣传产品的独特之处。USP理论通过理性诉求来说服消费者购买，强调销售主张应当是竞争对手从未提出的或是无法实现的；品牌形象理论从树立品牌形象的角度入手，通过满足消费者的心理需求来培植其忠诚度，从而实现反复购买，强调将确立与保持品牌总体上的独特性作为广告的长期任务；ROI理论则注重寻找产品特征与目标消费者需求之间的关联性，以此作为激发消费者购买欲望的契机，强调原创性与冲击力是广告的灵魂所在；定位理论认为广告如何为产品在消费者的心目中找到一个恰当的位置是最重要的。这四种理论从不同的角度界定了广告创意的特性，也从不同方向为创意规划了发展道路。虽然随着后期广告业的快速发展，这些理论都不同程度地暴露出不足之处，需要依据具体的时间、环境不断完善和丰富，但是对广告创意的发展而言，它们的奠基作用毋庸置疑；同时，这些理论对现在的广告创意依然有极大的借鉴意义。

6.2　广告创意思维

6.2.1　广告创意过程

美国广告学教授詹姆斯·韦伯·扬提出：“创意不是仅凭灵感而产生的，纵使有了灵感，也是由于思考而获得的结果。”他指出，创意是对旧元素的重新组合，创意的产生与万花筒的工作方式类似——当万花筒转动时，筒内的玻璃碎片会呈现出许多图案，而玻璃碎片的数量越多，万花筒所呈现出的图案就越多——创意也是一样，既存因素越丰富，创意产生的可能性也就越大。在广告创意过程中，必须收集广告创意素材，选择创意资料，并运用创造性的方法进行思考。

詹姆斯·韦伯·扬教授在其《产生创意的方法》一书中把创意的思考过程划分为以下五个阶段：

1）准备期

创意人员研究所收集的资料，并根据经验启发新创意。资料可分为一般资料和特殊资料：一般资料包括与所面对问题相关的全部资料、数据，以及平时积累的一般知识；特殊资料是指专为某一广告活动而收集的有关资料。

2）孵化期

在这一阶段，广告人员把所收集的资料加以咀嚼、消化，借助意识与潜意识使思路自由发展，并使思维方向的结果自由组合。这样做的目的是突破人脑中既存的条条框框限制，为创意的“独创性”提供保证，而创意通常也都是偶然间突然产生的。

3）启示期

大多数心理学家认为，印象是产生启示的源泉，所以本阶段是在意识发展与结合中，思路不断发展重组，从而产生各种创意的。

4）验证期

在这一阶段，创意人员把所产生的创意不断予以调整、修正，使其更加完美，更好地服务于广告主题。

5）形成期

在这一阶段，创意人员会听取来自不同方面的意见，以文字或图形将创意具体化、形象化，并最终完成创意作品。

需要注意的是，创意思考的各个阶段没有必然的界限，有时它们会重叠甚至前后顺序颠倒，但前期积累和反复雕琢都是创意产生的必经过程。

资源27（文本）

罗杰·冯·奥克的四步创意模式

6.2.2　广告创意的产生

1）抽象创意思维

抽象创意思维，即在广告创意的过程中，以广告产品本身的诸多事实为着眼点，从产品本身的直接或间接元素方面来寻求创意来源。具体来说，其主要是从产品名称、包装、制作方式（直接因素）和产品历史、刊出的媒介等方面获取创意。

（1）广告创意来自产品的名称或商标

创意人员以产品的名称或商标为创意原点进行创作，将产品的名称或商标作为广告创意的一部分，与广告的意义进行嫁接。这样创意的优势是能够突出品牌，可以促使受众将产品品牌与广告主题关联起来。例如，“中国平安，平安中国”（中国平安保险）；“好空调，格力造”（格力）；“不是所有的牛奶，都叫特仑苏”（特仑苏）等。

（2）广告创意来自广告产品的包装

产品带有的与包装有关的元素，如产品的外形或色彩，甚至人们拿在手中或使用起来的感觉等，都可以成为广告创意的来源。

（3）广告创意来自广告产品的制作方式

广告产品的制作方式或制作程序对很多消费者来说是陌生的。如果广告创意人员善于捕捉或挖掘产品背后的故事，并且指出这些故事对消费者的利益所在，创意就很有可能打动广告的受众，使他们对产品产生信赖。例如，著名的“喜力滋”啤酒的广告“我们的啤酒瓶子是真正用蒸汽清洗过的”，以及我国的乐百氏纯净水“27层净化”，这些都是通过表现产品不为消费者所知的严格复杂的生产工艺，来展示产品的可靠性和独特性，以赢取消费者的信任，达到广告的目的。

（4）广告创意来自产品的历史

广告产品的悠久历史、传说资源等都可以成为产品广告创意的来源。例如，“百年张裕葡萄酒”、“华夏第一窖”（泸州老窖）、“国窖·1573”都采取了历史定位的策略，取得了很好的效果。

（5）广告创意来自广告的刊出媒体

广告创意不仅可以来源于产品本身，利用发布媒介的特性同样可以制作出独特而别致的广告。这方面的应用主要有户外广告和杂志跨页广告。例如，MINI COOPER的一则户外广告，就是利用了生态环境中两棵倾斜的树，表明汽车启动带来的动感和快意；与环境的搭配，很好地表明了主题，让看到广告的人忍俊不禁（如图6-3所示）。再如，一则头痛药的广告贴在出租车的后玻璃窗上，后车灯一亮，正好指示于额头部分，能令受众鲜明地感受到头痛的痛苦，同时对旁边的头痛药记忆深刻。

图6-3　MINI COOPER广告

另外，杂志的跨页如果能得到有效利用，也可以使广告的表现独辟蹊径。例如，运动品牌阿迪达斯的一则广告就利用了跨页的特点，将正在运动的女模特的照片恰到好处地安排在跨页两侧，让女模特的腰、胸部和髋关节正好位于可以翻合的中缝处。当读者翻动书页时，模特就“活了起来”“跃然纸上”，做出仰卧起坐、后屈、扩胸、分腿等动作，仿佛在提醒读者也该进行锻炼了。

2）形象创意思维

形象创意思维，是以具体、直观的形象为元素进行创造性表现的思维方式。因为所有广告作品最终都需要向受众传递一个产品概念，而概念包括商品特性理念、社会消费理念、人类理想境界等，这些都是抽象意义的，为了便于消费者更好地理解，就需要将其转化为具体的直观的形象加以展示，传达相关意义。所以在广告创意过程中，大部分呈现方式都必须运用形象思维进行操作。在广告创作中，可以借用的形象资源包括表象、联想和想象三大类。

（1）表象

所谓表象，是指人在其直觉的基础上形成的感性形象。这种感性形象又可以按在人脑中是否产生新的形象分为两种形式。其中，感知过的事物在大脑中重现的形象叫作记忆表象，由记忆表象或现有直觉形象改造成的新形象叫作想象表象。广告中对产品的直接展示属于记忆表象；而对人们已经积累过的直觉材料进行加工、改造创造出的新的形象是想象表象。需要注意的是，想象表象有时候是对记忆表象的一定程度的夸张，有时候是并不存在的事物的形象，但想象的内容总是源于客观现实的。例如，图6-4中的华为手机广告，以把倾倒的咖啡改换成咖啡豆的形象来体现手机的防水性能。咖啡与咖啡豆是我们记忆表象里的事物，这里把它们结合在一起形成新的想象表象，更好地突出了主题。

图6-4　华为手机广告

图片来源　佚名.小米/诺基亚/魅族，创意广告哪家强？［EB/OL］.［2014-11-30］. http://www.ithome.com/html/digi/114932.htm.

（2）联想

联想是由于事物之间在表象或性质上有相似或相关的联系，由一种事物想到另一种事物的心理过程。其实质是一种简单的、基本的想象活动。联想的基本类型有相关联想、相似联想、对比联想和因果联想。

①相关联想。相关联想是指由于两种不同事物在性质或时间、空间上的相关，使它们之间产生联系，由此产生的思维活动。我们常常说的睹物思人很多时候就是相关联想。例如，图6-5“把安全带上路”的公益广告，画面以爱人、孩子的手充当安全带，很容易联想到当你开车出门时，你的亲人殷切地盼你安全归家。在备感温馨的同时，也让人很愉悦地接受了广告的诉求。

②相似联想。相似联想是由于外形或意义上相似而引起两个事物组合而产生的思维活动。比如，我们由钻石想到爱情，由春蚕想到老师，这是意义相似的联想。广告中更常借助的是外形相似联想。例如，图6-6所示的美涛定型啫喱广告将女孩的头发定型成

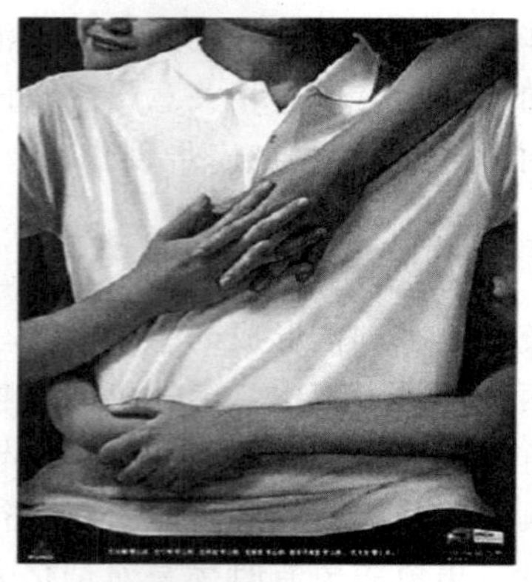

图6-5　三菱汽车广告“把安全带上路”

埃菲尔铁塔的形状，即以相似联想表明了产品的强大功能。纯生啤酒“新鲜，与生俱来”的广告，以新鲜的竹笋类比啤酒的新鲜（如图6-7所示），同样借助了相似联想的思维方式。

图6-6　美涛定型啫喱广告

图6-7　纯生啤酒广告

图片来源　刘立宾.IAI中国广告作品年鉴·2003［M］. 北京：中国传媒大学出版社，2003.

③对比联想。对比联想是由不同事物之间完全对立或存在的某种差异而引起的联想。由大想到小，由黑想到白，是完全对立的对比联想；由琉璃想到玻璃，由知识想到权力，是一种由性能差异产生的对比联想。

对比联想在广告中的运用主要体现在对比广告上。但各国法律规定不同，某些欧美国家，如美国、加拿大等允许发布比较性的广告，所以在这些国家，许多成功的广告就将直接对比联想作为创意来源，最著名的有温蒂汉堡针对麦当劳、百事可乐针对可口可乐的系列广告。例如，在图6-8百事可乐的广告中，其含义一目了然。但我国对对比广告有着严格的限制，广告法规中规定不得贬低其他生产经营者的商品或者服务，所以中国的对比广告在比较对象的选择上很是慎重，不能直接“指名道姓”，以免遭受不正当竞争的起诉。

④因果联想。因果联想是由两事物间存在因果关系而引发的联想。这种联想往往是双向的，既可以由因及果，也可以由果及因。例如，在图6-9“牛奶真牛”（Milk

Power）的广告中，玻璃杯里原是装着牛奶的，越喝越有力，喝完后，竟不知不觉留下了手印。这是对产品功能的夸张性因果联想。

图6-8　百事可乐广告

图6-9　“牛奶真牛”广告

这四种联想活动不是截然分开的，有时候会在各种类型的联想、推想、想象中交替使用。

（3）想象

想象是人脑思维在改造记忆表象的基础上创建未曾直接感知过的新形象和新情境的心理过程。想象的本质是对新形象的创造，具有极大的间接性和概括性。詹姆斯·韦伯·扬说创意是“旧的元素，新的组合”，这种组合其实就是努力找到事物间的联系之处，以表象为基础，以联想为纽带，以想象为拓展，利用原有联系，创造全新组合的创意过程。

6.3　广告创意策略

6.3.1　广告创意的培养

很多人把创意看作一项很神秘、很崇高的天赋，一方面对创意极力推崇，另一方面又对创意望而却步。其实，任何人的创意思维都不是与生俱来的，它是在一般思维的基础上发展起来的，是后天培养与训练的结果。卓别林为此说过一句耐人寻味的话：“和拉提琴或弹钢琴相似，思考也是需要每天练习的。”因此，我们可以运用心理上的“自我调解”，有意识地从几个方面培养自己的创造性思维。作为一项创造性活动，广告创意离不开强烈的动机、高超的能力和绝妙的技巧。下面我们从这三个方面来谈一谈如何加强广告创意的培养。

1）创意动机的培养

詹姆斯·韦伯·扬曾经针对广告人的特征分析做过精辟的阐述，他说：“就我所知，每一个真正有创意的广告人，通常具有两种显著的特征：第一，太阳底下，没有他们不感兴趣的东西；第二，对于任何方面的知识，他们都是贪婪的。我们知道，不论如何健壮的奶牛，不吃东西是挤不出牛奶来的。”由此，我们可知，广泛的兴趣和强烈的求知能力，正是培养和激发创意动机的最有效方法。兴趣是引起创意动机的一个重要因素。任何事情，只有你对其有浓厚的兴趣，你才会不遗余力地去努力、去探寻。产生兴趣—努力创造—获得成功，是创造发明的三部曲。广告创意也不例外，浓厚的兴趣将是你走向创意成功之路的最大动力。

此外，强烈的求知欲和好奇心也是促使人们进行创造性活动的重要动力。古希腊哲学家柏拉图和亚里士多德都说过，哲学的起源乃是人类对自然界和人类自己所有存在的惊奇。他们认为，积极的创造性思维往往是从人们对某个问题感到“惊奇”，在情感上“燃烧”起对这个问题追根究底的强烈的探索兴趣时开始的。因此，要激发自己创造性学习的欲望，首先就必须使自己具有强烈的求知欲。而人的欲求感总是在需要的基础上产生的，没有精神上的需要，就没有求知欲。人要有意识地为自己出难题，或者去“啃”前人遗留下的不解之谜，激发自己的求知欲。追根究底的好奇心和求知欲越强，就越能发挥一切智力因素的能动作用，感知活跃、观察敏锐、专心专注、想象力丰富，从而促成创意的诞生。

2）创意能力的培养

广告创意是一个在调查实验的基础上进行分析、总结、提炼、构思、想象，然后对创意成果进行设计制作并输出的复杂过程。在这个过程中，需要创意者整合运用相应的创意能力，如良好的记忆力、敏锐的观察力、丰富的想象力、准确的评价力、娴熟的操作力等，从而取得好的创意效果。

（1）良好的记忆力

古人云：“读书破万卷，下笔如有神”“熟读唐诗三百首，不会作诗也会吟”。这说明头脑中如果装有大量信息，在构思创意时，就可以随时提取，犹如神助。

记忆虽然不能直接激发创造性的思维活动，却能为创意提供必需的原始信息和基本资料。拥有充分的知识储备和良好的记忆力，就等于拥有一座取之不尽、用之不竭的创意粮仓。而这种深厚广博的知识和信息存储就是创意新思维、新观念的基础。良好的记忆力来自刻苦学习、博闻广记；只有热爱学习，并且经常温故知新，才能拥有良好的记忆力。

（2）敏锐的观察力

在我们的生活中，处处留心皆学问。广告人不能对日常生活漠不关心、麻木不仁，而要有意识地锻炼和培养自己的注意力、观察力，去破解司空见惯的思维定式，发现生命与生活的真正意义。牛顿之所以能够发现万有引力定律，是因为他对人们习以为常的事物进行了独到的观察与思考。爱因斯坦说：“从某种意义上说，人们思维世界的发展，就是对‘惊奇’的不断摆脱。”创意人也要做生活中的有心人，对周围的事物保持观察的热情、敏锐的感知、深邃的思考、认知的愉悦，只有这样才能获得第一手资料，才能及时、敏锐、准确地捕捉到机遇，碰撞出创意的火花。

（3）丰富的想象力

心理学家认为，人脑有四个功能部位：一是接受外部世界信息的感受区；二是将这些感觉收集整理起来的贮存区；三是评价收到的新信息的判断区；四是按新的方式将旧信息结合起来的想象区。只善于运用贮存区和判断区的功能而不善于运用想象区功能的人就不善于创新。据心理学家研究，一般人只用了想象区的15%，其余的还处于“冬眠”状态。开垦这块处女地就要从培养想象力入手。

想象力是人类运用储存在大脑中的信息进行综合分析、推断和设想的思维能力。在思维过程中，如果没有想象的参与，思考就很难发生，特别是创造想象，它是由思维调节的。爱因斯坦说过："想象力比知识更重要，因为知识是有限的，而想象力概括着世界的一切，推动着进步，并且是知识进化的源泉。"爱因斯坦的"狭义相对论"就源于他幼时幻想人跟着光线跑并能努力赶上它。世界上第一架飞机，就源于人们对飞鸟翅膀的幻想。幻想不仅能引导我们发现新的事物，还能激发我们做出新的努力去探索，去进行创造性劳动。

丰富的想象力对创造性思维具有极大的开发作用，它可以从不同方面、不同角度、不同层次对广告主题进行生动形象的展现。创造性想象是对已有的表象进行选择、加工和重组而产生新形象的过程。要培养想象力，一方面要扩大知识范围，增加表象储备；另一方面要多对现有形象进行加工和重组，形成新的表象。可以对自己多提一些"假如"的问题：假如仙人掌会说话，会怎么样？假如存在只有体积没有营养可吸收的事物，会怎么样？假如这个广告由我来设计，我会怎么表现？这些假设问题看似游戏，但能够极大地激发人的想象力，培养人的创造性思维能力。

（4）准确的评价力

评价力，即分析、判断能力，它是对现存的信息评定其优劣性、正确性、适用性的能力。评价力与前三种能力不同，在创意开发阶段，需要记忆力、观察力和想象力来激发灵感，进行开放性、创造性的思考，提出可能解决问题的新方案；而在创意的形成和发展阶段，则需要评价力展开收敛性的分析、思考，进行判断筛选、评估选优，最终确定可行性方案。例如，雀巢速溶咖啡在上市前被人们认为将给人类的便利生活带来革命性变化，但上市之初产品却遭受冷遇。公司调查分析之后发现，雀巢速溶咖啡省时便利的诉求并不被当时咖啡的主要购买人群——家庭妇女所认可，她们认为那样会被别人认为懒惰、浪费，对家庭不负责任。后来，策划机构否定了原来的构想，而诉求于口味——"雀巢咖啡，味道好极了！"这则以体现女性对家庭责任感的新广告推出之后，商品销路很快就打开了。由此可见，评价力在创意过程中发挥着定向作用，直接影响和决定着创意的命运以及今后的广告运作方向。而要培养准确的评价力，就必须养成抽象思维的习惯，凡事多问几个为什么，并善于从日常的琐碎事务中总结和概括出共同特征。

（5）娴熟的操作力

创意的成功不仅需要前面讲的记忆力、观察力、想象力、评价力等认知层面的创意思维能力，而且操作力——行为层面的创意能力也必不可少。广告创意者不能只善于进行创造性思考，还要善于有条不紊地进行创造性实践。而要进行创造性实践，就必须掌握娴熟的操作能力。表现在广告创意中，就是要能够运用语言、文字、符号、图画、音响、色彩等手段来贯彻和落实广告创意，以使完美的创意得到完美的展现。操作能力是否娴熟，取决于操作者的专业素质和技能，这可以通过正规的教育、强化培训和长期的实践来获得。

以上几种能力在创意过程中都起着非常重要的作用，应特别注意开发和训练。

3）创意技巧的培养

（1）组合

詹姆斯·韦伯·扬在其《产生创意的方法》中指出，创意就是旧元素的新组合。所谓组合，就是将原来的旧元素进行重新排列。元素的重组过程，就好像转动一个装着许多彩色碎片的万花筒，每转动一下，这些碎片就会重新组合一次，产生出无穷无尽、变幻莫测的全新图案。

人的思维活动也是如此，大脑就像一个能产生无数图案的万花筒，如果你能够将头脑中固有的旧信息不停地转动重新排列组合，便会有新的发现，进行新的创作。

例如，有这样三个简单的句子：

张三—在操场—打球

李四—在教室—睡觉

王五—在泰山—旅游

经过重新组合后，可能会变成：

张三—在操场—睡觉

李四—在教室—旅游

王五—在泰山—打球

原本平淡无奇的东西，经过重新组合之后，就变得幽默了，就产生了创意。广告中也可以运用文字或词语的重新组合来产生全新的含义。例如，图6-10这则关于“再就业”的公益广告，就是借助汉字的重新组合来表达广告的主题的。而图6-11这则巴西VEJA杂志的形象广告则利用相对立的两个英文单词进行图像化重组，即由“dead”和“alive”组成本拉登的形象，由“peace”和“war”组成小布什的形象，来表明杂志“get both side”（兼听则明）、为读者提供更全面的时政讯息报道的特征。

图6-10　再就业公益广告

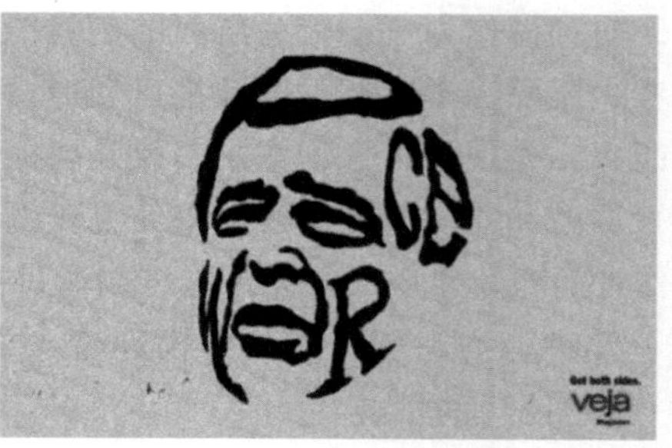

图6-11　巴西VEJA杂志的形象广告

（2）移植

所谓移植，就是把某一事物或某一领域的原理、结构、功能、方法、材料等转移到另一事物或另一领域中去。这种利用更换载体启发发明创造的方法叫移植法。换言之，移植就是在不同事物、不同领域间进行模仿和类比的方法。

例如，在图6-12和图6-13所示的两则广告中，金龙鱼花生油广告将花生的新鲜类比襁褓中的婴儿，形象直观，令人会心一笑；邦迪则把创伤的概念移植到了成长中感情的创伤上，看后令人在产生顿悟的同时强化了对邦迪的印象。

图6-12　金龙鱼花生油广告

图6-13　邦迪广告

图片来源　刘立宾.IAI中国广告作品年鉴·2003［M］．北京：中国传媒大学出版社，2003.

（3）逆向

逆向是指打破传统的思维方法、思维方向，反其道而“思”之。这里的逆向不是简单的表面的逆向，不是“别人说东，我偏说西”，而是真正从逆向中取得独到的、科学的、令人耳目一新的、超出正向效果的成果。其实正向和逆向本来就是对立统一、不能截然分开的，只有以正向思维为参照和坐标进行分辨，才能显示逆向的突破性。

在下面的一则广告中，UPS快递广告（如图6-14所示）借北京申奥成功，突出好消息带给中国人民的振奋心情，同时以“只有好消息比我们早到”的承诺反证其速度。

图6-14　UPS快递广告

图片来源　刘立宾.IAI中国广告作品年鉴·2003［M］．北京：中国传媒大学出版社，2003.

（4）幽默

幽默是指广告作品中巧妙地再现喜剧性特征，抓住生活现象中局部性的东西，通过人们的性格、外貌和举止的某些可笑特征表现出来。

幽默的表现手法，往往是运用饶有风趣的情节、巧妙的安排，把某种需要肯定的事物无限延伸到漫画的程度，营造一种充满情趣、引人发笑而又耐人寻味的意境。幽默的矛盾冲突可以取得出乎意料又在情理之中的艺术效果，引发观赏者会心的微笑，以别具一格的方式，发挥艺术感染力的作用。图6-15就很好地诠释了幽默手法在广告作品中的独特魅力。

图6-15　光可鉴人的Nugget鞋油

（5）适度夸张

文学家高尔基指出："夸张是创作的基本原则。"夸张，就是借助想象，对广告作品中所宣传的对象的品质或特性的某个方面进行相当明显的过分夸大，以加深或增强对这些特性的认识。这种手法能更鲜明地强调或揭示事物的实质，增强作品的艺术效果。夸张是在一般中求新奇变化，通过虚构把对象的特点和个性中美的方面加以夸大，带给人们一种新奇与变化的情趣。图6-16就是成功运用夸张手法所做的一则刀具广告，图6-17则是一则极具夸张效果的减肥广告。

按其表现特征，夸张可以分为形态夸张和神情夸张两种类型：前者为表象性的处理品，后者则为含蓄性的情态处理品。夸张手法的运用，为广告的艺术美注入了浓郁的感情色彩，使产品的特征鲜明、突出、动人。

（6）比喻

比喻是指在设计过程中选择两个互不相干而在某些方面又有些相似性的事物，"以此物喻彼物"，比喻的事物与主题没有直接关系，但是在某一点上与主题的某些特征有相似之处，因而可以借题发挥，进行延伸转化，取得"婉转曲达"的艺术效果，如图6-18所示的钙片广告。与其他表现手法相比，比喻手法比较含蓄，有时难以一目了然，但一旦领会其意，便能给人以回味无穷的感受。

图6-16　异常锋利的WMF刀具广告

图6-17　减肥广告

以上介绍的六种方法，是最常见的培养创意的技巧，掌握了这六种方法，我们就可以在创意过程中举一反三、触类旁通。

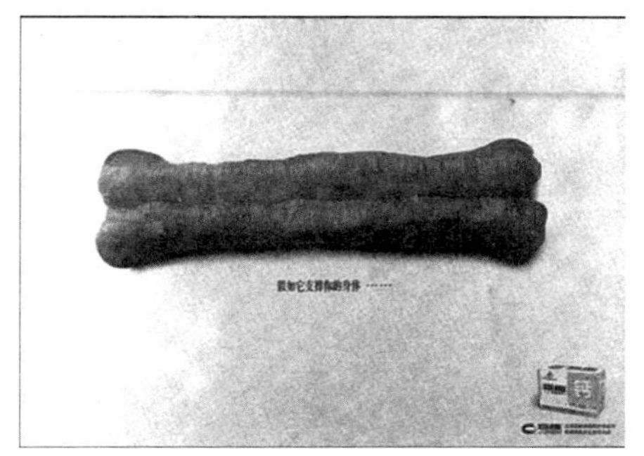

图6-18 巨能钙广告

图片来源 刘立宾.IAI中国广告作品年鉴·2003［M］. 北京：中国传媒大学出版社，2003.

6.3.2 广告创意的思维方法

广告创作人员在进行广告创意时，不仅需要具有较强的创意动机、能力和技巧，而且需要掌握一定的科学创意方法。一般常见的创造性思维方法有以下三种：

1）头脑风暴法

头脑风暴法（Brain Storming），又称智力激励法、BS法，原意为让头脑像风暴一样运行起来，以直击问题。这种方法的实质就是通过集思广益进行创意思维。

头脑风暴法是由美国BBDO广告公司副经理A.F.奥斯本于1939年首次提出、1953年正式发表的一种激发创造性思维的方法。它通过小型会议的组织形式，让所有参加者在自由愉快、畅所欲言的气氛中，自由交换想法或点子，并以此激发与会者的创意及灵感，使各种设想在思维的相互碰撞中激起脑海里的创造性“风暴”。它适合解决那些比较简单、严格确定的问题，如研究产品名称、广告口号、销售方法、产品的多样化等，以及需要大量的构思、创意的行业，如广告业。

头脑风暴法的操作程序为：

（1）准备阶段。CI策划与设计的负责人应事先对所议问题进行一定的研究，弄清问题的实质，找到问题的关键，设定解决问题所要达到的目标；同时，选定参加会议人员，一般以5~10人为宜，不宜太多；然后将会议的时间、地点、所要解决的问题、可供参考的资料和设想需要达到的目标等事宜一并提前通知与会人员，让大家做好充分的准备。

（2）热身阶段。这个阶段要营造一种自由、宽松、祥和的氛围，使大家得以放松，进入一种无拘无束的状态中。主持人宣布会议开始后，先说明会议的规则，然后随便谈点有趣的话题或问题，让大家的思维处于轻松和活跃的境界。

（3）明确问题。主持人简要地介绍有待解决的问题。介绍问题时需简洁、明确，不可过分讲解；否则，过多的信息会限制人的思维，干扰想象力。

（4）重新表述问题。经过一段时间的讨论后，大家对问题已经有了较深程度的理解。这时，为了使大家对问题的表述具有新角度、新思维，主持人或书记员要记录大家的发言，并对发言记录进行整理。通过对记录的整理和归纳，找出富有创意的见解，以及具有启发性的表述，供下一步畅谈时参考。

（5）畅谈阶段。畅谈是头脑风暴法的创意阶段。为了使大家能够畅所欲言，需要制定的规则有：第一，不要私下交谈，以免分散注意力；第二，不要妨碍及评论他人的发言，每人只谈自己的想法；第三，发表见解时要简单明了，一次发言只谈一种见解。主持人首先要向大家宣读这些规则，随后引导大家自由发言、自由想象、自由发挥，彼此相互启发、相互补充，真正做到知无不言、言无不尽，然后对会议发言记录进行整理。

（6）筛选阶段。会议结束后的一两天内，主持人应向与会者了解大家会后的新想法和新思路，以此补充会议记录；然后将大家的想法整理成若干方案，再根据CI设计的一般标准，诸如可识别性、创新性、可实施性等进行筛选；经过多次反复比较和优中择优，最后确定1～3个最佳方案。这些最佳方案往往是多种创意的优势组合，是集体智慧综合作用的结果。

头脑风暴法具有时间短、见效快的优点。但也有不可避免的缺点，即受到与会者经验，知识的深度、广度，创造性思维能力等方面的限制。另外，由于构想既多又杂，给筛选和评估带来了一定的困难。为了克服这些缺点，人们在此基础上，又发展了其他形式的头脑风暴法，如质疑头脑风暴法。这种方法是同时召开两个动脑会议：第一个会议内容同上；第二个会议则是对第一个会议所提出的所有设想进行质疑评估，即评估那些设想是否可行、如何才能行得通等，在此次会议上不允许对设想进行确认性的论证。

2）发散思维法

发散思维法又称辐射思维法，是一种不依常规、寻求变异、从多方面探索答案的思维方式。它是从一个目标或思维起点出发，通过丰富的想象力，沿着不同方向，顺应各个角度，将原来的知识、观念、信息重新组合，从而提出各种设想，寻找各种途径，解决具体问题的思维方法。

有这样一个经典案例：罗马一出版商为售出滞销的书，想尽办法托人给总统看，但总统工作很忙，无暇顾及。该出版商再三请求总统提意见，总统随口说了句“此书甚好”。该出版商马上推出广告词：“现有总统评价很高的书出售。”结果积压的书一售而空。另一出版商见状，也用此法，总统觉得已被利用了一回，这次说了句：“此书很糟。”相应出台的广告词为：“兹有总统批评甚烈的书出售。”结果该书也卖得很火爆。又一出版商马上也送了一套书给总统，总统这次决心不加理睬，于是，第三个广告词表述为：“现有连总统也难以下结论的书出售。”他的书销路居然也很好。

关于发散思维的训练方法，有以下几种：

（1）材料发散法，以某个物品尽可能多的“材料”为发散点，设想它的多种用途。

（2）功能发散法，从某事物的功能出发，构想出获得该功能的各种可能性。

（3）结构发散法，以某事物的结构为发散点，设想出利用该结构的各种可能性。

（4）形态发散法，以某事物的形态为发散点，设想出利用某种形态的各种可能性。

（5）组合发散法，以某事物为发散点，尽可能地把它与别的事物进行组合，变成新事物。

（6）方法发散法，以某种方法为发散点，设想出利用该方法的各种可能性。

(7) 因果发散法，以某个事物发展的结果为发散点，推测出造成该结果的各种原因，或者由原因推测出可能产生的各种结果。

发散性思维最重要的特点就是跳跃性，能够使人突破原来的知识圈，克服传统方式所造成的偏执，任由丰富的想象自由驰骋，海阔天空般异想天开，从而产生全新的构思和创意。

3）聚合思维法

聚合思维，又称辐合思维、收敛思维和集中思维。它以某个问题为中心，运用多种方法、知识或手段，从不同的方向和角度将思维指向这个中性点，以达到解决问题的目的。它的思维指向与发散思维恰恰相反：发散思维是从一个中心点——问题出发，使思维向四面八方扩散开去；聚合思维则是将各种思维路径从四面八方向一个确定的问题集中。发散思维是一种水平方向的横向思维，聚合思维是一种垂直方向的纵向思维。

英国心理学家爱德华·德·波诺博士对这两种思维方法进行了详细的比较：

(1) 垂直思维是选择性的，水平思维是生生不息的。

(2) 垂直思维的移动，是只在有了一个方向时才移动；水平思维的移动则是为了产生一个新的方向。

(3) 垂直思维是按部就班的，水平思维则可以跳来跳去。

(4) 垂直思维是分析性的，水平思维则是激发性的。

(5) 垂直思维者必须每一步都正确，水平思维者则不必。

(6) 垂直思维为了封闭某些途径要用否定，水平思维则无否定可言。

(7) 垂直思维要集中排除不相关者，水平思维则欢迎新东西闯入。

(8) 用垂直思维，类别、分类和名称都是固定的；用水平思维则不必。

(9) 垂直思维探索最有可能的途径，水平思维则探索最不可能的途径。

(10) 垂直思维是无限的过程，水平思维则是或然性的过程。

资源28（文本）

发散思维与聚合思维

通过上述比较，我们可以看出：发散思维和聚合思维不仅在思维方向上相反，而且在所起的作用上也正好相反。发散思维有利于增强思维的广阔性、开放性，但容易偏离目标；聚合思维有利于加强思维的深刻性、集中性、系统性，但容易故步自封，缺少变化。在开发创意阶段，发散思维占主导地位；在选择创意阶段，聚合思维占主导地位。

创意就是在这种发散-聚合-再发散-再聚合的循环往复、层层深入中脱颖而出的。

以上介绍的三种思维方法各有特点，在进行广告创意时应根据实际情况灵活运用。

本章小结

广告创意是广告人员对广告进行的创造性的思维活动，是为了达到广告目的，对未来广告的主题、内容和表现形式所提出的具有一定价值的创造性的“主意”。创意活动离不开一些基本原则，如独创性原则、实效性原则、科学与艺术融合原则、合理合法性原则等。

当今广告界影响深远、使用广泛的广告创意原理主要有：USP理论、品牌形象理论、ROI理论、定位理论等。

詹姆斯·韦伯·扬将创意的思考过程划分为五个阶段：准备期、孵化期、启示期、验证期、形成期。广告创意思维包括抽象创意思维和形象创意思维两大类。其中，抽象创意思维是指在广告创意的过程中，将广告产品本身的诸多事实作为创意的着眼点，以产品本身的直接或间接元素来寻求创意来源。具体来说，其主要是从产品名称、包装、制造方式（直接因素）和产品历史、刊出的媒介等方面获取创意。形象创意思维，是以具体、直观的形象为元素进行创造性表现的思维方式，在广告创作中，可以借用的形象资源包括表象、联想和想象三大类。

广告创意思维是在一般思维的基础上发展起来的，是后天培养与训练的结果。作为一项创造性活动，广告创意离不开强烈的动机、高超的能力和绝妙的技巧，我们应从这三个方面努力，培养自己的创造性思维。

广告创作人员在进行广告创意时，不仅需要有较强的创意动机、能力和技巧，而且需要掌握一定的科学创意方法。常见的创造性思维方法有头脑风暴法、发散思维法、聚合思维法三种。

关键概念

创意思维　USP理论　品牌形象理论　ROI理论　头脑风暴法　发散思维法　聚合思维法

复习思考题

第6章测一测

1）什么是广告创意？广告创意遵循的原则有哪些？

2）简述USP理论、品牌形象理论、ROI理论的相关内容。

3）广告的创意过程包括哪几个步骤？

4）什么是广告的抽象创意思维？抽象创意思维获取创意的源泉有哪些？

5）什么是广告的形象创意思维？广告中可以借用的形象资源有哪些？

6）创意思维是与生俱来的吗？说说你的理解。

7）有人认为，在广告创意过程中，想象力比知识的储备和良好的记忆力更重要，你认为呢？

专业技能训练

1）脑力激荡：假设有一家蛋糕店想在中秋节前夕开展一次广告策划活动，请你们以小组为单位，采取头脑风暴法为其提供广告策划主题，并创作两到三条最佳广告标语。

2）请运用发散思维法谈谈书和手表的用途，并为某一本书和某品牌手表各提出一个广告创意主题和口号。

本章参考文献

［1］倪宁．广告学教程［M］．4版．北京：中国人民大学出版社，2014.

［2］陈培爱.现代广告学概论［M］．4版．北京：首都经济贸易大学出版社，2018.

［3］李东进，秦勇．广告学：理论、方法与实务［M］．北京：人民邮电出版社，2019.

［4］威尔斯，等．广告学原理与实务［M］．桂世河，王长征，译．9版．北京：中国人民大学出版社，2013.

［5］刘世忠，严艳萍．广告创意实务［M］．北京：首都经济贸易大学出版社，2016.

第7章 广告创作

学习目标

通过学习本章，你应该：

了解广告文案的构成要素、诉求方法及写作原则；了解报纸、杂志广告的版面设计与广告制作步骤；了解广播、电视广告的构成要素与广告制作流程。

理解文案的使命是形成动机与欲望，建立信任感，但文案的写作没有固定的格式可套用，全在于文案创作者的悟性及勤奋；广告设计只有契合了受众的审美标准，才能创造出具有视觉感染力的广告作品；新形态的广告制作需要提升设计制作的趣味性和体验性，激发受众参与，促使受众沉浸其中。

引例　　顶尖广告人的写作之道

如果你想创作收入丰厚的文案，则取悦客户；如果你想创作容易得奖的文案，则取悦自己；如果你想创作伟大的文案，则取悦读者。

你的工作是为客户创造出“最好的自我”。怎样才能让人读你的文案？大承诺，是广告的灵魂。

你要寻找能把客户居处的狭小、藩篱处处的世界与人们真正关心的广大、阳光普照的世界关联起来的方法。止汗剂的重点不是保持干爽，而是受人喜爱；汽车的重点不在于运输；食品不在于让人吃饱；饮料也不在于止渴，凡此种种。

让自己对某个别人看起来可能都觉得异常无聊的产品或服务（比如包裹快递）真正兴奋，通常对自己有帮助。

你的文案的开头第一句可能比标题重要得多。一个FCB的创意总监曾经告诉我，只有4%的读者会不管文案写得多烂都读到70%以上的内容，你的任务就是要击败这个比率。

要找个好开头，乡村和西部歌曲值得好好研究，即使它们不若泉源般不竭，也会如喷泉般不时喷洒出共同的情感经验或者一针见血的警句。

我最喜欢的乡村音乐歌词：“If your phone doesn’t ring，it’s me.”这些是每个在商业写作的黑暗阴沟里摸索挣扎的人都该好好看看的绝妙字词运用典范。

大部分人的生活呆滞、无聊又漫长。如果你能带给他们一点暂时的变化、一个在哪里有好玩的事情可能会带来一点改变的承诺，他们就会爱上你。

当然，如果你说谎，他们也会把你撕成碎片。所以让事实尽可能越有趣越好，而且绝不轻视你的阅听人。他们比你有智慧，而且活得比你久。

——史蒂夫·海登

资料来源　根据百度文库相关资料整理.

7.1　广告文案

广告文案，又称广告文稿，即我们通常说的广告词，是指广告中的语言文字部分。

广告文案是广告作品中表现广告主题、传递广告信息的最主要部分。文案的使命是形成动机与欲望，建立信任感，给消费者在众多品牌中找一个一定要选择某一品牌的理由。一篇精彩的广告文案能做到“不由你不信”，平庸的文案只能做到“信不信由你”。因此，广告文案要拒绝平庸，更忌讳抄袭。要使广告获得成功，必须在广告文案创作上多努力。

7.1.1　广告文案的构成

1）结构

一篇完整的广告文案是由标题、正文、口号、随文四部分构成的。这四部分构成要素分别传达不同信息，发挥不同作用。一个有意思的现象是，如果我们再加上一个副标题，那么这五个部分恰好对应广告中的AIDCA功能模式（见表7-1）。

表7-1 广告文案的结构要素

序号	结构要素	功能与效果	代码
1	标题	引起注意	A
2	副标题	保持兴趣	I
3	正文	挑起欲望	D
4	口号	建立信心	C
5	随文	促使行动	A

所谓AIDCA功能模式，是指广告对受众产生效果的五阶段原理，分别对应注意（Attention）、兴趣（Interest）、欲望（Desire）、确信（Conviction）、行动（Action）。我们可以一个文案案例来阐述文案各构成要素所负载的功能。

案例7-1  威廉·伯恩巴克为奥尔巴克百货公司撰写的广告文案

标题：慷慨地以旧换新

副标题：带着你的太太，只要几块钱……我们将给你一个全新的女人

正文：为什么你硬是欺骗自己，认为你买不起最新的与最好的东西？在奥尔巴克百货公司，你不必为美丽的东西而付高价。有无数种衣物供你选择——一切全新，一切使你兴奋。

现在就把你的太太带给我们，我们会把她换成可爱的新女人——仅仅花几块钱而已。这将是你有生以来最轻松愉快的付款。

口号：百万的生意　毫厘的利润

随文：奥尔巴克　纽约·纽瓦克·洛杉矶

在上面这则文案中，标题“慷慨地以旧换新”很快会吸引读者的注意，继而以“带着你的太太，只要几块钱”以及“我们将给你一个全新的女人”让受众颇为不解，但也十分有趣，于是继续兴致满满地往下读，然后正文中对受众的疑问进行了解答：原来是奥尔巴克百货公司的衣物价廉物美，能够以便宜的价格将太太们打扮一新。幽默的行文已经激起了读者想要试一试的欲望。当人们看到广告口号“百万的生意　毫厘的利润”时，更增信心。这时候，随文“奥尔巴克　纽约·纽瓦克·洛杉矶”的地点信息，则激发读者到实地看看，进而促成购买行为。

完整的广告文案结构可以有效地提升信息传达效果，也可为文案写作提供基本的思路。但这几部分构成要素并不是每次都同时出现的，由于媒体的不同，或出于与画面配合的考虑，文案也可能以某一项或多项的方式出现。这时候文案人员就不能墨守成规，只要达到目标的文案都是好文案，或许还更出色。

2）标题

标题是每一个广告作品为传达最重要或最能引起诉求对象兴趣的信息，而在最显著位置以特别字体或特别语气突出表现的语句。标题的作用就在于在最短的时间内传递出最重要的信息或者引起诉求对象的注意。

有调查证明，看标题的人数平均是看广告正文人数的5倍。广告效果的50%～70%是注目文字的作用，注目文字也就是广告标题和标语。人们常说“题好文一半”“题高文自高”，广告也是如此，标题是文案的关键点。大卫·奥格威认为：“标题是大多数平面广告最重要的部分。它是决定读者读不读正文的关键所在。”标题还是文案与创意的纽带，精妙的标题可以一针见血，直指创意核心，让广告的创造性充分展现。例如，雀巢咖啡的两则广告标题——“别拦着我”（如图7-1所示）和“新欢”（如图7-2所示），结合画面，很好地表达了创意主题。

要吸引诉求对象，标题必须有足够的吸引力。标题的吸引力蕴含在它的内容和形式上，引人入胜的标题会使正文的阅读率成倍提高。在标题的撰写过程中必须注意以下三个要点：

①紧扣创意。把创意的最巧妙之处融入标题中，准确地直指核心，并且要集中于一点。

图7-1 雀巢“别拦着我”广告

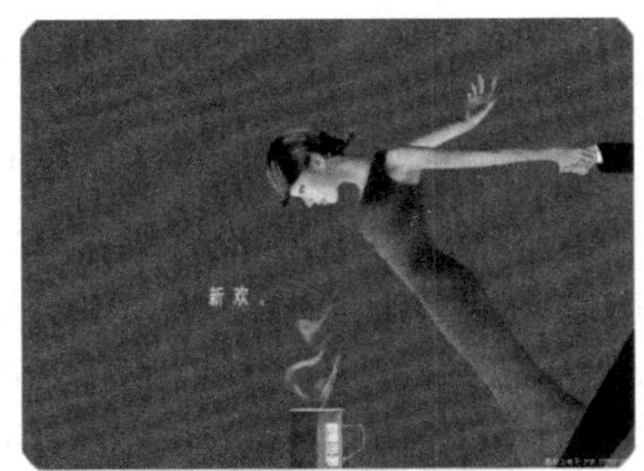

图7-2 雀巢“新欢”广告

②避免平铺直叙。平铺直叙最能准确表述，但无助于吸引读者，应去寻找出人意料的角度。

③语言简洁凝练。注意使用个性化语言，能有助于体现产品的特性。

现代广告对标题越来越重视，广告标题也越来越新颖、醒目。要想在众多的广告中脱颖而出，广告的标题更需要一些创造性手法。下面列出几种常用的手法：

（1）类比式标题

它是指寻找诉求对象司空见惯的事物，与广告诉求重点作贴切、生动的类比。例如，保时捷汽车曾做过一则平面广告，它的标题是“她就像一个孩子，你还没有就不会理解拥有的感觉”，非常生动。

（2）新闻式标题

它是指以发布新闻的姿态传递新的信息，或者为了强调广告信息的价值，通过类似新闻式的标题以新意来吸引读者。例如，派标管业为突出其新型管材的防腐性做的广告语“派标反腐行动”就很有新意，也切合了当下的消费心理。

（3）疑问式标题

它是指以设问或反问的方式引起诉求对象的好奇心，把读者拉入广告中。例如，Timberland野外休闲鞋曾做过一则以精湛的制造工艺为诉求重点的广告，就是以深具趣味性的标题吸引读者的：“鞋上有342个洞，为什么还能防水？”其确实很有吸引力。

（4）故事/叙事式标题

它是指暗示一个引人入胜的故事即将开始。其经典之作有广告大师乔治·葛里宾为箭牌衬衫写的标题：“我的朋友乔·霍姆斯，他现在是一匹马了。”

（5）命令/祈使/建议式标题

它是指站在企业或产品的立场针对诉求对象说话，也可以诉求对象的口吻说出，有着一定的敦促力量。例如，“现在流行第五季”（第五季饮料），“不要告诉我怎么做才是对的”（耐克女鞋）。

（6）悬念式标题

它是指设置某种悬念，引发诉求对象的好奇心理，引导读者寻求结局。例如，伯恩巴克写的经典的广告标题：“这是我的秘密”“我们寻出了琼的底细”。

优秀的标题可以说是整个文案的灵魂，也是整篇文案创造力的凝聚点。只有思路开阔，并且尝试语言文字表达的多种可能性，才能写出有效传达信息或有效吸引读者的标题。

3）正文

正文是广告作品中承接标题、对广告信息进行展开说明、对诉求对象进行深入说服的语言或文字内容，是诉求的主体部分。出色的正文对建立消费者的信任、令他们产生购买欲望起着关键性的作用。此外，正文还能展现企业形象、营造产品销售氛围。

广告的诉求不同，广告主和产品不同，广告的具体内容也会千变万化。但要写入正文的内容，不会脱离以下三个层次：

（1）诉求重点

诉求重点是广告的核心内容。在企业形象广告中，诉求重点常常是企业的优势或业绩；在品牌形象广告中，诉求重点集中于品牌特性；在产品广告中，诉求重点集中于产品或服务的特性和对消费者的利益承诺；在促销广告中，诉求重点是更具体的优惠、赠品等信息。

（2）诉求重点的支持点或深入解释

正文必须提供更多、更全面的信息，使诉求重点更容易理解、更令人信服。如果广告的目的不在于传达具体的信息，而在于情感沟通，情感性的内容也需要深入展开，以增强感染力。

（3）行动号召

如果广告的目的是直接促销，而不是建立品牌形象，正文还需要明确地号召购买、使用、参与，并说明获得商品或服务的方法以及带给消费者的利益。

不同的产品或服务以及不同的企业在广告中的表现形式各不相同，正文的表现形式也是多种多样。适当的表现形式能使广告更具有说服力。常用的表现形式有：

第一，客观陈述式：不借助任何人物之口，直接以客观口吻展开诉求。这是最常用的方法。从形式上看，似乎没有创意，其实不然，创意再与众不同的广告，当它要在正文中展开诉求时，也会以诉求对象看得懂的外在形式来表现。只要文案撰稿人在写作正文时能够准确把握创意概念，即使是客观陈述，也能让创意的力量充分发挥。

第二，主观表白式：以广告主的口吻展开诉求，直接表白“我们”将如何或正如何。这种方式在表述企业观点、态度以及在产品或服务上所做的努力方面有更大的自由，但前提是必须有好的创意概念。伯恩巴克为德国大众“甲壳虫”汽车所做的文案可以说是主观表白的典范。

案例7-2  大众“甲壳虫”汽车广告

标题：想想小的好处

正文：我们的小车并不标新立异。许多从学院出来的家伙不屑于屈身于它；加油站的小伙也不会问它的油箱在哪里；没有人注意它，甚至没有人看它一眼。

其实，驾驶过它的人并不这样认为。因为它耗油少，不需要防冻剂，能够用一套轮胎跑完40 000英里的路。这就是为什么你一旦用上我们的产品就爱不释手的原因。

第三，代言人式：以代言人的口吻和诉求对象说话。这是电视广告最常用的方式。让代言人说出自己了解的情况，语言必须符合其身份与个性。

第四，独白式：以虚构人物或者广告中的角色内心独白的方式展开诉求。这种形式不是直接与诉求对象说话，独白者可以回忆自己的经历、表明观点、抒发情感，可以有鲜明的感情色彩，以诱发诉求对象的情感共鸣。

案例7-3  山水音响的广播广告

（一个视障女孩的声音）：从小我就生活在黑夜里，妈妈说，天是蓝的，树是绿的，花是彩色的，爱是永恒的，可是，一切都与我无缘，只有失望、沮丧陪伴着我。终于，在20岁生日那天，我“看”到了，她比妈妈说得更绚烂、更夺目，她像涓涓流水滋润着我，那种感受将永驻心底。

（男声）山水音响，听到的风景一样美丽。

【解析】文案从视障女孩的独白入手，讲述山水音响带给她的人生变化，“听到的风景一样美丽”，让受众不仅对女孩充满怜惜之情，同时也记住了山水音响诗一般的音质效果。

第五，对白式：通过广告中的人物的对话与互动展开诉求。这种方式常用于电视广告中。

第六，故事式：将正文写成一个完整的故事，描述有吸引力的故事情节，让企业、产品或者服务在故事中担当重要角色，将广告诉求以常理的逻辑关系自然地融入故事中。这种方式常用于平面广告中。

另外，在正文的写作过程中，一些反复出现在成功广告中的手法也值得我们注意：

第一，多讲述一些不为人知的事实。人们总是对新鲜事物特别感兴趣，产品背后有许多鲜为人知的素材，如果被挖掘出来会是绝佳的题材。

第二，尽量增强趣味性。正文越长，越需要有趣味性。新鲜的事实、生动的人物和情节、令人忍俊不禁的幽默都可以增强正文的趣味性。

第三，诚实的态度。这不仅是指介绍信息时的真实度，在文字表现形式上也不能夸夸其谈、花言巧语，不能粉饰，更不能欺骗。

第四，如同白话。广告不必刻意追求精致，应讲究实效，华丽的辞藻会让人敬而远之。

也有一部分广告的目的是树立形象或只传递非常明确且容易理解的信息，几乎没有正文。这通常需要广告的视觉效果好或者标题已经能够明确传达信息。

4）广告语

广告语又称广告口号、主题句、标题句，是为了加强诉求对象对品牌、企业、产品或服务的印象而在广告中长期、反复使用的简短的口号性语句。它基于长远的销售利益，向消费者传达一种长期不变的观念。

广告语在广告运作中有着画龙点睛的作用，它有着既定的特性：①广告语应是简短有力的口号性语句，不简短则不利于重复、记忆和流传；②广告语传递的是浓缩的观念性信息，它通常是产品和企业的核心观念；③广告语适合长期广泛地反复使用，有利于将企业、产品的观念延续下去，不断加深其在受众脑海中的印象。

广告语在长期的发展中形成了一定的风格，在写文案时可以根据企业和品牌的特性以及广告的内容，选择不同的风格。

（1）一般陈述。它是指使用正式的语言、普通的句式、陈述性语气。这种广告语不事张扬，但是可以显示企业或品牌沉着自信的气质。例如，诺基亚“科技以人为本”；《新快报》“新锐、新知、新见”；中信银行“承诺于中，至任于信”。

（2）诗化。传达感性信息时，使用稍具文学性的语言风格更能营造氛围。例如，戴比尔斯钻石“钻石恒久远，一颗永流传”；铁达时表“不在乎天长地久，只在乎曾经拥有”；《中国旅游报》“坐地日行八万里，神州内外收眼底”。

（3）口语。口语生动活泼，语气鲜明，适合生活类产品。例如，“牙好，胃口就好，身体倍儿棒，吃嘛嘛香”；“Just do it”；“我就喜欢”。

资源29（文本）

中英文对照经典广告语

还有一些企业的广告语使用郑重语气，做宣传式表达，这种风格可以突出企业的气魄。例如，飞利浦的口号是“让我们做得更好”。

广告语在写作时忌讳流于空洞。它有着一定的写作要领：①力求简洁。浓缩的就是精华，去掉不必要的修饰。②单纯明确。其体现的观念要单一明确。③避免空洞的套话，使之有独特性。语句不能晦涩难懂，更要避免虚假的大话。④要有很强的适应性，既要避免时间和地域色彩，又要能适应各种媒介的广告使用。⑤在用词、内容、句式、语气等方面还应该追求个性，以能够在众多的广告语中脱颖而出，被消费群体记住。

5）随文

随文又称附文，是广告中传达购买产品或接受服务的方法等基本信息，促进或者方便诉求对象采取行动的语言或文字。它一般出现在影视广告的结尾或印刷品的最边角，但是它不是可有可无的，它是正文的补充，是广告诉求的最后推动。

随文包括购买产品或获得服务的方法、权威机构的认证标志、与诉求对象联系的电话号码、公司的网址、品牌名称与标志、特别说明以及意见反馈表格等。随文既可以直接列明，也可以以委婉的附言形式出现。

文案有一定的信息传递模式，但并不意味着按照这种模式写下来就是成功的文案。在这一模式下，文案撰稿人有广阔的自由发挥空间，可以充分展示自己的创造力，写出富有魅力的佳作。

7.1.2　广告文案的诉求

广告文案是一种综合性的艺术体裁，涵盖了文学作品和应用文等所有的文体形式；同时，广告文案又是一种具有强烈功利色彩的经济应用文体。广告文案必须具有极强的诱导性，才能吸引人注意，使人产生兴趣、激发欲望、促成行动，达到促销的目的。

文案的威力要借助诉求方法才能得以实现。在文案的写作过程中，需要针对不同的产品、不同的诉求对象运用不同的广告诉求手法。在不断寻找有效的说服途径的过程中，针对消费者认知和情感投入的差异，广告发展出理性、感性和情理结合三种最主要的诉求手法。广告使用的诉求手法应该视消费者在购买不同的产品时理性和情感投入的程度而定。理性诉求可以多种方式传达具体信息、进行观念说服；感性诉求则可以充分挖掘与消费行为相关的多种情感与情绪。

1）理性诉求

理性诉求定位于诉求对象的认知，真实、准确地传达企业、产品、服务的功能性利益，为诉求对象提供分析判断的信息，或明确提出观点并进行论证，促使消费者经过思考后，理智地进行判断。理性诉求既可以做正面说服，传达产品、服务的优势和购买产品、接受服务的利益，也可以做负面说服，说明或者展现不购买的影响或危险。

理性诉求的基本思路是：明确传递信息，以信息本身和具有逻辑性的说服加强诉求对象的认知，引导诉求对象进行分析判断。理性诉求的具体内容多种多样，但手法主要有以下几种：

（1）阐述重要的事实：直陈、数据、图表、类比

当广告集中传达产品的特性、性能、购买利益时，阐述最重要的事实并做利益承诺是最常用的手法。阐述的语言要求精练、准确。经常采用直接陈述、提供数据佐证、列图表、与同类产品类比等方法，为诉求对象提供相关信息。

（2）解释说明：提供成因、示范效果、提出和解答疑问

在传达产品特性时，广告还可以做一系列的特性演示并示范功能和效果，从而加深诉求对象的理解。提供成因或示范效果均可以图文结合的方式展现，以增强可信度。而

提出疑问并解答的方式可以有效地将诉求对象的关心点引向广告的诉求重点。

（3）理性比较：比较、防御和驳斥

理性比较是指比较主要采用理性诉求的方式进行，和竞争对手做比较，以凸显自身的优势。这样既可以含蓄地比较，不指明品牌，也可以针锋相对地比较。优势品牌通过比较可以展示自身的优势；弱势品牌通过比较可以提升品位，展示其独特之处。

（4）观念说服：正面立论与批驳错误观念

理性诉求还可以就产品或服务给诉求对象带来的新的消费观念、产品选择观念、企业理念或者观点进行深入说服。其既可以从正面来阐述自己的新观念或新理念，也可以反驳旧有的错误观点。

案例7-4  广州时代玫瑰园楼盘系列广告文案

（1）广州时代玫瑰园楼盘广告（1）（如图7-3所示）

标题：没有先锋，就没有新时代！

正文：18世纪的法国R.M.修女，发明了避孕药。

当时，人们说这是一种耻辱；

现在，我们说，她开创了女性自由的审美新时代。

（2）广州时代玫瑰园楼盘广告（2）（如图7-4所示）

标题：没有先锋，就没有新时代！

正文：1874年，莫奈的画在巴黎展出。

当时，人们用“印象派”来讥讽他；

今天，我们说，就是莫奈，开创了印象画派的先河。

图7-3　广州时代玫瑰园楼盘广告（1）

图7-4　广州时代玫瑰园楼盘广告（2）

（3）广州时代玫瑰园楼盘广告（3）（如图7-5所示）

图7-5　广州时代玫瑰园楼盘广告（3）

标题：没有先锋，就没有新时代！

正文：1900年，埃菲尔铁塔面世。

当时，人们说它只是一座丑陋的铁制怪物；

现在，我们说，它是法国现代艺术的开端。

图片来源 佚名.广州时代玫瑰园二期整合推广［EB/OL］.［2004-06-21］. http：//www.doc88.com/p-18865474593.html.

【解析】该系列文案通过“我们”的观点直陈，既展示了楼盘的先锋美学趣味，适应了目标消费群体先锋、时尚的生活方式，又表达了其个性追求。

（5）不购买的危害：恐惧诉求

恐惧诉求也是理性诉求的常用方法，展现购买的利益和不购买的危害，描述某些使人不安、担心、恐惧的事件或发生这些事件的可能性。但要注意：广告展现的恐惧程度要适当，恐惧诉求必须与定位对象有适当的距离。奥美广告公司（中国台湾）前创意总监孙大伟先生为美商保德信人寿保险公司所做的“智子篇”就是一个比较有效的恐惧诉求广告。

案例7-5  美商保德信人寿保险公司的“智子篇”广告

日航123次航班波音747客机，在东京羽田机场跑道升空，飞往大阪，时间是1985年8月15日下午6点15分，机上载有509名乘客和15位机组成员。45分钟后，这班飞机在群马县的偏远山区坠毁，仅4人生还，其余520人已成为空难的统计数字……

在空难现场一个沾有血迹的袋子里，智子女士发现了一张令人心碎的信条。在别人惊慌失措、呼天抢地的机舱里，为人夫、为人父的谷口先生写下了给妻子的最后叮咛：“智子，请好好照顾我们的孩子，就像他要远行一样。”

你为谷口先生难过吗？还是为人生的无常而感叹？免除后顾之忧，坦然面对人生，享受人生，这就是保德信117年前成立的原因。走在人生的道路上，没有恐惧，永远安心——如果你与保德信同行。

【解析】广告依据一份空难书信而设计，让受众备感人生的风险和生命的脆弱的同时，也想到应该为自己、为家人买一份保德信人寿保险。

2）感性诉求

感性诉求是以人性化的内涵接近受众的内心，让他们参与或者分享产品或服务所带来的某种愉悦的精神享受，使之与品牌之间建立情感联系，从而争取使受众产生心理上的某种满足和认同，继而对企业、产品或服务产生情感化的偏爱。

随着社会经济的发展，人们的物质生活水平不断提高，同时对精神生活的需求也越来越强烈，感性诉求式广告恰是对人们精神生活的丰富与补充。在这方面，我们可以借助的感性诉求有：

资源30（视频）

约翰·路易斯百货广告案例赏析

（1）爱与关怀：爱情、亲情、乡情、友情、怀旧及与陌生人的交流

爱与关怀是人类感情的基础，最能引起人们的共鸣。广告中快乐、幸福、满足、温馨等容易感染消费者的氛围，主要依靠爱与关怀的主要情感

因素如爱情、亲情、乡情、友情及怀旧等来营造。

（2）生活情趣：好奇、休闲、幽默及其他

生活中蕴含着丰富的情趣，如享受悠闲、品味幽默、满足好奇心等，它们虽然不是情感，但是可以唤起积极的心理感受，如轻松、自得、惬意等，很容易感染诉求对象，因此也是感性诉求的常用手段。

（3）自我观念与期许：个性、价值观、自我实现感

以个性化内容和个性化风格充分展示诉求对象鲜明的自我观念与期许，个人对社会形象的向往和追求，包括个性、价值观念、自信、自豪、自我实现的感觉，是感性诉求的另一重要方式。例如，安踏的广告语“永不止步”，美特斯邦威的广告语“不走寻常路”均是利用了此种诉求手段。

案例 7-6  北京 Jeep4700 广告文案

这块钢板是Jeep的防撞保护杠，
它能对付岩石、树桩、河床……
还有，那些叫作挫折、险境的东西，
或许是你性格的一部分，
你觉得呢？
这是Jeep4700的电加热座椅，
但更多的时候，
它被勇气、信心或一点点坏脾气——加热。
这很像成吉思汗的马鞍，
要不要试试？
这里曾是巴顿的指挥所，
据说，艾森豪威尔、麦克阿瑟、马歇尔……
这帮家伙都进来坐过，
现在，换你了！

【解析】看到如此豪气干云的文字，你是否也像北京Jeep4700的品牌主张那样，“Jeep——豪气顿生”了呢？

3）情理结合诉求

情理结合诉求是将感性和理性两种诉求方式进行有机结合来传递信息的广告文案写作方式，既采用理性诉求的方式传达客观的信息，又使用感性诉求的方式引发诉求对象的情感共鸣。它既可以灵活地运用理性诉求的各种手法，也可以加入感性诉求的种种情感内容。这类写作的目的，是弥补感性方式在说理性和实证性上的不足，以及理性方式在情感性和附加价值体现上的不足。

情理结合手法能避开两种方式在单一状态中的不足，而将两者的优势结合起来，最大限度地增强广告信息的趣味性和说服力，所以在广告文案的写作以及广告运作中更为

常用。但需要注意的是，应用情理结合诉求的前提是产品或服务的特性、功能、实际利益与情感内容有合理的关联。

广告创作中，在选择广告诉求手法时，不必盲目追求当前流行的某种诉求方式，而应选择适合产品自身特点的诉求方式。坚持原则在广告诉求中也是一种重要原则。

7.1.3 广告文案的创作法则

我国台湾著名广告人杨梨鹤曾经说："广告文案就像短跑，注重技巧、速度和天分，再加上苦练。"文案创作是一份乐趣颇多同时也费神、费脑的工作，要完成一个好的创意文案，需要付出极大的辛苦。文案创作还是有一定规律可循的，我们可以从"实、新、美、简、情"五方面付诸努力。

1）实

实，就是用事实说话。一篇好的文案不是装腔作势、哗众取宠，而是要向消费者"摆事实，讲道理"。广告文案是为产品而作并服务于产品的文字，要让消费者观文而知产品，故其内容一定要真实可信，不可有误导消费者之嫌。这也是一篇好文案的立文之本。

在真实的基础上，进一步寻求创意，以最好的方式予以表达。例如，奥格威"当劳斯莱斯车速每小时60英里时，车内最大的噪声来自电子仪表"的创意文案，正文笔调平实，列举了大量事实；同时，创意性的标题也堪称"用事实说话"的文案经典之作，令消费者对劳斯莱斯汽车的质量大感放心。再如，德国"甲壳虫"汽车公司的广告："该车外形一直维持不变，所以在外观上很丑陋，但其性能一直在改进，所以性能是优良的……"如实阐述产品的优缺点，使该车大获消费者的好感。另外，在文案中加入一些真实数据，也能提高广告的可读性和可信度，如果这些数据非常有用，不妨将其用作主标题，如乐百氏的"27层净化"，给消费者的想象空间制造了一个纯净的蓝色梦幻。

2）新

新，即创意、创新之意。比尔·盖茨说："创意就如原子裂变一样，只需一盎司就会带来无以计数的商业利益。"在文案的构成要素中，标题是吸引注意的首要目标，所以文案创意的"新"首先应该体现在标题上。要写好一篇文案，标题至关重要，它是文案的灵魂；写好了标题，文案也就成功了十之八九。

好的标题除了醒目、易记外，最重要的是让消费者产生共鸣，并且取代性不高。那些"与您共度欢乐时光""风格独特，品位不凡"之类的标题可信手拈来，但这样的标题可以套在任何产品上，给人的感觉是平淡无奇，"吊"不起消费者的胃口，自然更难以促成消费者的购买。写好标题的关键在于"立意新"。"俏皮宝宝"纸尿裤广告有这样一个主标题："有谁比妈妈更能摸清宝宝的底细"。此句一语双关：其一，妈妈帮宝宝换纸尿裤，不必笨到要将宝宝的裤子全脱下来才知道是否该换，只需用手一摸便知；其二，说得直白点，宝宝的"代谢"底细当然只有做妈妈的心里最清楚。看到既俏皮温馨又蕴含深意的此句，年轻妈妈肯定会心地一笑，心中自然会产生共鸣。此外，还应做到"文笔新"，上述纸尿裤的标题也可以换成"舒服柔软，宝宝喜欢""妈妈的选择，宝宝的最爱”等，但都不如此句精妙、清新，意境上更加逊色。荣获捷运广告奖海报类金像奖的“舒丝仕女除毛刀——把手篇”（如图7-6所示），画面是地铁车厢里的悬吊把手，在其三角形的空间内点缀了一行短文案：“夏天到了，别做惊人之举！”其借用了在各种日常生活中，在不同的公众场合里，必须举起手的情境，进而提醒爱美女士：夏天到了，别在不经意中露出腋下的毛毛。其用语清新，在这个略带尴尬的问题上，做出了并不干涩的“广而告之”，增强了女性消费者对除毛的关注度与舒丝品牌的好感度。

图7-6　舒丝仕女除毛刀——把手篇

图片来源　刘立宾. IAI中国广告作品年鉴·2003［M］. 北京：中国传媒大学出版社，2003：354.

如何创新？在进行创意联想时，要做到“舍得”两个字。学会了“舍”去条文规则的束缚，才可能有真正自己的“得”。创意是来源于生活的，创意就在生活里！比如，“海王金樽”的广告语“要干，更要肝”既把产品的护肝功用暗含其中，又把对健康、对生命的关爱体现得淋漓尽致，堪称经典之作，而其创意的源泉则来自酒席上再普通不过的一句话——干杯，干，干！因此，“尽信书不如无书”，生活才是文案创作者最好的老师。

3）美

美，即文案的意境美。一篇好文案不应只是空洞、乏味的文字与数字的组合，而是要在完成文案的基本功能（介绍产品、引起兴趣、促使行动）的基础上，尽可能给人以美的感受。意境是指一切艺术作品所表现出来的情趣和境界，是客观实体与主观情感彼此结合的产物；借用想象力的推动而产生的美感，即为意境美。

广告作为一种商业艺术，广告人在进行创作时，应当将意境美作为其所追求的最高境界。例如，白沙广告“鹤舞白沙，我心飞翔”，在远天、青山、平湖、绿野之间，白鹤点水，振翅飞远，人手扮鹤，心随鹤翔，并伴之一句浑厚的男中音“这一刻，我已经飞了起来”。此番意境美，打动了众多的消费者，让消费者再一次体会到了淡泊无欲、超然志远的平和、宁静的境界。

文案意境美的表现手法，一方面可以借鉴意境深远的中国古典诗词、对联等，从中寻找意境美的灵感。我国是一个诗的国度，先人用智慧和情愁抒写了一行行情景交融、或绮丽或朴实的文字，处处洋溢着令人陶醉神往的意境美。广告文案创作可以借鉴诗词，采用诗词体或对联体，从而形成朗朗上口、易读易记、感情浓厚、联想丰富的文案。其实“广告诗”自古就有，如“何以解忧，唯有杜康”“兰陵美酒郁金香，玉碗盛来琥珀光”；唐寅为某酒馆所作的对联“生意如春草，财源似水泉”；清代大儒纪晓岚为一家理发铺所作的对联“虽然毫发生意，却是顶上功夫”等。另一方面也可以巧用拟人、比喻等修辞手法进行广告文案创作。广告文案也是一种语言艺术，我国很多广告作品中都用到了修辞的手法。例如，“中国平安，平安中国”的顶真，“今年二十，明年十八”的夸张，“客上天然居，居然天上客”的回还，“中意电器，人人中意”的双关等，修辞手法的运用使得这些广告语更加形象、更加生动。

4）简

简，即简洁。法国画家塞尚说：“用一个苹果我会震惊整个巴黎。”这即简单中孕育着宏大的道理。广告文案也是如此，创作者应坚持一则广告就集中诉求某一点，作简单的承诺。若重点太多，就会没有重点，让消费者“丈二和尚摸不着头脑”，不知所云，也无法记住广告内容。

随着现代社会生活节奏越来越快，人们的工作压力也越来越大，消费者看广告的速度已快到近乎浏览的方式。因此，广告文案的写作应力求简约，诉求重点明确突出，切忌玩“猫捉老鼠”的游戏，让消费者产生未看先烦的心理反应。我国台湾曾有一则“家庭计划生育”的报纸广告，该广告画面上只有一个避孕套头和一个婴儿奶嘴，其余皆为空白，文案也只有一句话“多一份小心，少一份担心”，画面简洁，文字精到。计划生育广告历来让广告人士头疼，稍有不当就会被指责为“粗鄙”和“有性教唆倾向”，而我国台湾黄禾广告公司以这样简洁、质朴的创意，获得了两项国际大奖，堪称简洁文案创作的经典之作。又如，CMG传播公司为维珍大西洋航空公司制作的舒适之旅系列广告，其中有一个画面是一个男人抿着嘴笑，其文案是在其左边的嘴角写着“NEW YORK”，在右边的嘴角写着“LONDON”，意在向消费者展示轻松、惬意的旅途享受，就这么简单，但给人印象深刻。

5）情

资源31（视频）

“百年润发”广告案例赏析

情，即在文案创作中融入情感。“天若有情天亦老”，情感是人类永恒的话题，也是维系人与人之间关系的基础。用真实的情感去写能够感动自己的文字，也一定可以打动他人。

“百年润发”之所以能打动众多的消费者，是因为他们看到的不仅仅是洗发水，更是忠贞的爱情和圆满的结局。女主角用意韵绵长的京剧唱出“相爱两不渝，忘不了你”，男主角温柔地为女主角洗那头令他多少次只能在梦中抚摸的亮丽秀发，情景交融，动人心弦。文案随之打出：“如果说人生的离合是一场戏，那么百年的缘分则是早有安排。”本来没有任何生命力的洗发水由此平添了闪亮的灵魂，并为“百年润发”带来了很强的品牌生命力。

要写好一篇广告文案，除了以上的“实、新、美、简、情”五字法则的灵活运用外，还必须明确你的创作策略。明确创作策略的前提是用心分析广告主题、目标受众，对文案的表述反复修改，精益求精，以正确的文案执行广告策略，并最终以优秀的文案表现广告创意。文案的写作没有固定的格式可套用，全在于文案创作者的悟性及勤奋。

7.2 平面广告的设计与制作

7.2.1 平面广告设计

广告设计是根据企业的营销战略，通过色彩、图形、文字等手段，将广告创意按照大众共同的审美标准进行排列组合，以求创作出具有视觉感染力的广告作品。换句话说，广告设计是对广告创意的外显和具体化，也就是把广告创意外化为某种形式的艺术创作活动。一般来讲，广告设计包括所有表达方式的设计，如语言文字、美术、音乐、舞蹈、镜头、版面等的设计。本节内容主要侧重视觉平面的设计，如图画、色彩、编排等。

1）广告插图

广告插图又称广告图画，是广告作品的视觉语言，被誉为广告的“吸引力发生器”。有关数据显示，图画对视觉的刺激作用远远高于文字，人们对图形和文字的关注度分别为78%和22%。在今天这样一个“读图时代”，你的广告只有引人注目，人们才有兴趣去读正文。广告插图能够生动形象、直观逼真地表现商品特性，对那些难以言传的商品信息（如造型、包装、色彩等）进行直观的视觉展现。图7-7是尼康相机的平面广告，“The widest lens in its class”（同类相机中最宽的镜头），如果只用文字表述会显得苍白，没有信服感，但是配上画面后，广告主题立刻就呼之欲出了。

图7-7 尼康相机广告

广告插图按其表现形式，可以分为三种类型：

（1）写实性的广告插图。它着重于描绘商品的外在形象和特征，如数码产品、家用电器、汽车等经常采用这种方式。它能使消费者直观地看到某个产品，对产品的形象有个大致了解。

（2）寓意性的广告插图。它主要是通过内容和形式把象征物与被象征物联系在一起，而联系的桥梁恰恰是商品的特性。图7-8为海飞丝洗发水的广告，其以刷毛的柔顺喻指海飞丝给头发带来的效果："不可思议的柔顺"，略带夸张的幽默比喻令人印象深刻。

图7-8　海飞丝广告

图片来源　刘立宾. IAI中国广告作品年鉴·2003［M］. 北京：中国传媒大学出版社，2003：371.

（3）暗示性的广告插图。它是通过某些不太相关的东西，间接地表达商品具有的效果。例如，用牙膏画出笑脸，来展示人们使用了牙膏后的喜悦，从而体现牙膏的舒适度。

广告插图按其内容构成可分为广告摄影、绘画、卡通画、绘图等，总体上可以分为广告绘画和广告摄影两大类。

（1）广告绘画。广告绘画又称广告画，是一种运用线条、色彩、形象等造型要素来表达意念和情感的艺术手段。它有多种表现形式，如水彩画、写意画、漫画、剪影、油画等。广告绘画不同于一般的艺术绘画，它不是以欣赏为目的，而是服务于广告主题，以促进销售为目的。

一幅成功的广告绘画应该是艺术性、实用性和功利性的统一。例如，水晶之恋广告（如图7-9所示）即用诗意的漫画表达了"水晶之恋，一生不变"的广告主题。

图7-9　水晶之恋广告

（2）广告摄影。广告摄影和广告绘画相比，具有更强烈的真实感，能够逼真地再现广告商品的本来面目，使商品的质地、色彩、外形以及其他细微之处得到最准确、最真实的传达，也使消费者产生信赖感、亲近感。另外，广告图片制作简单、快速、经济，使用方便，表现手段丰富多彩。在现代广告业中，摄影已经普遍运用于各种形式的广告中，并且在视觉表现上已经取代了绘画而居于首位。

广告摄影包括静物摄影、人物摄影和场景摄影等。

第一，静物摄影。其侧重于对产品的宣传，根据产品特质的不同，要采取不同的技法。对于实物类产品，要尽量真实，如电子产品等；而对于化妆品或奢侈品等，就要力求达到唯美的效果，以吸引读者。

图7-10 雷达表广告

第二，人物摄影。要注意人只是产品的代言人，人是为产品服务的，主角应该是产品。时装或者手表经常使用此类广告摄影。图7-10是雷达表广告，通过人物形象和所配的文字突出雷达表的优雅气质和永恒品质，右下方放了一个放大的雷达表造型，意在突出重点，不本末倒置。

第三，场景摄影。它侧重于在一个场景下所体现的氛围，包括室内与室外场景。室内场景经常用于家居产品或房地产广告，突出“家”的温馨；室外广告多用于描绘一个大的场景，如旅游广告，或房地产商描绘小区的设施安全、良好的生态环境的广告。

2）广告色彩

色彩是广告表现的一个重要因素，能够给受众以强烈的视觉刺激，对广告环境、人的感情活动都具有深刻的影响；同时，广告色彩对商品还具有象征意义，通过不同商品独具特色的色彩语言，可以使消费者更易识别和产生亲近感。

（1）色彩三要素

色彩三要素（Three Elements of Color）是指色调（色相）、饱和度（纯度）和亮度（明度）三个方面。

色相指的是不同波长的色的情况，也就是指色彩的相貌、种类。我们常说的三原色（红、黄、蓝）、四间色（橙、绿、紫、黑）是指7种标准色相，不同标准色相相互混合，可以形成12种色相。

纯度是指色彩纯粹的程度，也就是色彩的饱和度。在同一色相中，纯度已达饱和状态的就是标准色或称正色。我们常说这个颜色很正，就是指的纯度，不掺杂其他颜色，恰到好处。

明度是指色彩本身的明亮程度。色彩由明到暗，差别很大。例如，从白色、银灰、灰色、深灰到黑色，可以有很多层次。同样的红色，加白或者加黑可以形成深红、中红、浅红等多种不同的红色。在12种色相中，黄色明度最高，紫色明度最低。

色彩是由于物体上物理性的光反射到人眼视神经上所产生的感觉。色的不同是由光的波长的长短差别所决定的。

一般来说，色差大，对比就强烈，给人一种鲜明、突出、夺目或炫目的感受。色彩对比的清晰度排序是：黄底黑字、白底绿字、白底红字、白底蓝字、黑底黄字、红底白字、绿底白字、黑底白字、黄底红字、红底绿字、绿底红字。例如，可口可乐广告，是在红色底上醒目地写着几个白色大字；百事可乐广告，则是蓝色底上以白色主体搭配。这两个都是使用色彩对比成功的典型范例。

颜色的对比要处理得当，如果过强，就会显得过于跳动、刺目，令人厌恶。这就需要在运用对比时，减弱其中一种颜色的纯度。比如，红配绿时，可将红色或绿色的纯度减淡或加深，或各加灰色，以减少刺激。

（2）广告色彩与消费心理

色彩具有很强的象征性和情感性，它能够直接影响人的心灵，引起情感上的反应，因此在广告设计中必须考虑色彩的心理因素。

色彩能引起人的微妙情感和种种联想。例如，红色给人以热烈、富有生命力的感觉；黄色使人感到光明与辉煌；蓝色给人以深远、沉思的氛围；绿色象征着平和、舒适与生机；白色给人以凉爽、整洁、雅致的感觉；黑色则让人感觉高雅、肃穆和神秘。

同时，色彩还有冷暖度的不同，也会带给人不同的情感表现。红色、黄色、橙色等是暖色，会给人开放的感觉；蓝色、绿色、紫色是冷色，具有收缩感，给人隐退的感觉；中间色一般偏暖或偏冷，没有定性。在影响人的情绪方面，暖色比冷色更能引人注意，更富有吸引力。但在进行具体的色彩选择时，还要考虑产品的特性。例如，食物类产品会选择暖色调，如蛋糕、甜点等多选择黄色、橙色等，带给人温暖、明快、单纯、美好的联想；而高科技产品要给人理性、稳重的感觉，一般会选择蓝色、黑色、紫色等冷色调。同时，色彩的搭配还要依据不同地区、季节、公众的特点以及广告的内容，灵活运用。广告富有吸引力也不仅仅在于使用某一色彩，更关键的在于色彩搭配、对比要得当。

3）广告版式设计

广告版式设计是指在一定的版面空间里，对广告要传达的内容所必需的各种要素，如文字、图像、商标、厂名等进行适当的关联和配置，使其成为一个统一、协调的广告版面，有效地突出广告的主要内容，吸引消费者的注意力。

版式设计是一种造型艺术，目的就是对各类主题内容的版面格式实施艺术化或秩序化的编排和处理，以提高版面的视觉冲击力，增强广告对消费者的诱导力量；有力而正确的传达方向能抓住消费者的注意力，使其在消费者脑海中留下良好和深刻的记忆。

（1）广告版式设计的原则

版式设计不能像绘画创作那样以表现内心情感为首要目的，而应该根据版式本身的功能性要求，依照版式设计的原则来进行。版式设计最根本的原则可以概括如下：

①简明直观，生动感人。广告版式设计在传达某个具体的信息时，其视觉传达的各种元素（如标题、文稿、图形、画面、色彩等）总是直观与具体的。版面整体安排应力求单纯、简洁、条理清晰、一目了然，使其在瞬间产生强有力的视觉冲击，形成单纯而有力的诉求效果。

②简明易读，讲求空白。现代社会节奏紧张，简明易读就显得尤为重要。空白处理不仅使广告版面编排流畅明快、疏密有序、布局清晰，而且在视觉上有非常强烈的集中效果，有利于突出广告诉求重点。

③主次分明，突出主题。任何一个广告编排都必须在众多构成要素中突出一个清楚的主体，使其尽可能地成为观众阅读广告时视线流动的起点。此外，还要在编排中以种种标识来引导观众的阅读，逐步地诱导观众按视觉流程进行视线流动。

资源32（文本）

平面广告常见版面编排类型

（2）广告版式设计的规律

由于人们视觉注意的前后与强弱，版面空间形成了重要与次要的区别。位置领先或形态显著的，容易引起人们的注意，因此显得重要；位置居后或形态一般的，不容易引起人们的注意，因而显得次要。一般说来，人的视线由左上向右下或其他位置移动时，其注目价值在递减。因此，对视觉流程的合理引导，可以更准确而迅速地达到广告的目的。

人的视觉中心不同于几何中心，视觉中心在几何中心之上，而微偏于左侧。因此，在设计的时候，就可以将主体放置在上部和左侧，以更好地引起人们的关注。

在进行广告版式设计的时候，还可以根据人们的视觉规律进行引导，如通过画面中人物的动势、手势或箭头等具有引导性的因素，来诱导人们的视线，达到很好的宣传意图。

7.2.2 报纸广告制作

1）报纸广告制作的要求

制作报纸广告，要考虑广告占据的版面空间、位置安排和色彩使用。

报纸广告的版面大小，大致可分为跨版广告、整版广告、半版广告、半版以内的广告和小广告等。小广告多指分类广告栏中的广告。一般来说，版面越大，注目率越高。在国外，报纸广告的大型化已成为一种发展趋势。

报纸广告的位置安排，包括两部分内容：一是安排在哪一版，二是版面的空间位置。一般来说，第一版的广告比较引人注目，尤其是登在报眼位置上的广告，即便占据版面不大，也能引人注目。

另外，根据读者的视线流程，同版面广告注目率依次是左上版区、右上版区、右下版区和左下版区。

报纸广告的色彩多是黑白色，但彩色、套色广告更能引起读者的注意，只是彩色广告的价格比黑白广告要昂贵得多。

2）报纸广告的制作程序

报纸、杂志、海报等印刷广告的制作程序大致相同，包括以下几个步骤：

①设计草图。根据前期的构思和设计，拟好草图，并加上标题；需要多确定几个方案，进行比较；征得广告主的同意后，再制成更详细的稿样。

②确定字体。主要是确定标题和正文的字体。标题一般使用黑体字，正文中需要特别强调的部分也可用黑体字加以突出。字体的变长、加宽都必须科学，以突出个性以及画面和谐统一为目标。

③制作终稿草图。将草图方案送到客户那里审定修改后，就可以制作终稿草图了。在终稿草图中，插图、字体大小、字画安排等都已基本确定。定稿要做得比实际尺寸稍

大，在四周留边，并在终稿背面标出广告稿的实际大小和缩放尺寸。

④印制清样。将终稿草图和标题、正文排好，拼接在一起，完成画稿制作。画稿制作是广告各个部分的位置和尺寸大小的准确到位阶段，再次经广告主审定后送去制版，印出的第一版就是清样。经校对修改后的清样即可交付印刷。

7.2.3 杂志广告制作

杂志广告与报纸广告都属于平面广告，两者在制作程序上有许多相同之处。

杂志广告的版面利用可分为版面位置和版面大小两部分。杂志各版的位置一般分为封面、封底、封二、封三、插页及内页。一般来说，封面、封底的注目率最高，其次是封二、封三及插页，内页的注目率相对较低。刊登广告的价格与读者注目率高低成正比，封面、封底的广告价格最高，内页的广告价格最低。

杂志广告的制作程序与报纸广告相同，但由于杂志广告比报纸广告印刷得更精美，因此，为了增强表现力，杂志广告以图片为主，文字简短而精练，图文并茂，在制作上更讲求针对性和表现力。

7.3 电子广告的设计与制作

7.3.1 广播广告的设计与制作

1）广播广告的三要素

广播是通过电波传递声音的一种现代化传播媒体，以声夺人是广播的最大特点。广播的声音主要包括三种：有声语言、音乐和音响。这三种声音构成广播广告的基本要素。

有声语言是指发出声音的口头语言，是广播广告的主体，也是广播广告最重要的构成要素。设计广播广告的有声语言要考虑以下两方面的要素：

①广告语言要符合广播特性，尽量口语化，使用简单的短句，深入浅出，通俗易懂；语言要反复推敲，避免使用生疏冷僻的词，避免使用谐音词、同义词或多义词，以及容易产生歧义和误导的词语。由于广播是线性传播，稍纵即逝，所以，需要运用重复的手段来强化和巩固广告效果。

②广告的声音要反映商品个性。声音在塑造形象、传达个性方面有着非常重要的作用。每个人的声音都有独特的个性，甜美、柔和的声音适合做儿童用品的广播广告，宽厚响亮、音色沉稳的声音适合做高科技商品和成人类商品的广播广告。因此，在选用广告播讲员时，一定要注意他们的声音是否符合商品的广告要求。

音乐也是广播广告的重要表现手段。音乐包括广告歌和配乐。它的作用有：一是引起听众的兴趣，避免广告平淡、单调；二是营造气氛、情调，加深听众对企业或商品的印象。音乐可以专门制作，也可以从现成的作品中节选，要注意音量的适中，不能喧宾夺主，盖过了广告词播放的声音。

音响是指广播广告中除了人声和音乐以外的所有声音。其主要包括四种：一是大自然中的各种声音，如山崩、地裂、洪水、海啸、浪涛、暴风雨等；二是各种动物的声音，如鸟鸣、狼嚎、虎啸、犬吠、猪哼、鸡叫等；三是物体运动摩擦发出的声音，主要指各种机械声及使用产品时的声音，如摩托车的“突突”声、火车的“轰隆”声、飞机的马达声、轮船的汽笛声、烹调的油炸声等；四是人在活动时发出的声音，如脚步声、鼓掌声、喘息声、打斗声等。这些音响可以给人一种真实感，有效地增强广播广告的感染力和吸引力。在运用音响时，一方面要注意对声音来源进行必要的交代，如雨声前用雷声作铺垫，让受众明了广告环境；另一方面还要尽可能单纯，避免把音响变为噪声干扰。

案例 7-7  泰山欢迎您（山东人民广播电台）

（音响：钟声响第一声之后，音乐淡出，再出钟声）

男中音：岱庙，历代帝王祭天的地方，登泰山从这里开始。（轻柔的音乐）

（高亢）经孔子登临处，步步登高，一路千年文化，一路无限风光。（幽静的山崖中，流水声、瀑布声、鸟鸣声与景观融为一体）

（悠扬）山高水长，云桥飞瀑，鸟语松风，十八盘，直上蓝天。（宁静舒缓的音乐渐出）

神游不如亲临。（之后加响鼓声）

朋友，泰山欢迎您。（音响、音乐渐渐消失）

【解析】这则广播广告非常好地运用了有声语言、音乐、音响的广播广告三要素，使得整个广告听起来悦耳、舒畅，非常有感染力。

2）广播广告的制作程序

广播广告的制作程序可以分为设计阶段、制作阶段和审查评价阶段三部分。

第一阶段：设计阶段。这一阶段要完成四项工作：一是提出策划创意；二是确定广告形式，包括直陈式、对话式、故事式、戏曲式、快板式、相声式等；三是编写广告脚本；四是确定播出时间，包括播出的周期长度和具体的播出时间。

第二阶段：制作阶段，即把写好的广播词制成录音带。制作又分制作准备和录音合成两个步骤。制作准备工作包括选择播讲员、演员和审听音乐及广播稿；录音合成工作主要包括对台词、排练、正式录音直至最后播出。这个阶段的工作直接关系到广播广告的质量和效果，应尽量考虑周到、制作精细。

第三阶段：审查评价阶段。这一阶段包括两方面的内容：一是播出前的审查评价，二是播出后的审查评价。审查评价的具体内容包括：广告的印象记忆效果、引起兴趣效果、内容理解效果、对商品的欲求效果等。通过收集广告客户、制作人员和普通受众的评价信息，在播出前可及时进行更有效的调整和修改，在播出后，可作为下次广告创意的参考。

7.3.2　电视广告的设计与制作

电视广告是传统广告家族中最重要的成员，是最具表现力的广告类型。由于电视是一种高度现代化、专业化的传播媒介，因此，电视广告的设计和制作要比其他类型的广告更复杂、更精细。

1）电视广告的三要素

电视广告的构成要素比广播广告丰富得多，除了声音（包括有声语言、音乐声、音响声）之外，还包括画面和时间两大要素。

（1）画面

画面是电视广告传递信息的最重要载体，是指经过摄像机拍摄记录下来的景物，包括演员、背景和字幕等。在画面的拍摄中，必须规定中心画面、突出表现广告主题的主信息，尽量把不重要的、有可能干扰主信息的事物排除在画面外，使画面简洁、准确。另外，广告片中的主信息应尽早出现，以30秒的电视广告为例，主信息一般在5秒左右出现，如果太迟，会使观众感到莫名其妙，从而失去兴趣和耐心。但悬念广告可以例外。

（2）声音

人们从电视上接收的信息主要有两大类：视频信息（即画面）和声频信息（即声音）。画面是电视广告的主信息渠道，声音是从属于画面、为画面作补充说明的辅渠道。在电视广告中，声音的表现形式有两种：写实音和写意音。写实音包括台词、音响和音乐，运用写实音是为了把广告信息传达得更加清楚明白、通俗易懂；写意音则是完全脱离写实意义的声音，目的是创造一种情趣、一种意境，从而引发人们丰富的联想和美好的情感。

（3）时间

时间直接影响着人们对电视广告信息的认知。一般来说，人们需要1秒钟以上才能看清楚一个画面，若少于1秒，则很难留下记忆，因此，电视广告的中心画面应不少于1秒钟。电视广告时长有15秒、30秒、40秒、45秒和60秒之分。30秒电视广告运用较多，它可以表达一个简单的主题，可以宣传一种商品；少于30秒的广告，效果会受影响；多于30秒的广告，可以深化和巩固受众的观感和记忆。但调查发现，60秒和30秒的电视广告传播效果相差不大。因此，可将60秒广告制作成两个30秒的广告片连续播出。除了广告电影之外，广告一般最长不要超过100秒，否则效果可能适得其反。

2）电视广告的制作程序

电视广告的制作分工很细，一般来说，广告公司只负责构思，制作公司负责拍摄，后期制作公司则负责剪接、配乐、配音、特效、动画等工作。当然，具备一定条件的广告公司也可能自己完成全部制作任务。

电视广告制作的程序也很繁复，从接到任务到完成制作大致可以分为七个阶段：

（1）创意构思

这是广告创作人的主要工作。一般而言，在接到客户服务部的新工作简报后，创作总监会指派一位文案与一位美术指导共同负责构思，并给予适当的创作指导。通常，只有5～10天的工作时限让创作团队去构思。创作团队构思完毕，在期限前预先与创作总监商讨。创作总监会凭经验给予指导、修改。如果点子可行，会与客户服务部进行内部商讨；若发现有问题，就会再修改或者重新构思。就这样反复进行，直到满意为止。但是，提交给客户的时间通常会保持不变，因此构思的时间往往只有一两天甚至一个晚上。

（2）向客户提案

从前，向客户提案是客户服务部门的工作，但今天，创作部门的人也逢会必到。因为创作人演绎自己的作品，大都比较得心应手，加上客户对创作人一般都较为尊重，所以成功的概率相对较高。提案也不是很容易的工作，要做好提案，首先要了解客户的需求和喜好，安排好演示的前后顺序，把构思变得更有策略，紧紧抓住客户的注意力。每个人的提案方式都不同，有的会加诸多表演元素，有的会用大量图画或影像参考材料，有的甚至会把构思剪辑或拍摄成广告片，以使客户更能理解和有更直观的感受。

（3）确定预算

提案成功只代表客户对你的构思有兴趣，要把构思付诸实践，还要考虑其会否超出预算。很多时候，由于制作费太过昂贵，超出了预算，只能作罢。预算包括三大部分：拍摄费、后期制作费及广告公司费用。拍摄费视广告复杂程度及导演与演员级数而定，费用相差十几万元至几百万元不等。后期制作费则包括剪接、特效、配乐、配音等费用。广告公司一般收取制作费的一定比例作为报酬。总体而言，小型的制作需三四十万元，中型的制作七八十万元，过百万元的已是大制作。

（4）送检审查

把预拍摄的广告提案送有关部门审查。若电视广告播出后收到投诉，广告将会被停播，电视台也会受到一定的处罚。所以，虽然广告的创意很重要，但也要注意社会道德问题。

（5）制作会议

广告制作前会有数次制作会议，先是创作人与导演交流意见，然后导演会就广告片的处理手法、选角、服饰、道具、拍摄地点、灯光、配乐等与创作人交换意见。待与客户开过制作会议后，广告片才会正式开拍。前期组织工作的核心是故事版的创作，即绘制分镜头脚本和组成广告制作团队。

①绘制分镜头脚本。分镜头脚本是广告策划中广告表现方案的具体化，通过它可以确定应从什么场面开始拍摄，以及摄制时镜头的角度、景致、时间、演员的表演方式等。脚本定稿并由广告主认可后，就可进行实际拍摄。

②组成广告制作团队。广告制作人员一般包括广告策划负责人、广告制片人、导演、摄影师、照明师、美工师、作曲师、音乐及音响编辑、演员、化妆师、配音演员等。每个人各有不同的职责。例如，广告策划负责人要向导演传达广告的创作意图；广告制片人负责广告的经费控制、寻找与选择导演；广告导演则要掌握拍摄全局，选择合适的制作班底与演员，领导拍摄制作工作，并负责最后的剪辑、合成。

（6）拍摄

拍摄可分为厂景及外景。有些拍摄可在摄影棚内完成，而有些则要在室外取景。外景拍摄较厂景难控制，除天气影响外，找场地及控制人数也很困难。遇有海外拍摄时，有时由于经费所限，一般只有导演、摄影师、摄影助理出外景，其余人手则在当地聘请制作公司协助。

在具体拍摄时，导演要总体把握各镜头之间的关系。整个广告作品是先进行分镜头拍摄，之后经过剪接而形成一部完整的作品。而且，由于广告的长度有限，因此每一个镜头都要精心设计，以突出效果。此外，导演对演员的启发也至关重要，演员应该创造性地演绎人物，努力赋予广告以个性。

（7）后期制作

现在的广告很依赖后期制作，所以这绝对是不可忽视的一环。广告片拍摄完毕会先进行冲片，然后送到后期制作公司进行初步校色。剪辑师会按导演的意思先剪出毛片，待创作人满意后再加上音乐样本及配音样本给客户批阅。需要指出的是，剪辑师对广告创意、客户需求要有充分的认识，要对所拍的素材仔细研究，然后精心组合。因为一则广告往往只有几十秒，如何在几十秒内充分表达商家的意图、吸引顾客的目光，是非常具有挑战性的。在广告的剪辑中，画面以帧来计算，每一帧的取舍都要考虑时间的长短。此外，剪辑师还要注意广告片的节奏与声音、画面的配合。

上述制作程序又被称为线下编辑，完成后再进行线上编辑。首先，对胶卷进行真正校色，确定广告片的整体色调，如黑白、偏蓝、偏绿、偏黄等。其次，进行计算机加工，如把不需要的东西删除、加上字幕、计算机特技处理等。与此同时，配乐师会就导演的音乐样本创作配乐；创作人亦要选择合适的旁白员录音及加上音响效果。最后，就配乐、旁白及音效进行混音。经客户最后批阅后，一个广告片正式完成。不过，广告片仍要得到电视台的最后审批，才能真正在电视荧幕上与观众见面。

从以上七个步骤可以看出，电视广告的制作过程是相当复杂的，要制作好的电视广告作品并不容易。

7.4　户外广告的设计与制作

数字媒体时代，在传统广告形式受到新媒体广告冲击而经历寒冬之时，户外广告却因其独到的媒介特性及与时俱进的科技特性而受到越来越多大企业广告主的青睐。户外广告在新时期的稳定增长得益于以下三方面因素：一是消费者必不可少的出行需求；二是基础设施建设使做户外广告的地方变多了；三是数字媒体的强势增长使广告牌上展示的内容丰富了起来。同时，户外广告牌上更先进的科技让广告商看到了机遇。以往人们认为电视才能锁定目标人群，但现在新的户外广告牌技术可以分析出人们在什么时候、什么地点看到了广告牌上的广告，还可以识别出观众的年龄、性别等，再加上户外广告在城市形象建设中还扮演着重要角色，以上这些都给户外广告制作提供了巨大的市场机会，也因此对户外广告提出了更高的要求。

7.4.1　户外广告的分类

根据广告幅面的大小，户外广告可分为以下几三种类型：

(1) 巨幅广告牌，面积超过250平方米。

(2) 中型幅面广告牌，面积为20～250平方米。

(3) 小幅广告牌，面积为1～20平方米。

根据材质与制作方式的不同，户外广告可分为：路牌广告、霓虹灯广告、灯箱广告、交通广告、喷绘广告、展板广告、大屏幕电子显示屏广告、充气物造型广告、激光投射广告等。

7.4.2 户外广告的设计要求

1) 排版简单明了

户外广告的画面以简洁为好，应具有鲜明的色彩和富有艺术感染力的构图，避免用低调色彩；同时，插图要大，以便远处的观众能“不经意”地看到广告，发挥广告更大的效应。

2) 文字精练

户外广告要注意省略一切不相干的语言，尽量做到一图一文。通常，10个字左右的广告文即可。字距要合理，字体要简洁清晰。此外，广告行文要富有人情味和幽默感，这样可为过往者提供娱乐，同时也能给人们留下深刻印象。

3) 通过创意吸引受众

由于大多数户外广告被阅读的时间只有几秒钟，因此最好是一看就令人马上注意并记住的画面，在视线接触的一瞬间，能立即对人产生刺激。这就需要通过广告创意来吸引受众，而且要保证产品、品牌和标志清晰醒目。

4) 实现与环境的配合

广告创意图形、色彩的设置要考虑到环境因素，要与周围的自然环境相协调。比如，图7-11是德国威娜Koleston Naturals染发剂的户外广告，该染发剂产品以天然染色为推广定位，目标市场是25～40岁、健康漂亮、喜欢户外运动的女性。广告创意执行者将4米×3米的标版中女性的长发和五官镂空，通过标版镂空处可以看到海和天际线。这样随着日出日落，路过的行人可以看到这位女性的长发颜色随自然而变，于是产品的“天然染色”诉求就和大自然巧妙地结合起来，使得路过的行人能马上抓住产品的诉求点。这样浑然天成的户外广告创意的确是非常优秀的。

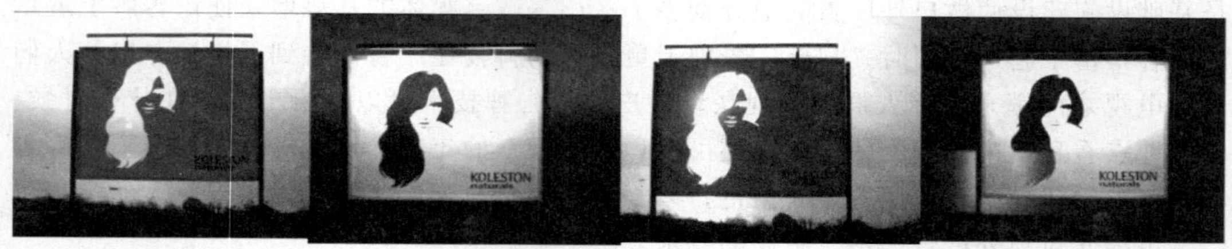

图7-11 德国威娜染发剂的户外广告

图片来源 佚名. 德国威娜Koleston Naturals染发剂创意广告欣赏［EB/OL］.［2015-12-14］. http://design.knowsky.com/shejilist_181.htm.

7.4.3 户外广告的制作

户外广告的制作以写真和喷绘方式为主，所以户外广告的设计必须了解写真和喷绘的特点及输出要求，才能顺利地完成设计。

1）尺寸要求

写真和喷绘的输出尺寸与成稿大小是一样的，有别于印刷输出，不需要额外留出尺寸。图片最好储存为TIF格式或PSD格式，不能使用压缩格式。制作价格一般都按面积来计算。

2）喷绘输出的特点

喷绘可输出巨幅画面，一般喷绘机输出的宽度为3～8米，常用的是3.2米；如果要求更宽一些，需要在输出后进行拼接。喷绘机使用的墨水是油性的，可以在户外严酷的条件下保持较长时间，介质一般都是广告布（俗称灯箱布），输出图像分辨率一般只需要30～40DPI，模式使用CMYK。喷绘输出画面后，两边自然会留10厘米左右的空白。为保证画面的持久性，一般画面色彩应比显示器上的颜色深一些。

3）写真输出的特点

一般的写真输出的幅面不会非常大，宽一般为1.5米，所以设计时不要超过写真机的幅面，否则是不能正常输出的。图像正常输出所用分辨率一般是72～100DPI，如果图像过大，可以适当降低分辨率。写真既可以用CMYK模式，也可以用RGB模式。

7.5 网络广告的设计与制作

网络广告是基于计算机、通信等多种网络技术和多媒体技术的一种广告形式。自20世纪90年代诞生以来，网络广告伴随着互联网的飞速发展也实现了自身突飞猛进的迅速成长。据艾瑞咨询分析，早在2011年，美国的网络广告规模就已取代报纸，成为继电视媒体之后的第二大广告媒体。

网络广告的制作实际上就是熟练运用各种广告制作软件，通过数字技术对传播内容进行艺术加工和处理，通过创作适用于互联网发布的广告作品，形象生动地向网络用户传递广告信息。

7.5.1 网络广告的表现形式

网络广告相关技术的发展日新月异，网络广告的形式也层出不穷，具体的表现形式详见第8章。

7.5.2 网络广告制作的构成要素

1）视觉方面

①标题：包括正题和副题。

②正文：既可以是关于产品的说明，也可以是对受众的鼓励。

③标语：说明产品性质或企业风格的广告语。

④随文：包括广告主名称、地址、电话及产品价格等。

⑤图形：图片、照片、动画及表格等。

⑥商标：图案或文字造型的注册商标。

⑦商品名：商品名的标准字体，又叫合成文字或商标文字。

⑧按钮：图形、色块或文字。

⑨轮廓：外框或外边。

2）听觉方面

①背景音乐：与企业或产品特性相结合。

②音响特效：与产品相关的音乐。

3）网络方面

①链接：通过点击，实现页面空间的转换。

②时序：画面可按预定顺序出现。

以上网络广告的构成要素具有不同的使命与作用，善于运用这些要素，就能获得良好的广告效果。

7.5.3 网络广告的制作流程

网络广告的制作流程主要包括以下几方面内容：

1）图片和文字的输入

图片和文字要先输入电脑中。

2）图形绘制和图像处理

通过电脑绘制的矢量图形一般都要转为标准图像格式用于网页设计。Photoshop具有强大的图像处理功能，且有很强的兼容性，支持多种图像格式。

3）网页动画的制作

网页动画技术的引进，使网络广告常常变得异常生动，然而制作的复杂程度也大大提高，类似Rich Media Banner、V-banner和Java Banner都需要一些专门的制作工具和技巧。

随着多媒体技术在Internet领域的发展以及一些第三方厂商的努力，在Web开发上也形成了一个首选的素材制作工具——“动画流”被广泛应用。

4）影像及声音的输入和编辑

随着互联网传输速度的不断提高，计算机处理的速度不断加快，真正能体现网络多媒体优势的数字影音已被广泛应用在网络广告的创作中。

5）完成广告要素间及不同文件、页面间的链接

最后的步骤就是完成各广告要素间及不同文件、页面间的链接，为www提供HTML文档。HTML允许文档创建者在文档中嵌套指向其他任何文件的链接指令。当用户点击鼠标激活这些嵌套的链接时，就可以直接跳转到该链接所指的文件。无论该文件存储在本地还是在远程计算机里，都可以利用超文本传输协议（Hypertext Transfer Protocol,

HTTP）跨空间在网页上的不同Web页面自由切换。

大多数通用文本编辑器及文字处理软件都能编辑HTML文档，该编辑器或文字处理软件能把文档以纯文本方式储存。一些专门的网页制作软件和多媒体制作软件也具备强大的链接编辑功能，常用的有FrontPage、Dreamweaver、Firework等。

7.5.4　网络广告设计的原则

1）信息导向的明确性和快捷性

人们上网的目的是快速获取信息，而对商品信息的获取一般是通过有目的、有意识的检索实现的。人们有意识地搜索信息，一般是在某个具体契机通过某个端口进行的，而后沿着该信息端口依次进行信息的深度搜索与获取。信息获取的便利性使受众进一步查阅信息成为可能，因此，数字传输链接的便捷性应该是网络广告制作首先要考虑的问题。

2）设计制作的趣味性和体验性

公众上网的基本动机除了求知外，还有娱乐性需求。只有人性化、趣味性的广告设计才会更加吸引受众的注目。因此，网络广告的设计要增强互动性及娱乐性体验。例如，网页文字的立体化、图形化处理，跟随鼠标晃动、翻转效果等，都能增强网络广告的趣味性和体验性。企业网站也可以设计一些互动参与的回馈环节，如赠送礼物等，以激发受众参与。

3）内容和风格的一致性

这里的一致性是指，知名企业在选择网络广告之前，一般已经有了较为成熟的CIS系统。网络广告作为传统广告的延伸，应与其他媒体的广告设计风格一致，在设计时注意沿用企业VI系统。此外，网络广告自身设计也要具有统一性。其总体原则就是要实现企业形象在各种媒介表现形式上完整鲜明的一致性传达，从而使全球消费者对一个品牌持有相同的价值认知与联想。

7.6　新媒体广告的设计与制作

新媒体是个相对的概念，一般指除报纸、杂志、广播、电视等传统媒体之外的新的媒体形态。同时，“新媒体”一词极具弹性，指大量新兴的户外媒体，包括楼宇视频、车载移动电视等。虽然这种媒体形态的出现并非由于技术进步，但与成熟、传统的户外媒体相比，这是一种新的媒体形态。目前，关于新媒体的定义是：利用数字技术、网络技术，通过互联网、宽带局域网、无线通信网、卫星渠道以及计算机、手机、数字电视等终端，向用户提供信息和娱乐服务的传播形态。新媒体广告是指体现在以数字传输为基础、可实现信息即时互动、终端显现为网络链接的多媒体视频上，有利于广告主与目标受众进行信息沟通的品牌传播行为与形态。由于强大的交互性及更贴近当今受众的生活形态等特性，新媒体广告日益为广告主所青睐。

7.6.1 新媒体广告的类型

1）发布类新媒体广告

发布类新媒体广告包括户外超大视频广告、楼宇视频广告、车载视频广告、网络上具有明显识别性的广告等。在新媒体广告中，这类广告最具有传统广告的特点，即在受众所关注的特定空间与时间进行产品或品牌信息的发布，以引起注意、产生记忆及好感，但它们得以呈现的技术是数字化的，因此需归属于新媒体广告范围。

2）企业的品牌网站

企业的品牌网站，是广告主或品牌主自身所建立的、可向受众提供较全面、完整品牌信息的媒体平台。企业的品牌网站作为企业的自有媒体，是企业进行对外（品牌）宣传、信息和产品发布的窗口。

3）搜索引擎广告

搜索引擎广告，是受众或消费者借助搜索引擎这一中介渠道来满足信息搜索需求的广告形式。搜索引擎作为新媒体广告的中介渠道，有一个其他广告媒体无法比拟的特点：能使广告增值。目前，搜索引擎广告的排序一般是竞价购买，即在同一个关键词的搜索上，谁出的钱多，谁的网站排名位置就靠前。此外，也有用点击率来计算付费额并进行排序的方法。

4）体验类新媒体广告

体验类新媒体广告，是利用新媒体营造虚拟、逼真的消费场景，使消费者能更多地获得广告产品的真切体验，从而引导相应的消费行为的一种广告形式。它一般设置于品牌终端店的视频、品牌网站上的品牌商店以及商业电视频道的专题栏目中。例如，在美特斯邦威的网站上，有由各款产品的展示、模特穿着效果、设计理念、面料质地说明、标价等构成的体验空间，可供消费者进行互动沟通，从而形成了一个立体、虚拟性的体验场景。

5）内容植入广告

内容植入广告，是指广告主通过付费的形式，将产品或品牌信息及具有代表性的视觉符号甚至品牌口碑理念策略性融入媒体内容中，来取得一定广告效果的广告手法。内容植入广告利用人们的潜意识进行传播，即把广告植入电影、节目情境中，通过情境式的沟通对消费者进行下意识的诱导，让消费者在不知不觉中吸收商业性信息，如图7-12所示。

图7-12 植入式广告举例

图片来源 作者根据相关资料整理.

6）自媒体传播广告

自媒体传播广告，是指在现代媒体环境下，企业或者企业中的个人利用网络交互性平台，直接或间接地发布各类广告信息，并予以答疑，从而为企业零成本地进行品牌传播，并引发相应的销售行为。这类媒体平台包括微博、微信、抖音、今日头条等。自媒体传播颠覆了现有的新闻媒体传播模式，彻底改变了新闻传媒“点对面”、单向的垄断传播或精英传播形式，使传播进入了一个交互的、“集市式”的、由大众控制的时代。

7.6.2　新媒体广告的设计制作原则

1）激发受众参与

新媒体广告应该突出其具有的新媒体优势——互动性，而这正是传统媒体广告所无法实现的。相对而言，传统媒体广告如广播广告、电视广告等主要采取推送的方式，受众被动地接受广告，常常会产生抵制心理。新媒体的交互性特点，使得受众由原来的被动接受信息转化为主动参与信息的生成，从传播效果上来看，更有利于广告信息的有效传播。新媒体广告的设计应该着力激发受众的参与与情感共鸣。以瑞典邮政快递公司的广告片《绿色之声》为例，设计者为了提高广告主的知名度，专门制作了一个网站，并在网站上投放了80个用同样的包装纸包裹起来的礼物，而用户需要做的是选择礼物，然后采用摇动和倾听的方法，来猜测其中的礼物是什么东西，如果猜中了，就可以免费获得这个礼物。用户通过调节礼物下方的音量按钮，甚至可以把听到的声音发送给好友，请求他们的帮助。这一设计的创意点在于激发用户的好奇心，并结合大部分用户童年时期喜欢的猜谜活动，唤起他们积极参与的情感反应。活动期间内，共有140 240名用户猜对了80%的答案，推广活动也取得了预期的效果。

2）使受众沉浸其中

资源33（文本）

网红品牌三顿半逆势增长，究竟做对了什么？

新媒体广告还应该具有促使用户沉浸其中的召唤能力。在设计制作新媒体广告作品时，设计者应该做到沉浸和交互的融合统一。以法国维珍电台YouTube创意广告《越吵越好》为例，法国维珍电台是专门针对青少年的电台，如何才能把该电台的节目推广到全世界呢？广告设计者认为，年轻人都喜欢音乐，并且喜欢在看电影、电视、听音乐的时候，把声音调得很大，这似乎是年轻人的专利，以为这样就能存在于绝对自我的世界中。为此，设计者们提出了“Louder is better”（越吵越好）的创意。这一广告作品由三段交互视频组成：第一段交互视频是少年用把车内音乐声调得越来越大的方式来挑衅母亲，在视频的最后，如果用户感兴趣，可以点击观看另外两段交互视频。用户和视频交互的方式是调节视频下方的音量按钮，此时严肃的内容随着音量的增大开始变得有趣、可笑。士兵正在训练和医生、护士正在手术，这本来都是非常严肃的事情，但是在用户和视频的交互下，士兵们做起了各种滑稽的动作，医生和护士更是跳起了街舞。这一广告形式吸引了众多用户的关注。营销效果是：1周内观看视频的用户达到100万人，视频获得10万次转发和分享；3周后观看过此视频的80%的用户想去听维珍电台的节目，67%的人愿意和朋友、同事一起分享该视频。由此，我们可知，所谓促使沉浸在广告设计中，重要的是符合用户心理需求的悬念的设置，用户期待故事背后不同的事件进展，沉浸于探索重重悬念的乐趣中。在探索之中、之余，将品牌的相关信息、相关理念，也巧妙地传递给用户。

本章小结

广告文案，又称广告文稿，即我们通常所说的广告词，是指广告中的语言文字部分。文案的使命是形成动机与欲望，建立信任感，给消费者在众多品牌中找一个一定要选择某一品牌的理由。

一篇完整的广告文案是由标题、正文、口号、随文四部分构成的，这四部分分别传达不同信息，发挥不同的作用。标题是信息、趣味和创意展现，正文是完整信息和深度诉求，广告语是品牌标志性符号和销售承诺，随文是最后的销售推动。

针对消费者认知和情感投入的差异，广告文案有理性诉求、感性诉求和情理结合诉求三种最主要的诉求手法。理性诉求可以多种方式传达具体信息、进行观念说服；感性诉求则可以充分挖掘与消费行为相关的多种情感与情绪。

广告设计是指根据企业的营销战略，通过色彩、图形、文字等手段，将广告创意按照大众共同的审美标准进行排列组合，以求创造出具有视觉感染力的广告作品。

制作报纸广告，要考虑广告占据的版面空间、位置安排和色彩使用。

杂志广告的制作程序与报纸广告相同，但由于杂志广告比报纸广告印刷得更精美，因此，为了增强表现力，杂志广告以图片为主，文字简短而精练，图文并茂，在制作上更讲求针对性和表现力。

广播是通过电波传递声音的一种现代化传播媒体。有声语言、音乐和音效，是广播广告的基本要素。

电视广告的构成要素要比广播广告丰富得多，除了声音（包括人声、音乐声、音响声）之外，还包括画面和时间两大要素。

户外广告的设计要求是：排版简单明了；文字精练；通过创意吸引受众；实现与环境的配合。

网络广告设计的原则包括：信息导向的明确性和快捷性、设计制作的趣味性和体验性、内容和风格的一致性。

新媒体广告的设计、制作原则主要体现在两个方面：激发受众参与，促使受众沉浸其中。

关键概念

广告文案　理性诉求　感性诉求　广告设计　广告制作

复习思考题

1）简述广告文案的构成要素及其相应的功能。

2）广告文案创作的诉求手法有哪些？

3）简述广告色彩对广告作品的意义。

4）平面广告的版式类型有哪些？

5）简述平面广告的制作程序。

6）电视广告的三要素是什么？

第7章测一测

7）在一则广告作品中，图像与文案哪个更重要？说说你的理解。

8）冷暖色调在广告中的作用有多大？试举例说明。

9）户外广告的设计有哪些原则？

10）简述网络广告的制作流程。

11）谈谈新媒体广告制作需要遵循哪些基本原则。

专业技能训练

1）试为一家音乐文化酒吧写一则广播广告文案，要求如下：

文案时长15秒，大约60个音节。

诉求重点：音乐、文化。

消费群体：有一定文化修养，时尚且稳重，年龄20～40岁。

文案要求：新、奇、特，表现出以下人物的精神：广告人、摄影师、时尚人物等。

酒吧名字含义：音乐仓库，文化重地。

2）以小组为单位，试把你写的广播广告文案制作成一则广播广告，体会广播广告制作的流程。

本章参考文献

[1] 乐剑峰. 广告文案［M］. 北京：中信出版社，2016.

[2] 郑建鹏. 广告文案［M］. 北京：首都经济贸易大学出版社，2013.

[3] 张冰. 广告文案写作理论与实务［M］. 重庆：重庆大学出版社，2016.

[4] 韩光军. 现代广告学［M］. 6版. 北京：首都经济贸易大学出版社，2015.

[5] 陈培爱. 现代广告学概论［M］. 4版. 北京：首都经济贸易大学出版社，2018.

[6] 丁俊杰，康瑾. 现代广告通论［M］. 3版. 北京：中国传媒大学出版社，2013.

第8章　广告媒介策略

学习目标

通过学习本章，你应该：

了解不同时期广告媒介的变迁；掌握各种类型广告媒介的特点；理解广告媒介策略的实施。

了解今日的世界，万物皆媒，所有的时空都是媒介传达的形式。广告因媒介的变化，其范畴也实现了大大的拓展。如果说，以往的广告是通过某种具体的媒介渠道进行广而告之的劝服性活动，今日的广告已经扩展为与产品相关的各个媒介接触点的所有信息内容。

引例　　这是媒介，这也是媒介

抬头是媒介，低头也是媒介。

在无处不媒介的当下，只要是能被人肉眼看到的地方，都可以被用作传播路径。传播路径如此之多，想要推陈出新，找到更新的玩法，一是可以从内容入手，二是可以从媒介本身入手。

向来喜欢在易拉罐上做文章的可口可乐，瞄上了漫威巨制《复仇者联盟4》，并与之合作推出了限定款零度可乐罐包装图案。钢铁侠、美国队长、黑寡妇、绿巨人、雷神等多款超级英雄造型分别出现在零度可乐的包装上（如图8-1所示）。包装上除了人物元素外，在整体瓶装颜色上还采用可口可乐与漫威影业的主色调黑红色进行搭配，呈现出酷炫的视觉效果。联名款可乐不仅在美国发售，还在世界上其他国家与电影同步上市。

图8-1　漫威动漫形象零度可乐罐

有的人会说，可口可乐在包装瓶上的宣传，已经没有那么吸引消费者的眼球了，它已做过太多次，只能依靠与IP联名从内容入手。这么想的人显然低估了可口可乐的创新能力，也低估了一个可乐罐能拥有的魅力，不信，看下面这个可口可乐罐（如图8-2所示）。

图8-2　可口可乐易拉罐英雄头像别针拉环设计款

在巴西市场，可口可乐易拉罐上增加了与包装相对应的英雄头像别针拉环，共有7款，拉环拆下来之后可以当作徽章。别看只是在拉环上做一个小小的改动，却让整个易拉罐有了更大的实用价值，毕竟，抢购速度说明了一切，这7款限量版的徽章拉环系列一经发售，短短半小时就被一抢而空，又是“只能看买不到”系列。

与集齐7个易拉罐就能召唤“神龙”不同，在旺仔牛仔那里，当初喜欢买小浣熊干脆面收集卡片的消费者，这次得买够56个易拉罐了。

2019年3月份微博热搜上的56个民族版旺仔牛奶，之前只是内部员工的手绘包装，后经旺仔和天猫国潮联名，共同推出，市面上已经可以买到了！据介绍，2019年正值中华人民共和国成立70周年，也是旺仔陪伴消费者的第40个年头，旺仔牛奶希望借此机会，携手56个民族兄弟姐妹表达对祖国母亲的祝福，56个民族56罐奶，56个兄弟姐妹喝旺仔。其营销手法还用了非常潮流的“盲盒”形式，56个民族版旺仔牛奶以“惊喜旺盒”的盲盒形式发售，消费者可以随机获得民族罐、零食、周边产品等，集齐“最旺民族风”（如图8-3所示）。

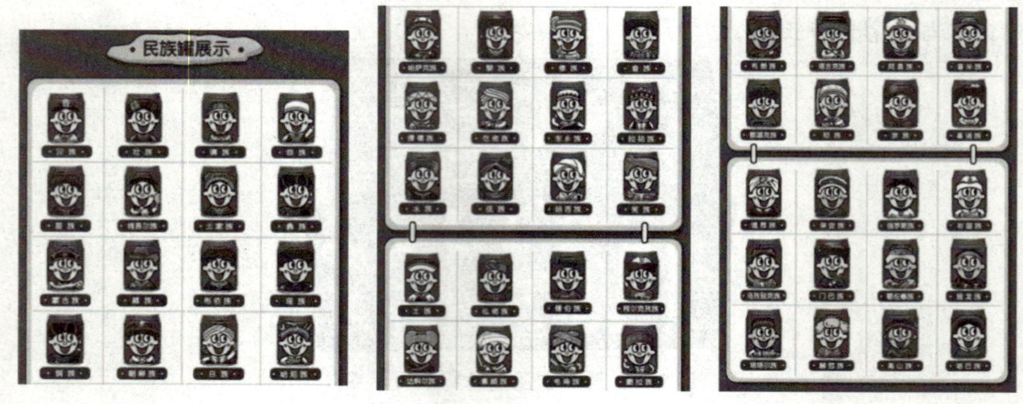

图8-3　旺仔牛奶民族罐

资料来源　现代广告杂志社．这是媒介，这也是媒介［EB/OL］．［2019-05-08］．https：//baijiahao.baidu.com/s？id=1632941600128064843&wfr=spider&for=pc.

8.1　媒介概述

8.1.1　媒介与媒体的概念辨析

关于媒介与媒体，目前很多人都不明白两者到底有什么区别和联系，或者直接把两者混为一谈。厦门大学新闻传播学院广告学教授陈培爱认为，媒体的组合构成“媒介”，媒体是媒介的组成部分，媒介包括媒体。在英语中，“Media”（媒介）是“Medium”（媒体）的复数形式，这也使陈培爱教授的观点得到了印证。

从广义上讲，媒介是指使两者发生某种联系的中介，如人们经常说的媒人，实际上就是媒介，是促使男女双方相识乃至结合的中间人。我国关于媒人的记录，最早出现在《诗经》里，可见在春秋时期或者更早以前，我国就存在媒人这种婚姻中介。这就是说，媒介可以是人，不仅可以是媒人，还可以是电视台的主持人等；媒介也可以是物，如信件、情书、小纸条等。媒介可以是物质的，如海报；也可以是非物质的，如阳光、空气、通信信号、电波等。

相对于媒介而言，“媒体”则是一个小的概念，包含在媒介之中，是媒介的一部分。媒体更强调物质性，往往指人们可以接触到的信息传播物体，有时候也指多种传播物体的综合运用。

当然，正如美国人只用“Media”一词来表示信息传播中介一样，我国对“媒介”与“媒体”两个概念的运用也比较模糊，很多时候，人们对两者并不进行明确的区分，而且在大多数人的认知中，两者的意思是一样的。

8.1.2 媒介发展简史

媒介经历了从口头媒介到新媒介的发展与过渡。对于媒介发展历史，我们可以进行如下简单划分：

1）口头媒介

人类最早是使用口语这一媒介进行信息的传达与沟通的。即使是在多媒体技术越来越发达的今天，口语也依然是人们使用较多的媒介。但是口语在空间、时间上存在先天性的局限，转瞬即逝，不易保存。

2）早期的实物媒介与文字媒介

早期的实物媒介（如原始社会的“结绳记事”）与文字媒介（如我国古代的甲骨文、金文、竹木简、帛文等）虽然简单笨拙，但是大大弥补了单一口头媒介的不足。这些媒介可以长期保存，也可以传播得更远。

3）近代的平面与印刷媒介

近代的平面与印刷媒介主要是指15世纪出现的印刷书籍、17世纪出现的定期报纸、18世纪出现的杂志，以及19世纪中期出现的大众媒介（如便士报、1角钱小说等）。应该说，古代的中国人为印刷时代做出了很大的贡献，造纸术、印刷术的发明加快了人类传播发展的步伐。

4）电子媒介

电子媒介主要是指19世纪初产生的照相技术、无线电技术、电话技术，以及19世纪80年代出现的电影、19世纪末出现的唱片、20世纪初出现的广播、20世纪中期出现的电视。

5）新媒介

新媒介主要是指20世纪后期出现的卫星、有线电视、数字媒介、网络媒介、手机媒介等。

8.2 广告媒介的类型与特点

8.2.1 平面广告媒介的类型与特点

平面广告媒介也称纸制广告媒介或印刷广告媒介，是通过印刷工艺把文字、图像等广告信息固定在纸张或其他载体上构成的广告传播媒介。平面广告媒介主要包括报纸、杂志、招贴、传单、样本、目录、说明书、宣传册等。它的优点是记录性强，便于保存和重复阅读；其缺点是时效性差，对读者有文化程度方面的要求。下面，我们对平面广告媒介的类型进行简单介绍。

1）报纸广告媒介

近代第一张报纸出现于17世纪初的德国，主要是由于1445年德国人古登堡发明了金属活字印刷术。我国的报纸问世较早，主要有以下两类：一是官方报纸，最早可以追溯到汉代的《邸报》，其主要内容是发布皇帝的诏书，官员的升迁、罢免等；一直到唐代，《邸报》都是官方互通信息的主要渠道。二是民间报纸，最早出现于宋代。

报纸的种类非常多：按照发行时间的不同，可以分为日报、晨报、晚报、周报等；按照发行地域的不同，可以分为地方性报纸、全国性报纸及世界性报纸；按照信息内容的不同，可以分为综合类报纸、经济类报纸、文化娱乐类报纸，以及按产业分类的报纸；按照发行对象年龄的不同，可以分为少年报、青年报、老年报等；按照报纸性质的不同，可以分为政党报纸和非政党报纸等。

报纸是历史最悠久的传统资讯载体，它承载的是静态的文字和图片信息。报纸发展到一定阶段，就开始扮演广告媒体的角色。1625年，《英国信史报》刊登了一则图书出版的广告，被人们认为是最早的报纸广告。1704年4月24日，《波士顿新闻通讯》创刊号上刊登了一则向广告商推荐报纸的广告，成为美国第一份刊登广告的报纸。被称为“美国广告业之父”的本杰明·富兰克林，在他创办的《宾夕法尼亚日报》创刊号的第一版上，用艺术手法刊登了一则推销肥皂的广告，以巨大的广告标题取代了新闻的重要版面，开创了报纸广告应用艺术的先例。今天，报纸广告媒介仍然是大多数国家重要的广告媒介，美国新闻界人士曾称“广告是报纸的血液”。

报纸广告如图8-4所示。其表现形式主要有以下几种：

①常规报纸广告。根据广告所占位置和版面大小的不同，常规报纸广告一般有整版、半版、中缝、跨版以及其他尺寸等几种形式。

②分类广告。分类广告适用于小企业发布产品广告信息，如房屋租赁、家政服务等。

③特约专栏。特约专栏是指报纸的某个相关栏目以企业冠名、特约刊登、征文或与报社联办、协办的形式出现，这是一种在我国应用较多的报纸广告赞助形式。

④报纸夹页广告。报纸夹页广告是指在报纸中夹带单独的产品宣传广告，随报纸发行到达读者手中。

图8-4　报纸广告

图片来源　作者根据相关资料整理.

报纸广告的优点是权威，可信度高，价格便宜，地理选择性强，较灵活，信息量大，时效性强。其缺点是有效期短，阅读受限制，近些年受新媒体的冲击较大，关注度低，印刷质量不高。

2）杂志广告媒介

杂志又称期刊，是一种有固定刊名、以固定或相对固定的时间周期连续编号且成册出版的平面印刷读物。“杂志”一词的英文为“Magazine”，源于阿拉伯文的“Makhazin”，意思是“仓库”或“军用品供应库”。关于“Magazine”的中文翻译，最早为“传统记”，意思是无所不记，广为流传。1904年，商务印书馆出版的《东方杂志》才第一次使用“杂志”这个词指代定期出版物。

美国在19世纪30年代出现廉价报纸，直到19世纪90年代才出现廉价杂志。一般认为，美国廉价杂志的创始人为穆塞。他于1889年创办了《穆塞杂志》，并注重在每期杂志上刊登广告盈利。册装本的《邸报》及《京报》可以说是我国古代意义上的杂志，而现代意义上的杂志是随着西方文化传入我国的，是由外国人首先创办起来的。杂志也是一种重要的广告媒介，而广告是杂志的主要经济支柱，是杂志生存和发展的重要经济基础。1853年创办于我国香港地区的《遐迩贯珍》杂志，开创了我国杂志广告的先河。杂志广告如图8-5所示。

图8-5　杂志广告

图片来源　作者根据相关资料整理.

按其所处的篇幅位置可以分为以下几种：

①特殊篇幅广告。杂志的封面称为封一，封面的背面依次为封二、扉页（又称里封面或副封面）、插页（插装在杂志内的单页），封底又称封四，封底的里面就是封三。一

般封面、扉页和封底的广告费最贵，封二和封三的广告费次之，插页的广告费相对便宜。根据各个杂志不同风格设定的特定位置、尺寸的彩版广告，也称为特殊篇幅广告。

②常规篇幅广告。一般来说，杂志广告有全页、半页、1/4页之分。其中，全页广告较为多见，版面较大，内容丰富，表现内容深刻。

③彩页广告。杂志广告的用纸比较讲究，可以最大限度地发挥彩页的效果，在印刷上要比报纸广告精美得多。

④赠品广告。赠品广告即利用包装手段，在杂志内夹带产品的试用装。赠品广告在国外颇为流行，近年来在国内也较为流行，很多时尚类杂志都会采用。

⑤嗅觉广告。例如，美国香水厂商在时尚杂志中埋设“香水地雷”，当读者翻阅杂志并触及“香水地雷”时，名牌香水的芬芳就会扑鼻而来，从而引起人们的购买欲望。

⑥隐形广告。隐形广告采用了热敏印刷技术，如“请读者伸出自己的手，印在杂志画面的手上，看看里面有什么”，这样做之后，由于热感应，隐藏的画面就会出现，从而带给读者意想不到的惊喜。

⑦立体式杂志广告。例如，曾经有家保险公司在某杂志上登了一则立体式广告，一打开杂志，公司形象——立体的三角大厦就会矗立在读者的面前，给读者以新鲜感。据说当时喜欢该公司的人数因此增加了几乎4倍，杂志的销量也因此增加了。

杂志广告的优点是针对性强，对象明确集中，印刷精美，富有吸引力，突出醒目，干扰很小，读者接触的次数多，阅读深度会超过其他形式的广告。其缺点是发行量有限，周期较长。因此，那些需要在短时间内让受众知道的广告不宜在杂志上刊登。

杂志广告媒介是一种小而精致的媒介。

除了报纸和杂志外，其实还有很多平面广告媒介，如名片。名片广告如图8-6、图8-7、图8-8所示。

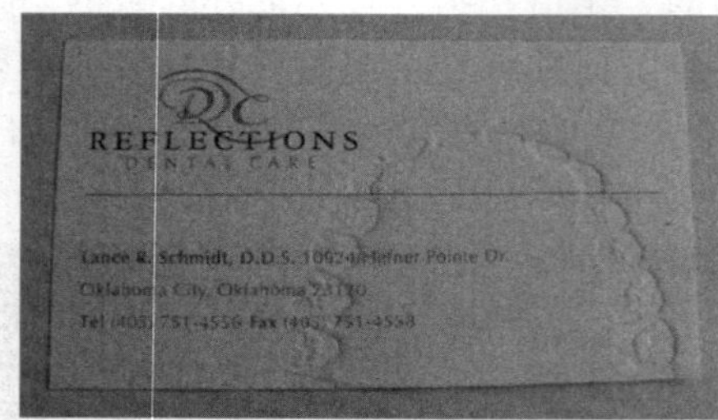

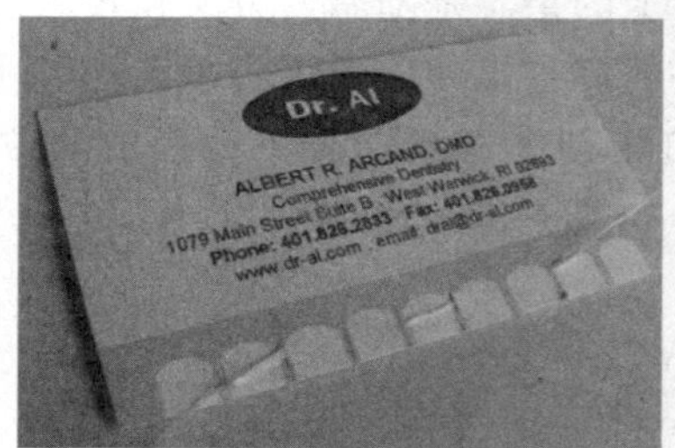

图8-6　牙医的名片广告

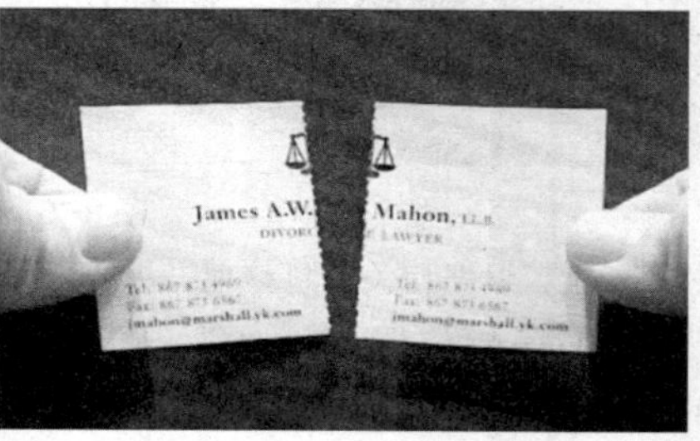

图8-7　离婚事务所的名片广告

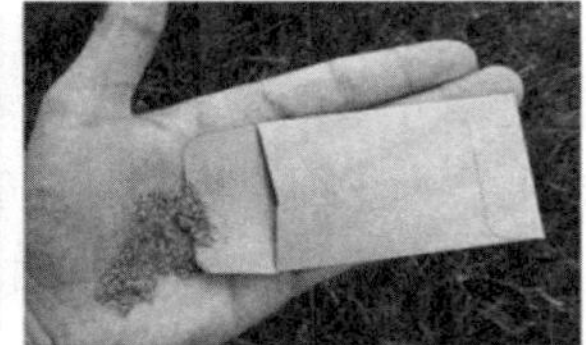

图8-8　草籽公司的名片广告

8.2.2　电子广告媒介的类型与特点

1）广播广告媒介

广播产生于20世纪初，电视产生于20世纪中期。在电视兴起之前，广播经历过一段辉煌的发展时期。20世纪80年代初，人们获取新闻的主要渠道依次是广播、报纸和电视。到了20世纪90年代，电视才兴盛起来，人们获取新闻的主要渠道依次也变为电视、报纸和广播。从中我们也可以看出，广播正面临着严峻的挑战。

从技术的角度划分，我国广播的类型主要有四种：调频（FM）、调幅（AM）、短波（SW）、长波（LW）。其中，FM、AM、LW负责国内广播，SW负责国外广播，如VOA、BBC、NHK。调频以播放高质量音响的立体声节目为主，如大连电台交通广播FM100.8兆赫。从范围上划分，我国广播电台大体可以分为三级：中央一级，省、自治区、直辖市一级，地、县一级，此外还有有线广播网。这些广播电台及广播网都承办广告业务。

广播广告的表现形式主要有以下几种：

①常规广播广告。常规广播广告在常规时间播出，在时间安排上不作特殊处理。

②插播广告。插播广告在广播节目播放前或播放中播出。将大量的广告在一定期间集中播放，让听者一次又一次地接触同样一个广告，称为集中插播。

③特约栏目。特约栏目是指与广告主合作打造的栏目，多以广告投放者的名义冠名，或者邀约广告投放方人员参与主持节目。

④广告歌曲。广告的表现手法仅限于听觉，语言、音响和音乐是广播媒介常用的三个要素。因此，广告歌曲的地位越来越重要。相对于平直的语言，歌曲的旋律悠扬，节奏充满动感，歌词脍炙人口，能够给听众留下深刻的印象，一旦成为流行曲目，更会增强广告效果。

⑤联播广告。广告主可以订购某一全国性广播网联播电台的时间，同时向全国市场宣传自己的产品。

⑥点播广告。点播广告在市场选择、电台选择、播出时效选择、文案选择上为广告主提供了更大的灵活性。点播广告可以有选择性地针对目标受众播出。

广播广告的优点是传播迅速，受众广泛，移动性强，接收自由，制作方便，费用低廉。其缺点是选择性差、形象性差，转瞬即逝。

2）电视广告媒介

人们常说的“耳听为虚，眼见为实”以及“百闻不如一见”等，都说明了视觉的重要性。科学研究表明，在接收信息和处理信息方面，人类的视觉中枢比听觉中枢快500

倍；在信息保留方面，视觉中枢的信息保留率比听觉中枢要高3倍，形象记忆明显高于抽象记忆。人脑的3/4是为视觉服务的，通常，从10岁开始，视觉就成为人探索和理解世界的主要感官了。科学研究还表明，人类的信息有1%来自味觉，5%来自嗅觉和触觉，11%来自听觉，83%来自视觉。因此，随着人类传播历史进程的不断演进，诉诸视觉的媒介——电视出现了。

1925年，英国科学家约翰·洛吉·贝尔德制造出了第一台能传输图像的机械式电视机，这就是电视的雏形。其第一次在电视上成功清晰地显示出一个人的头像，1926年1月26日，他在伦敦做公开表演，轰动了整个世界。美国科学家费罗·泰勒·法恩斯沃斯于1927年成功地用电子技术把图像从摄像机传输到接收器上，这被公认为电视诞生的标志。因此，法恩斯沃斯也被称为“电视之父”，如图8-9所示。但是，法恩斯沃斯对自己的发明并没有太多的好感。他晚年曾尖锐地批评自己的发明是“一种令人们浪费生活的方式”，并且禁止家人看电视。不过，电视成为家家户户的必需品这一事实却是无法改变的。法恩斯沃斯的卓越贡献也得到了人们的认可。美国《时代》周刊把法恩斯沃斯列为20世纪对世界影响最大的100人之一。

图8-9　“电视之父”——费罗·泰勒·法恩斯沃斯

20世纪50年代，美国科学家最早研制成功了彩色电视。到了20世纪80年代，电视领域的最大发展是高清晰度电视（HDTV）的问世。1989年6月3日，日本成为世界上第一个每天都播放高清晰度电视节目的国家。今天，电视进一步数字化和网络化，并发展为数字电视。

1958年5月1日，我国第一个电视台——北京电视台（现在的中央电视台前身）开始试验播出节目，这标志着我国电视事业的诞生，因此这一天被称为中国电视事业的诞生日。1979年1月，上海电视台播出了“参桂补酒”的广告。电视广告的起步虽然晚，但是发展很快。现在，我国电视广告的收入远远超过了报纸、广播，电视成为名副其实的强势媒介。我国现有2 700多个电视频道，所覆盖的受众面非常广，每年播出的总时长达105万个小时，为世界之最。

电视广告的主要表现形式有以下几种：

①电视广告片。电视广告片的时长一般为15秒或30秒，也有的为7.5秒。电视广告片可以使产品品牌或企业形象深入人心。

②标版广告。标版广告的时间较短，一般为5秒甚至更短，通常只有一两个体现企业形象的画面和一句广告语。电视黄金时段的标版广告被许多企业看好，如中央电视台新闻联播后的5秒标版，连续多年成为企业争夺“标王”的领地。

③赞助广告。赞助广告的形式包括赞助电视晚会、赞助体育比赛直播、赞助卫星实况转播、赞助电视剧的拍摄、赞助电影的放映等，一般在片头或片尾注明“××企业赞助”的字样。但更多的时候，我们会在电视剧或电影中看到赞助商的“渗透”，如道具、场景等。

④栏目冠名广告。栏目冠名广告有两种：一种是将电视台的某些热门栏目以企业的名称或产品品牌命名，如“隆力奇杯青年歌手电视大奖赛”；另一种是挂名“特约播出”，如“小天鹅周日影院”。

⑤电视信息片。电视信息片属于传播产品信息的较低水平的广告片，其内容大多是对产品功能进行介绍和演示，如电视直销广告片。

⑥贴片广告。贴片广告即跟片广告，广告本身并没有什么特别之处，但是它固定地“贴”在某一部电视连续剧的片头、片尾或片中。

⑦游字广告。电视台在播放正常节目的过程中，有时会在屏幕下方打出一行游动的字幕，即时播放产品促销信息。

电视广告的优点是收视率高，传播面广，声像兼备，传播迅速，不受时空限制，具有娱乐性，受众参与度高。其缺点是广告信息不易保存，费用较高，时间限制较大。

3）电影广告媒介

1895年12月28日，卢米埃尔兄弟在巴黎卡普辛路14号的“大咖啡馆”地下室中，第一次用自己发明的放映摄影兼用机放映了影片《火车到站》，并公开售票，这标志着电影的正式诞生。电影媒介的特点包括：受众广泛、影像音质效果好、表现力强、重复率高、影响持久。

电影广告的类型主要有三种：

（1）广告电影

一部完整的电影有时也是一个广告。例如，100分钟的美国电影《进化》，实际上就是一则海飞丝洗发水的广告。

（2）植入广告

植入广告真正进入电影业的标志是1951年由凯瑟琳·赫本和亨弗莱·鲍嘉主演的《非洲皇后号》，影片中出现了具体的产品——戈登杜松子酒的商标镜头。1982年，在美国导演史蒂芬·斯皮尔伯格执导的影片《外星人》中，小主人公用“里斯”巧克力吸引外星人的画面则成为植入广告的一座里程碑。

（3）贴片广告

电影贴片广告也可以称为随片广告，是将企业产品广告或企业形象广告与影片一同拷贝呈现在受众面前的一种广告形式，通常播放于影片的正式内容前或正片结束后。1994年11月，肯德基搭载第一部国外进口大片《亡命天涯》，成为中国可考证的第一部电影贴片广告。

电影贴片广告根据经营方不同可分为四类：

①院线贴片广告。在影片的院线放映过程中，局部院线与广告主合作，广告随影片在院线内放映，一般适用于地区性广告主和产品。

②影院贴片广告。影院在放映影片前，与当地广告客户合作，广告仅限于在影院影片放映周期内播放，具有较强的时效性。

③发行方贴片广告。发行方在影片制作完成后的发行阶段，以招商的形式与实力较强的广告主合作，广告伴随整部影片的发行放映过程。

④片方贴片广告。这是指片方在影片的制作和发行过程中与广告主合作的广告。

8.2.3 数字广告媒介的类型与特点

1）网络广告媒介

最先提出计算机网络需求，并且实施计算机网络开发的是美国军方。20世纪90年代初，网络技术的发展在世界范围内进入全盛时期。网络具有交互性、开放性、弱控制性等特性，在社会的各个方面都发挥了巨大的作用。网络作为一种新兴的广告媒介，是一种诉诸多感官的媒介，它将视频、音频、文字、图片等传播元素融为一体，形象直观，视听合一，表现灵动。

1994年，美国的《在线》杂志推出了网络版Hotwired，其主页上开始出现网幅广告，这是网络广告史上的第一个里程碑。这一时期，网络广告的技术还不成熟，用户少，主要集中在IT行业。之后几年，网络行业整体飞速发展，网络广告也逐渐发展起来。这一时期，网络广告的技术还不稳定，时起时落。

我国的网络广告与世界网络广告的发展脉络大体相似。我国的网络广告业在经历了波峰、波谷的过程后，逐步进入相对稳定的高速增长阶段。随着网络的普及与发展，越来越多的广告主看好网络广告，网络广告的前景也逐渐明朗起来。

网络广告的要素包括广告主、广告资讯、广告媒体、广告受众、广告效果等。网络广告具有交互性、广泛性、针对性、多样性、便捷性、整合性等优点。其缺点是广告效果较为模糊，供需很难平衡，专业人才缺乏，网络本身存在限制。

网络广告一般可以分为以下几类：

(1) 网幅广告

网幅广告是以GIF、JPG等格式建立的图像文件，大小一般不超过20k，常见尺寸为486×60像素。网幅广告有静态和动态之分，往往出现在主页的顶部和底部，是网站中最常见、最重要、最有效的传播手段。蒙牛网幅广告如图8-10所示。

网幅广告的种类有很多，常见的有以下几种：

①导航条广告。其运用对浏览器导航栏进行外观定制的技术，将导航条古老的灰色导航区域彻底抛弃，具有小巧、简洁、标志性、价格低的特点，为网络广告提供了崭新的个性化空间。爱茉莉梦妆导航条网络广告如图8-11所示。

图 8-10 蒙牛网幅广告

图片来源 作者根据相关资料整理.

图 8-11 爱茉莉梦妆导航条网络广告

②撕页广告。撕页广告的形式仿佛翻开书页一般，在有限的空间内，以新颖别致的方式直观、有效地展现广告内容，给人独特、超前、超乎一般的感受；在同样的频道内，这样独特、新颖的形式更容易吸引用户的注意，从而取得极佳的广告效果。撕页网络广告如图 8-12 所示。

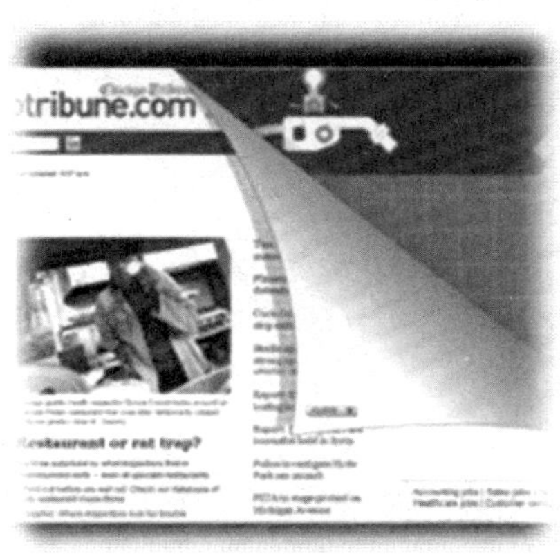

图 8-12 撕页网络广告图示

③特型广告。保时捷特型网络广告如图 8-13 所示。该广告类似瀑布流的展示，给用户留下了极深的印象。

图 8-13　保时捷特型网络广告

图片来源　作者根据相关资料整理.

④冠名广告。云南白药对李健视频号线上演唱会独家冠名，如图 8-14 所示，打出“云南白药口腔健康 携手音乐诗人李健共赴海的邀约”的广告，并且通过媒体传递了“守护每一个想要开口唱歌的时刻，让你随心所欲，自然而然，像海一样”的产品价值。

图 8-14　云南白药冠名视频号广告

⑤特型浮动Logo。特型浮动Logo打破了固有的、死板的广告表现形式，广告既时尚又不失稳重，灵活、独特、新颖，给用户以全新的视觉冲击，使用户对广告产品的印象更加深刻，在独特的表现方式下能取得极佳的广告效果。Office 2010特型浮动Logo网络广告如图8-15所示。

图8-15 Office 2010特型浮动Logo网络广告

(2) 文本链接式广告

文本链接式广告以一行文字作为一个广告，点击后就可以进入相应的广告页面。文本链接式广告的收费较低，对浏览者的干扰最小，较为有效。文本链接式广告如图8-16所示。

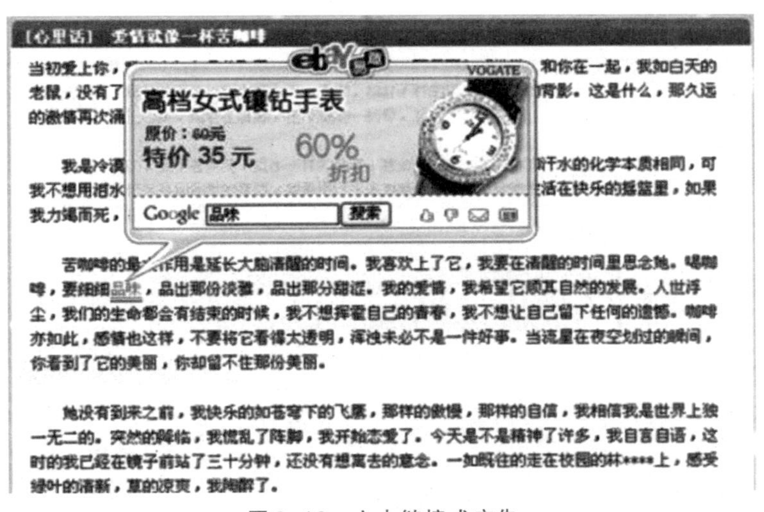

图8-16 文本链接式广告

(3) 关键字/词广告

关键字/词广告是指用户在搜索信息时，根据其检索的关键字/词，显示相应的广告。关键字/词广告如图8-17所示。

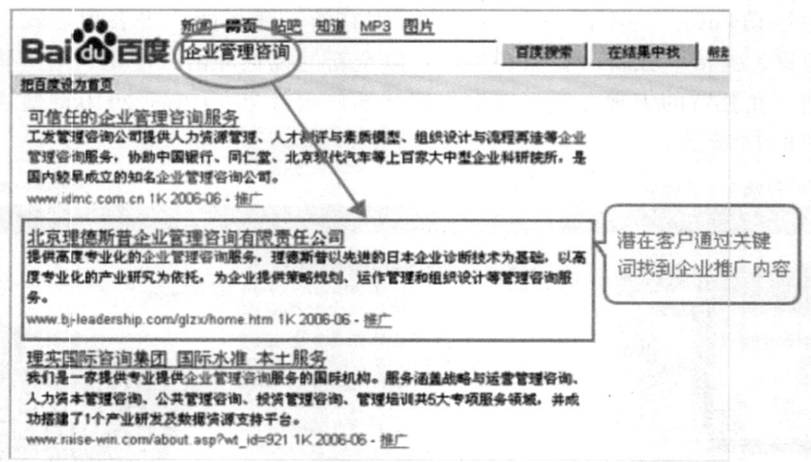

图8-17 关键字/词广告

（4）电子邮件广告

电子邮件广告具有针对性强、费用低廉、节约资源等特点。

（5）网上分类广告

网上分类广告由新浪网于2001年6月18日正式推出，涉及IT、家电、汽车、旅游、餐饮等20多个行业类别。

（6）弹出式广告

弹出式广告是一种不请自来的、带有强制性的广告。其最不受用户欢迎，因此前景很不乐观。弹出式广告如图8-18所示。

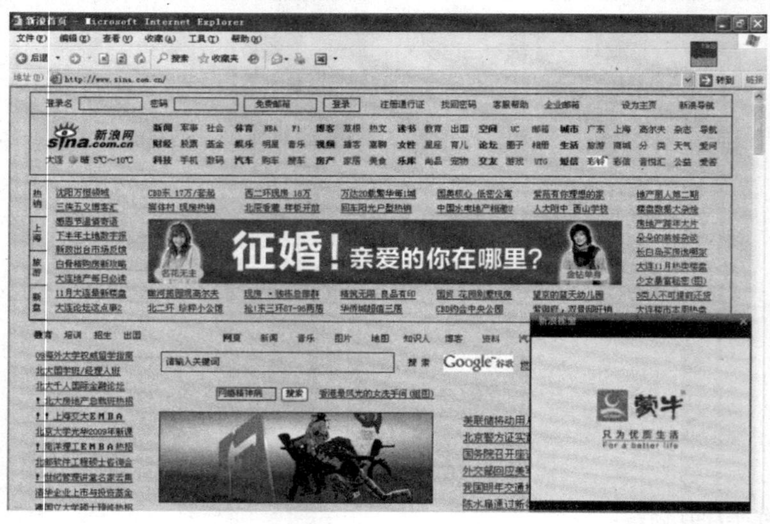

图8-18 弹出式广告

图片来源 作者根据相关资料整理.

（7）网页广告

网页广告是企业通过建立自己的网站，或者以依附其他网站资源开辟自己主页的方式发布的广告。必胜客网页广告如图8-19所示。

图8-19 必胜客网页广告

图片来源 作者根据相关资料整理.

(8) 富媒体广告

富媒体广告是一种综合采用动画、音频、视频等互动传播形式发布的广告。其最大优势是表现形式丰富，能够给用户留下深刻印象。富媒体广告如图8-20所示。

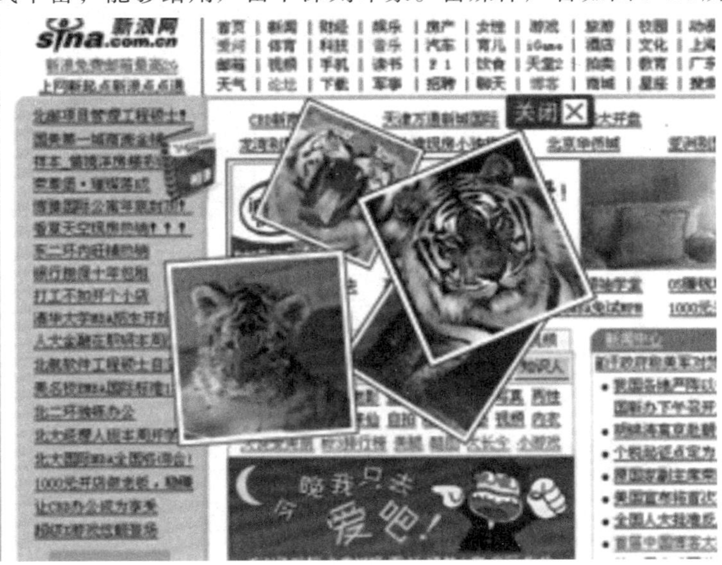

图8-20 富媒体广告

图片来源 作者根据相关资料整理.

(9) 电子贺卡广告

电子贺卡广告是通过电子邮件发送电子贺卡（E-card）来进行广告营销传播的，此种广告由于随附带有美好祝福、制作精良的贺卡，因此受到了很多人的喜爱，广告营销效果也非常突出。但是，近年来，由于应用过多，再加上其他新型网络广告形式的冲击，电子贺卡广告营销传播的功效正在减弱，发展前景不容乐观。电子贺卡广告如图8-21所示。

图8-21　电子贺卡广告

图片来源　作者根据相关资料整理.

（10）QQ对话框广告

QQ对话框广告属于即时通信广告，即在QQ等即时通信工具上对个体用户或用户群发布广告信息。它是基于用户体验产生的广告，受众较容易接受。虽然QQ对话框广告（如图8-22所示）具有一定的传播效力，但是这种广告形式相当于线下随处张贴的小广告，对用户干扰很大，容易招致受众的厌恶。

图8-22　QQ对话框广告

图片来源　作者根据相关资料整理.

（11）网络游戏植入广告

网络游戏植入广告是在网络游戏中植入的广告，它依托游戏的用户群，通过设置特定的条件，在游戏中的适当时间、适当位置出现，在玩家玩游戏的同时起到广告传播的作用。

网络游戏植入广告的形式一般包括：

①独立植入式。独立植入式广告是指信息比较完整而且独立出现的广告，如很多游戏片头会有与游戏合作的硬件厂商的广告，如Intel处理器、NVIDIA图形芯片等。

②体验式道具。体验式道具的植入方式就是把游戏环节中需要使用的道具设置为某种产品，并且游戏中道具的属性与产品有相同或相似之处，即把广告产品作为进行游戏必不可少的工具，将产品特点、功能渗透在游戏中，增强玩家身临其境的感受，其趣味性、互动性强，广告效果明显。例如，《飙车》游戏中所有轮胎的参数全部为米其林轮胎的真实参数（如图8-23所示），玩家在游戏中决定购买何种轮胎时，会分析比对各种轮胎的性能，这也就了解了真实的米其林轮胎的性能。

图8-23　网络游戏中的米其林轮胎广告

图片来源　作者根据相关资料整理.

③现实虚拟交错。这种模式不仅将现实中真实的产品植入网络游戏中，而且将网络游戏的虚拟世界搬到现实中来，从线上线下共同吸引受众。其一般包括虚拟角色和虚拟景观。

虚拟角色是在网络游戏中针对广告内容设置的一个角色，这个虚拟角色在游戏中可以与玩家对话，引起玩家的关注。例如，腾讯网络游戏平台曾经与中央电视台品牌栏目《开心辞典》进行广告合作，从而实现精准广告传播，如图8-24所示。

图8-24　游戏《QQ幻想》中虚拟的王小丫NPC

图片来源　作者根据相关资料整理.

虚拟景观是指将网络游戏业与传统旅游业相结合，由网络游戏公司运用虚拟现实技术、三维网游技术，把旅游景区移入网络游戏中，即将现实的旅游景区设计为网络游戏的背景，实现现实与虚拟的互动。例如，浙江凯恩旅游集团与杭州天畅网络科技有限公司合作开发的飞石岭虚拟景区就是网络游戏与旅游结合的有效尝试，产生了全球首个网络景点。天畅网络科技有限公司利用先进的技术把整个飞石岭景区逼真地植入其自主研发的3D民族网络游戏巨作——《大唐风云》中，让玩家以游客的身份通过网络获得一种身临其境的感受。体验过网络旅游的人在获取了景区信息的同时，更渴望去感受实地旅游的快乐；体验过实地旅游的人也愿意去尝试网络旅游带来的全新感受，使得游戏和景区的知名度双向成倍提高。天畅网络科技也由此获得了凯恩旅游集团提供的飞石岭景区3万亩山林景区70年旅游开发的49%的股权回报。

④广告游戏。它是指专门为品牌和产品打造一款游戏。例如，为了配合纯果乐饮料上市，公司特意模仿备受人们喜爱的经典游戏《连连看》制作了一组名为《水果对对碰》的休闲游戏，取得了很好的广告传播效果，如图8-25所示。

图8-25 纯果乐饮料打造的广告游戏《水果对对碰》

图片来源 作者根据相关资料整理.

⑤链接电子商务。随着网络游戏植入广告的发展，其逐渐承担起越来越直接的营销任务。一方面，受众不但能在游戏中进行虚拟购买，还可以进行真实的线上购买。比如，在索尼开发的游戏《无尽的任务Ⅱ》中，只要键入“比萨”一词，玩家便可进入必胜客网站订购外卖。另一方面，网络游戏通过道具捆绑促销等方式为产品营销直接提供支持，目前开展的合作主要集中在食品、饮料等快速消费品行业。

⑥搭载社交网站。社交网站可提供密集的真实人际关系网，同时也是便捷的资讯发布平台，这使它成为广告主的新宠。经过几年的起起落落，很多社交网站现已变身为重要的广告媒介，社交网站在线游戏的植入式广告也成为一种行之有效的新兴网络广告形式，如曾经很火的开心网的游戏植入式广告，如图8-26所示。

⑦融入政治色彩。它是指将神秘严肃的政治色彩融入原本属于休闲娱乐的网络游戏中。在这方面运用最为成功的是奥巴马竞选中的游戏植入式广告，如图8-27所示。

图8-26　开心网中的汽车广告

图片来源　作者根据相关资料整理.

图8-27　《火爆天堂》游戏中植入奥巴马竞选的广告

图片来源　作者根据相关资料整理.

(12) 微博广告

微博广告，就是微博用户把广告内容作为一条微博发布出去。其内容包括文字、图片、视频和超链接等，以用户转发、评论的方式得以传播和获得反馈。微博广告既可以是直接的广告，也可以是隐含性的软文或植入式广告。从广义上说，广告主以微博用户的身份在微博上进行的一切活动都可以被看作在“做广告”。

微博广告的形式包括企业自我宣传、企业联盟宣传、明星产品代言等。

(13) 病毒视频广告

病毒视频广告是病毒营销结合网络视频而产生的一种网络广告形式。广告主拍摄一段富有创意的视频，并在其中加入产品或品牌信息，以普通拍客的身份发布到视频网站上，凭借视频本身的趣味性吸引大量网民观看和转载，实现病毒式的传播效果，以此对产品或品牌进行宣传推广。

2）手机广告媒介

（1）手机广告媒介的特点

手机广告媒介集中了印刷广告媒介、电子广告媒介、网络广告媒介的优点，并且兼具无线网络传输随时、随地、随身的新特征。媒体传播调研公司华通明略发布的《移动广告营销效果研究报告》显示，从提示品牌认知、广告认知、信息关联、品牌美誉和品牌预购5个维度看，手机广告的效果都明显优于PC端广告。

手机媒介的特点主要包括以下几方面：

①传播速度快。移动通信的特点使手机在信息传播方面有着不可比拟的优势。仅就手机报而言，信息往往短小精悍，更新和传播速度快。

②范围广。近年来，全球智能手机用户规模迅速壮大。数据分析机构Newzoo 2022年3月的数据表明，中国在智能手机用户规模方面遥遥领先于其他国家。中国市场拥有超过9.5亿智能手机用户，比排名第二至第四的印度、美国和印度尼西亚的总和还要多。App Annie发布的《2022年移动状态报告》显示，移动设备使用量在2021年创下历史新高。研究发现，在排名前10位的移动市场（包括中国、美国、加拿大、墨西哥和日本等）上平均每人每天在手机上花费4.8小时——一个人醒着的一天中的1/3，比之前2年上涨了30%。

③互动性强。手机媒介不仅可以有针对性地向用户发送他所需要的个性化信息，还可以实现跟踪报料、受众意见反馈等多方面的功能，从而使手机媒介与用户之间的互动更广泛、更迅速。

④多媒体传播。手机媒介可以通过无线应用通信协议和互动式语音应答等丰富的表现形式传播图文及音视频信息，以展示多媒体表现元素，从而更好地满足人们的需求。

⑤便于携带。手机的小巧使得它成为人们日常不离身的设备，因此无论何时何地，用户都可以在第一时间收看、收听信息。

（2）App广告

App广告，是指智能手机类移动设备中的第三方应用程序内置广告。随着智能手机的兴起，大众的注意力开始向移动终端迁移，App广告因其移动、互动、趣味三大展现优势和分众识别、个众锁定、定向推广三大执行优势而受到营销界的重视。

随着移动设备的普及，App种类也呈现出爆发式增长。2008年7月10日，苹果公司发布了一个iPhone应用程序的下载站点——App Store，到了2013年10月，苹果宣布App Store的应用数量已突破100万大关。市场研究公司App Annie发布的《2019年全球移动市场年度报告》显示，2018年全球App下载量突破1 940亿次，其中中国市场的下载量占到了近50%。2018年全球消费者在App上的消费达到了1 010亿美元，与2016年相比增长了75%。其中，中国市场开支占到了近40%。而前瞻产业研究院的数据显示，近3年来，全球App下载量更是持续突破2 000亿次，2021年达到2 300亿次，较2020年增长5.5%。

按照不同的标准，可以将App广告划分成不同的类型：

首先，按广告表现形式分类，App广告可以划分为：文字广告、图片广告、动画广告、视频广告、音频广告。目前市面上的App广告都支持HTML技术和富媒体形式。

其次，按栏位形式分类，App广告可以划分为：

①Banner广告。Banner广告又叫横幅广告、通栏广告、广告条，是目前最普遍的广告展现形式，通常出现在页面顶部和底部，绝大多数广告平台都支持，如帷千、趣米、多盟等。此种形式的广告体量小，收益比较平稳，很多开发者会选择此种类型的广告。Banner广告的优点在于展示量大、媒体覆盖面广，缺点是点击率和转化率相对于其他广告形式较低。

②插屏广告。插屏广告又叫插播广告，使用App时动作触发全屏/半屏弹出或嵌入。手游适合采用这种广告形式，点击率、转换率、用户活跃度都有不错的表现。

③开屏广告。开屏广告是在用户打开App时，以全屏/半屏方式出现3秒至5秒，可以使用静态的页面，也可以使用动态的Flash效果。开屏广告对于广告主来说，是一种广告效果最大化的广告形式，在广告发布页面里，它基本上可以达到独占。因此，在广告进行收缩的这段过程里，基本上对用户浏览广告没有任何干扰。主要适用于品牌广告。

④信息流（Feeds）广告。信息流广告，是在社交媒体用户好友动态，或者资讯媒体和视听媒体内容流中的广告，在2006年由Facebook 首先推出。这种穿插在内容流中的广告，对用户来说体验感相对较好，对广告主来说可以利用用户的标签进行精准投放，因此在移动互联网时代迎来了爆炸式的增长，几乎所有的互联网媒体都推出了信息流广告平台。

⑤推荐墙。推荐墙也叫推荐列表，开发者可以在程序的任意位置设置入口按钮，在按钮响应事件中调用“荐”计划接口，即可获得以弹出窗口形式展现的应用列表，而用户点击感兴趣的应用后，开发者即可得到相应的广告收益。这种形式由于只在App中显示一个“荐”字，不影响用户体验，而且Banner和推荐列表可以同时使用，开发者可以获得双重收益。使用此种形式的广告平台有酷果、帷千动媒、有米、趣米等。

⑥积分墙。积分墙是指在一个应用内展示各种任务（下载安装推荐的应用、注册、填表等），然后用户在嵌入有积分墙的游戏内完成任务以获得虚拟货币奖励。使用此种广告形式的广告平台包括有米、趣米、万普等。此外，积分墙还适用于论坛和分类信息。

⑦视频广告。视频广告在栏位与交互方面可以有三种方式，点击Icon进入视频及活动页面、点击Banner进入视频及活动页面、嵌入自动播放点击进入活动页面。根据帷千动媒联合华通明略发布的《移动广告营销效果研究报告》，在强制浏览品牌页后，由于品牌页信息丰富，消费者易获取更多品牌信息，而视频前的贴片广告让消费者看了非广告内容区域，因此，移动视频广告配合品牌页可以汲取两者的长处，形成最优组合。

⑧H5广告。H5广告是利用HTML5编码技术实现的一种数字广告，是集文字、图片、视频、音乐、动画效果和一系列互动形式等多种媒体表现方式于一体的营销媒介。H5广告有多样化的交互体验方式，如互动视频、小游戏、评分、测试、答题、社交形式等，通过新奇有趣的互动体验使受众达到娱乐消遣的目的，同时促发受众的主动分

享。与传统广告“创意+技术+文案”的传播模式主打视觉效果不同，H5广告是“创意+文案+设计+情感”，除了视觉外，还要求听觉、触觉配合的完美体验，因而能最大限度地俘获受众，提升传播效果。

资源34（文本）

百雀羚又出长图广告，这次是关于“三生三世”的

App广告虽然发展时间较短，但从Banner到视频广告，再到H5，每一种形式的更迭都在用户体验上进行了优化。相对于其他广告形式，App广告在互动性、精准性方面更具优势。而未来，将会呈现多屏融合的态势，各种广告方式都会在竞争、学习中得到长足发展。

8.2.4 户外广告媒介的类型与特点

户外广告媒介也是广告传播的有效媒介之一。

户外广告又称OD广告、OOH广告，是现存最早的广告形式。现有文字记载的世界上最早的户外广告是公元前1550—公元前1080年在古埃及首都特贝散发的手抄式的“广告传单”。该“广告传单”如今保存在大英博物馆，广告内容大致为：“奴仆谢姆（Sham）从织布店主人哈布处逃走了，坦诚善良的市民们，请协助并按布告所说将其带回。谢姆身高5英尺2英寸，面红目褐，有告知其下落者，奉送金环一只；将其带回店者，奉送金环一副。——能按照您的愿望织出最好布料的织布师哈布。”

这种手抄式的传单可以说是户外广告的雏形。随着经济的繁荣和广告活动的增多，很多人开始在墙壁上张贴广告，因此招贴广告和墙体广告一直被人们认为是最古老的户外广告形式。在我国古代，早期的户外广告形式是春秋时期出现的招牌及幌子；战国时期，户外广告的主要形式是悬帜（悬挂的旗帜）广告；汉代以后，悬物广告比较流行；到了唐代，灯笼广告开始盛行；中华人民共和国成立初期，长春、沈阳等地的许多饭馆仍采用灯笼广告。唐宋时期盛行的户外广告形式还有旗帜广告，许多文人的诗句里都有反映，如“千里莺啼绿映红，水村山郭酒旗风”。旗帜广告如图8-28所示。

图8-28　旗帜广告

图片来源　作者根据相关资料整理.

19世纪后半叶，在西方资本主义国家，新技术广泛应用于广告领域，使得户外广告的形式逐渐多样化，广告牌、霓虹灯广告开始风靡世界。近现代，促使户外广告取得长足进步的因素主要有两个：一是社会经济因素；二是科学技术因素。从广义上讲，户外广告媒介可以指设置于户外的用于传递广告信息的所有媒介，包括传统的户外媒介，如路牌、招贴、霓虹灯、灯箱、民墙等，以及在此基础上发展而来的空中广告媒介，如

飞艇、热气球、降落伞、烟雾、立体模型、雕塑等。因此，户外广告媒介的形式丰富，种类繁杂，对其进行科学而系统的分类并不是一件容易的事情。根据媒体发生作用的介质的不同，户外广告媒介可以分为以下几个类别：

①绘制类，如招贴、条幅、路牌、墙体等。墙体广告如图8-29所示。

图8-29　墙体广告

②光源类，如霓虹灯、灯箱、彩灯、大型户外投影等。霓虹灯广告如图8-30所示。

图8-30　霓虹灯广告

③电子类，如电子翻转广告牌、电视屏幕墙、液晶显示器、DAV流动广告车等。电视屏幕墙广告如图8-31所示。

资源35（文本）
环境媒体广告创意解码

图8-31　电视屏幕墙广告

④空中广告媒介，如烟雾、空中传音、激光、气球、热气球、飞艇、降落伞、火箭等。激光广告如图8-32所示。

⑤其他户外广告媒介，如赛场、雕塑、电话亭、立体充气模型等。立体充气模型广告如图8-33所示。

图8-32　激光广告

图8-33　立体充气模型广告

户外广告的优点是：节约成本，反复诉求；灵活多样，覆盖率高；图文清晰，视觉冲击力强。户外广告的缺点是：信息量小，受干扰性强；区域性强，传播范围小；效果评估难度大。

8.2.5　其他广告媒介的类型与特点

由于广告媒介非常多，很难把它们全部分门别类，因此，在对这些广告媒介进行大致划分的基础上，我们再特别挑选出一些广告媒介进行详细介绍，包括POP广告媒介和交通广告媒介。

1）POP广告媒介

POP广告媒介也称售点广告媒介、卖场广告媒介、购买点广告媒介。“POP广告”这个名词于1930年出现在美国，起源于超市和自助商店里的店头广告。当时美国卖香烟的店铺前都放置一座印第安人的雕像，并将此作为招揽顾客的标志。曾经有营销专家指出，在商店里，40%以上的顾客事先没有购买计划，会受到的现场影响产生购买行为。

POP广告的形式非常多，为了加深对这种广告的理解，我们从不同的角度对其进行分类。

（1）按照POP广告的设置方式划分

①店面式POP广告，如店铺的牌匾或招牌广告、真人与假人的模特广告等。

②柜台式POP广告，即在货架或者售货柜台上，通过不同的陈列方式凸显某种商品的广告。

③悬挂式POP广告，即利用空中的空间如天花板、吊灯等展示的广告。

④壁面式POP广告，如海报广告、垂幕广告、吊旗广告等，它们还兼有美化壁面的功能。

⑤落地式POP广告，如陈列台广告、旋转台广告等。

⑥吊旗式POP广告，即以小旗帜装饰在店内外的广告，这种形式的广告可以营造浓厚的展销气氛。

⑦光源式POP广告，即利用光源将文字、图案照亮而展示出的广告，这种形式的广告可以增强视觉效果。

⑧价目表与展示卡式POP广告，即把价目表与宣传卡片放置在橱窗旁边进行展示的广告。

⑨贴纸式POP广告，即把印刷品贴在墙壁或者玻璃上进行展示的广告。

⑩橱窗式POP广告，即在橱窗内配以海报、模特、灯光等来推销、传播的广告。

⑪指示标志或指示方向POP广告，即在销售现场设置指示标志进行展示的广告，这种形式的广告可以引起人们的注意。

⑫卖点式POP广告，即集中推出某种特定商品的广告，如专卖架广告、专卖摊点广告等。

⑬包装式POP广告，即借助商品包装进行展示的广告，如把商品包装设计成可挂式包装，挂在货架上传达商品信息。

⑭手绘POP广告，即手工绘写的广告，这种广告形式可以引起人们的注意，告知人们最新的商品信息，多属于短期广告。手绘POP广告是我国20世纪90年代以前应用最广泛的POP广告。

POP广告示例如图8-34所示。

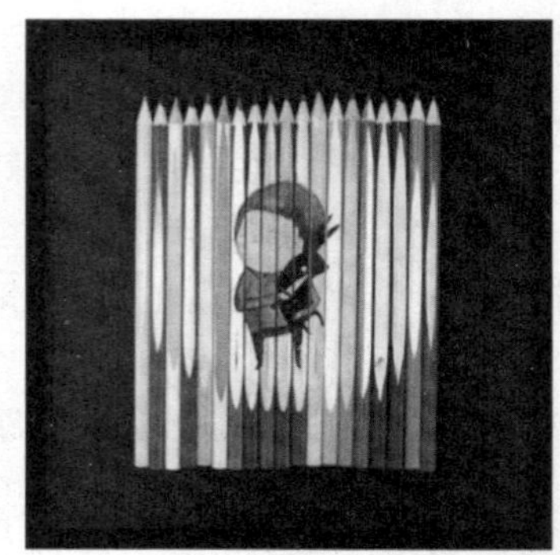

图8-34　POP广告示例

（2）按照POP广告的空间位置划分

①店外POP广告，如橱窗广告。

②店内POP广告，如墙面广告。

（3）按照POP广告的制作者划分

①生产厂商制作的POP广告，即商品的生产者为促销自己的商品而大量制作并且分发到各零售店使用的POP广告。

②贩卖代理者制作的POP广告，即商品经销商针对促销商品的需求而规划、设计、制作，并且通过业务员提供给零售店使用的POP广告。

③零售店制作的POP广告，即零售店为独自促销商品而制作的POP广告，这种广告基本上是针对商品的特性制作的，量少、样式多。

资源36（文本）

地铁广告为什么那么成功

（4）按照POP广告的素材划分

①纸质POP广告。

②塑料POP广告。

③金属POP广告。

④纺织品POP广告。布类是纺织品POP广告最早使用的材料，这种材料的广告成本低，尺寸规格不受限制，运用空间弹性大。

（5）按照POP广告的使用目的划分

①以销售为目的的POP广告，如季节性促销广告。

②以活动为目的的POP广告，如庆典活动的POP广告。

POP广告的优点是：成本相对较低；现场感染力强，广告效果明显；有利于促进销售，提升企业形象，塑造企业风格。也正因为如此，POP广告又被人们称为“店面的销售尖兵，行销作业的有力武器”。POP广告的缺点是：传播受到区域的限制，传达的信息量有限，信息面较窄。

2）交通广告媒介

交通广告比较常见，如车身或车厢上的广告、火车站出站口或进站口的广告等。交通广告主要有以下几种表现形式：

（1）民航广告

民航广告是指由特定的广告主在民航机场向民航特定的受众发布的广告，如产品模型展示广告、展示台广告、灯箱广告等。一方面，由于机场被称为“空中门户”，是人流、物流、信息流的集散地，因此能够保证广告的高到达率；另一方面，由于受众的收入水平高，能够购买知名品牌，因此广告的品质较高。

（2）公交广告

凡是以城市公共交通工具及城市公共交通站务设施为媒体而发布的广告，统称为公交广告。公共交通工具包括公共汽车、电车、出租车、城铁、轻轨、轮渡等，公共交通站务设施包括车站、站台、候车室、进出站通道、车票、一卡通等。公交广告具有多样性、覆盖面广、费用低的优点。其缺点是地域性强，制作质量不高。公交车广告如图8-35所示。

图8-35　公交车广告

（3）地铁广告

随着地铁在中国的快速发展，地铁广告受到了越来越多的重视。地铁广告主要有车站计时广告、车站大堂灯箱广告、扶手梯旁的海报广告、车内广告、路轨旁的灯箱广告、地铁车体广告等形式。地铁广告的优点是容易引起人们的关注。近年来，利用地铁做广告的商家越来越多，而且产生了极其有效的影响力。

资源37（视频）

网易云音乐广告案例赏析

8.3 广告媒介的选择及策略实施

8.3.1 广告公司媒介部的构成

1）媒介总监

媒介总监的职责包括：管理公司的媒介平台和媒介资源；带领媒介团队与客户进行沟通，提供媒介策略支持；培训内部媒介人员，督导媒介项目。

媒介总监应具备以下几方面的能力：熟悉媒体的运作规律，以及各种媒体的特点、市场价值、购买渠道；擅长媒介数据分析、消费者媒体偏好研究，具有深厚的文字功底；拥有媒体关系资源和良好的媒体关系，善于沟通和维系客户；具有新闻敏感性及经济敏感性，能够独立完成并主持实施全国媒介策略及投放计划，有较强的提案能力。

2）媒介策划人员

媒介策划人员的职责包括：进行媒介策划及媒介评估；掌握各类媒体的发展动向，对媒介效果进行监控。

媒介策划人员应具备传媒、市场营销、统计学等方面的知识。

3）媒介购买人员

媒介购买人员的职责包括：为客户提供最优的媒介投放期及合理的价格；组织媒介购买活动，向媒体发订购单，撰写购买意向书。

媒介购买人员应具有较强的分析能力及谈判能力、丰富的媒体关系资源，以及传媒、财务、合同法等方面的知识。

8.3.2 广告媒介的选择

广告媒介的选择应考虑政治、文化、市场竞争、产品特性、目标受众、媒体成本、广告预算、媒体寿命以及媒体表现等因素。

广告媒介的选择应遵循一定的原则，包括目标原则、适应性原则、优化原则和效益原则。

广告媒介选择的方法包括按目标市场选择、按产品特性选择、按产品消费层选择、按消费者的记忆规律选择、按广告预算选择、按广告效果选择等。

8.3.3 广告媒介策略的实施

1）明确目标受众

明确目标受众也就是要明确广告媒介传播的对象。任何一种媒介都有其特定的传播范围和受众，只有明确广告传播的受众是谁，才能有针对性地进行诉求，从而取得理想的广告效果。

2）进行广告媒介调查

进行广告媒介调查是拟定广告媒介策划书的前提，目的是掌握各个广告单位的经营状况、工作效能、媒介的优势，以及最新的媒介广告报价等。全面收集广告媒介各方面的资料并进行综合评估，可以为广告媒介的选择提供参考。

广告媒介调查的内容包括：分析媒介的性质、特点、作用、地位；分析媒介传播的范围与质量；分析受众对媒介的态度；分析媒介的广告成本。

3）明确时空

明确时空，即明确广告传播的时间、时机及区域。

4）明确方法

明确方法，即了解广告创意中的诉求安排侧重的是理性诉求还是感性诉求，因为不同的表现手法具有不同的广告感染力。

5）广告媒介策划方案分析

在实施广告媒介策略之前，广告公司必须对广告媒介策划方案进行分析。分析的内容包括：策划方案的经济效益及社会效益；策划方案的实施条件与环境；实施策划方案可能遇到的困难与阻力；媒介单位的水平及是否能够按时完成任务；媒介广告的危害性，如是否违背我国信息传播的基本准则，以及广告传播后是否会对社会造成不良的影响等，特别是涉及食品、儿童方面的广告，一定要考虑周全。

6）组织与实施

①与选中的媒介单位进行接洽。

②与广告主签订费用支付合同。

③购买广告媒介的版面、时段、空间等。

④进行前期广告效果评测并定稿。

⑤推出广告，实施监督。

⑥收集反馈信息，对传播效果进行评价。

此外，广告媒介策略的实施还应注意以下问题：考虑营销环节；注意成本核算；注重传播效果并及时测定；根据测试调整方案。

本章小结

本章对广告媒介策略问题进行了全面探讨。首先，对各种类型的广告媒介进行了重点分析，包括各类广告媒介的概念、特点、历史脉络等；其次，分析了广告媒介的选择及策略实施。

关键概念

广告媒介　媒介类型　广告媒介策略

第8章测一测

复习思考题

1）平面广告媒介的类型与特点有哪些？

2）电子广告媒介的类型与特点有哪些？

3）数字广告媒介的类型与特点有哪些？

4）广告公司媒介部的构成如何？

5）广告媒介策略的实施包括哪些方面？

专业技能训练

奥美强调“做品牌至少要3年”，但是，国内的很多企业往往由于没有销售就没有资金投入的原因而轻易更换广告公司，造成了大量的浪费。IBM曾经是世界杰出的品牌、高科技的龙头老大、美国品牌的最高标准。但是，到了20世纪90年代初期，它的声誉直线下降，被视为古老、傲慢、冷漠且无药可救的尾随在新一代高科技公司之后的“老顽固”，被美国《财经》杂志评为“古老的恐龙”，IBM品牌形象开始走下坡路。其破碎不堪、杂乱不已的形象塑造来自全球超过50家的广告代理公司。不断更换广告公司、广告主题，品牌产生不了任何的震撼力，于是IBM决定把所有的广告业务交给奥美。通过长期的合作，人们对IBM品牌消极的看法有了明显的改善，对品牌的情感有了很大的提高。

请结合案例分析企业为何不要轻易更换广告公司。

本章参考文献

［1］卫军英. 整合营销传播理论与实务［M］. 4版. 北京：首都经济贸易大学出版社，2017.

［2］吴柏林. 广告策划：实务与案例［M］. 3版. 北京：机械工业出版社，2017.

［3］刘刚田，田园. 广告策划与创意［M］. 2版. 北京：北京大学出版社，2019.

［4］王亮. 传媒经济学［M］. 武汉：武汉大学出版社，2017.

第9章　广告效果测评

学习目标

通过学习本章，你应该：

了解广告效果的内涵与特性；掌握广告效果测评的主要内容；掌握广告效果测评的程序与方法。

理解广告除了要有传播效果、销售效果，还要体现社会效果。广告在为企业带来效益的同时，也会对社会产生影响，与社会公众的利益密切相关。广告效果要务求真实性、合法性、符合伦理道德、涵养文化艺术。

引例　广告效果的三重境界

广告的目的或者是树立品牌，或者是促进销售，但都是为企业发展服务的。按照最简单的哲学观点，广告效果其实就是顾客的直接感受。

看山是山，看水是水

“看山是山，看水是水”是广告的第一重境界，也是一个好广告的必要条件。

“看山是山，看水是水”的意思是“广告就是广告”，给顾客的感觉也是广告，广告应该直接表现产品特点或诉说产品个性，并使顾客接受产品。例如，“好空调，格力造”，或者“买家电，到三联”，或者“康师傅方便面，香喷喷，好吃看得见”等，都是直接说产品、直接表现产品。因此，用简单的语言来传达信息，使广告直接有效，是这类广告的基本特征。

广告和销售一样，也是一门返璞归真的艺术，无论使用什么样的策略，都应遵循4P规则，“看山是山，看水是水”的广告艺术未必就是浅薄的。因为顾客最想知道的无非就是产品的功能、特点和质量标准，所以，如果能够把产品最基本的特征讲明白，一个好的广告就诞生了。

直接未必就是白描，这类广告也有一些技巧和包装方式，如使用名人名言，进行产品工艺的展示及对比，实行价格策略等。但是，无论采用什么方式，都离不开直接说产品，这是这类广告固有的特征之一。20世纪80年代的“实行三包，代办托运”就是最典型的直接式广告。但是，广告并非只是一种语言艺术，更需要执行到位，企业胜在行动，胜在让顾客感动。

这类广告是水晶，纯洁简单，但是有能量。

看山不是山，看水不是水

“看山不是山，看水不是水”是广告的第二重境界，妙在似与不似之间，一般顾客很难分辨是不是广告。

之所以“看山不是山，看水不是水”，是因为企业不直接说产品，而是从顾客的心理需求及产品的原有功能之外寻找“附加价值”，使顾客由被动接受产品变为主动了解产品。明显的例子就是软文和软广告，以及近年来广受关注的概念研究。例如，“你的牙齿健康吗?”“小心家装杀手!”“美国人睡得好，中国人咋办?”“春季扮靓小贴士”“英语学习的十大技巧”“走出糖尿病治疗的误区”“又到过节送礼时”等，这些标题对很多人来说更像是科普教育或者生活常识，但它们都是广告，都是企业精心酿造的“老酒”，闻起来芬芳，喝起来醉人，使你不知不觉地走进企业设置的思维圈，从而成为准消费者。

软性广告的最大特征在于对顾客心理的研究，运用逆向思维，从顾客的角度考虑问题，然后对顾客最关心和最敏感的问题进行总结和提炼，以悬念、关怀或教育的口吻诱导顾客，在顾客醒悟之前把戏做足。

这类广告要求有足够的版面或内容承载企业要讲的故事，因此更适合平面广告或网络广告。需要注意的是，对顾客心理的研究不要产生方向性的错误，否则“策略不对，一切白费”。

这类广告是游戏，最终结果要看谁玩得更高明。

看山还是山，看水还是水

“看山还是山，看水还是水”是广告的最高境界，也是企业和顾客之间良好沟通的开始。

所谓看山还是山，看水还是水，是指顾客知道这是广告，但是依然愿意看，依然接受并喜欢这种广告；同时，对企业产生一定的好感，愿意为之消费。

这类广告要求企业具备一定的文化底蕴及社会影响力，或者能够从广告创意的角度超越销售，从而成为文化或流行现象的组成部分。

这类广告目前比较少，主要体现为电影或游戏（网络）的植入式广告。

这类广告往往具有一定的高度，和品牌息息相关。

这类广告是情人节的玫瑰，最美好的感情往往是皆大欢喜。

资料来源 作者根据相关资料整理.

整个广告经营活动的出发点和落脚点，就是广告播出后的效果如何，成本收益状况如何，对受众的影响如何。因此，对广告效果的测评是广告经营活动的重要环节。

9.1 广告效果及其测评的意义

9.1.1 广告效果的内涵

广告是一种广而告之的信息传播活动，它所产生的效果是多元的、广泛的，既会对消费者产生影响，也会对企业、社会产生影响。笼统地说，广告效果可以理解为广告信息传播出去之后对受众产生的所有直接或间接的影响，也就是广告活动对信息传播、产品销售及社会经济等产生的各种影响。

具体来说，广告效果的内涵包括以下三个方面：

①传播效果。传播效果又称心理效果或接触效果，是广告效果的核心，也是广告本身的效果。它是指广告作品刊播后被消费者接触和接受的情况，如广告主题是否鲜明，形象是否有感染力，表现手法是否得当，媒体组合是否正确，是否对受众产生了知觉、记忆、理解、情感、欲求及行为等方面的影响。传播效果的好坏直接体现了广告作品的水平，这是广告效果测评的一项重要内容，也是广告效果测评的主要标准。

②销售效果。销售效果是广告主最关心的效果。它是指广告主在广告活动中的经济收益或损失，即由广告所引起的产品或服务的销售，以及利润的变化情况，如市场竞争的变化、行业及宏观经济的波动等。广告虽然可以促进商品的销售，但商品的销售绝不

仅仅取决于广告，还受商品、分销、促销、价格、市场竞争状况及消费者的消费状况等方面的影响，因而在评价广告效果时，不应将商品的销售效果作为唯一评价标准。

③社会效果。社会效果泛指除传播效果、销售效果之外，广告对整个社会的文化、道德、伦理等产生的直接和间接影响。

除此之外，广告效果的内涵还可以从以下三种划分方式上进行把握：

①按照广告效果显现时间的不同，广告效果可分为即时效果、近期效果、远期效果。即时效果是受众看到广告后立刻采取购买行为；近期效果是广告发布后较短的时间内，如一个月或一个季度内商品销售额增长的幅度；远期效果是广告在消费者心中所产生的深远的积累效果，这是广告的潜在效果。

②按照广告在消费者心中所产生的影响的不同，广告效果可分为广告的认识效果、广告的态度效果和广告的行动效果。这种划分方式很有意义，但测评起来困难较大。因为认识、态度都是心理上的，没有权威的衡量指标和科学的测评方法，是很难说服广告主的。

③按照广告所使用的媒介的不同，广告效果可分为平面广告效果、电子广告效果、OD（户外）广告效果、DM（直接邮寄）广告效果以及POP（售点）广告效果等。

广告效果还可以按照其他分类标准继续划分下去，以便于人们对不同的测评方法进行研究。这些分类标准之间并不矛盾，而是相互通用的。

9.1.2　广告效果的特性

从对广告效果的内涵分析可知，广告活动是一项非常复杂的系统工程，广告效果会受到多种因素的影响，这就决定了广告效果的复杂性。具体来说，广告效果的特性主要表现在以下几个方面：

1）复合性

广告活动是一种综合性的、复杂的信息传播活动，它既可以通过各种表现形式来体现，也可以通过多种媒介组合来传播，还会受到企业其他营销活动、同业竞争广告和有关新闻宣传活动的影响。美国市场营销专家曾说，影响产品销售的因素有37个之多，除了广告外，还有公关、商品价格、包装、消费者购买力、区域环境等，广告活动只是促进销售的手段之一，因此很难断定广告活动的最终效果就是广告活动本身带来的。广告效果从总体上来说并不是单一的，不能用简单的方式加以区分，只有从整体上把握影响广告活动的各种因素，才能测知广告的实际效果。

2）迟效性

广告对消费者的影响程度，受消费者所处的社会、经济、文化、时空、地域等多种环境因素的制约，因此，不同消费者对广告效果的反应也有所区别。同时，广告对特定消费者的购买心理刺激也必须经过一定的反应过程，即反复刺激的过程，才能到达购买行为阶段。因此，广告对消费者的影响程度具有迟效性，即广告效果必须经过一定的时间周期才能反映出来（当然，某些特殊的促销广告除外）。尽管在新媒体环境下，广告迟效性的情况发生了一些变化，如在网站购物时，刚看完广告就即刻下单。但是整体而言，广告效果的体现还是会表现为一定的周期性。因此，要准确地测评广告效果，就必须准确地掌握广告的时间周期，掌握广告产生有效作用的时间期限。

3）累积性

广告作用于消费者，促成消费者的购买行为而产生促销效果，在大多数情况下，并不是一次、一时或一种信息作用的结果，而是广告信息的多次重复产生的累积效果。在消费者的购买行为产生之前的这段时期，都可看成是广告效果的累积时期。在这一时期，企业必须连续地、多次地投放广告，强化其影响，将量的积累转化为质的飞跃，以促成消费者购买。而这种购买行为，显然不应看成是最后一次广告的效果，而应看成是在此之前多次广告信息累积的效果。正因为消费者的购买行为是多次广告信息、多种广告媒介综合作用的结果，所以很难测定某一次广告的单一效果。

4）间接性

广告效果不仅具有累积性，而且具有间接性。例如，某消费者受广告宣传活动的影响而购买广告商品，使用过一段时间以后，觉得质量稳定、物美价廉，便会向亲朋好友推荐，从而激起亲朋好友的购买欲望；或者有的消费者受到广告的影响后，尽管自己不需要该商品，也会鼓励别人购买。这些都是广告效果间接性的表现。

5）两面性

所谓广告效果的两面性，是指广告不仅具有促进产品或劳务销售的功能，同时具有延缓产品或劳务销售下降的功能。促销是广告的基本功能，销售效果是测评广告效果的一项重要内容。在市场疲软或产品衰退期，销售效果表现为减缓商品销售量的急速下降。在这种情况下，再从产品销售量的提高方面来评价广告效果，显然是不客观的。因此，在测评广告效果的时候，必须充分地分析市场状况以及产品的生命周期，这样测评出的广告效果才是较为客观和全面的。

上述广告效果的特性，说明广告效果的测评很难。广告效果的复合性说明了效果产生的广泛性和分散性，既表现为多种营销效果的综合作用，又表现为广告传播涉及经济、社会、文化等多种层次的消费者，从而使得准确、及时地收集消费者对广告的反应变得异常复杂；广告效果的累积性和迟效性使广告效果处于隐匿状态，很难清楚地测算出其发挥作用的起始时间，无法从质和量上进行准确测评；广告效果的间接性和两面性也使得测评变得困难重重。因此，尽管有关广告效果测评的模式开发了不少，如梅苏林卡姆模式、阿格斯德尼模式等，但这些根据调查结果产生的模式，利用程度都不高。

9.1.3 广告效果测评的意义

资源38（文本）

《中国网络营销（广告）效果评估标准》

一则广告能否引起消费者的注意，是否有助于提高广告推介品牌的知名度，能否引起消费者对广告推介品牌的好感，最终能否达到促销广告产品的作用，是所有广告主在广告刊播前都十分关心的重要问题。而在广告刊播后或整个广告周期结束后，广告主们也都急切地想知道自己从广告中得到了什么，是否达到了预期的广告目标，自己为该广告周期所花费的大笔投资是付之东流还是有所回报。广告效果测评正是帮助广告主决定是否要刊播该广告或其广告投资是否值得的一个重要途径。因此，广告效果测评有着重要的意义。

9.2 广告效果测评的内容

广告效果测评的内容主要包括三个方面：广告传播效果的测评、广告销售效果的测评、广告社会效果的测评。

9.2.1 广告传播效果的测评

广告传播效果是衡量广告有效性的重要指标，因此对它的测评显得极为重要。广告传播效果测评主要是对广告到达目标消费者后产生的影响进行考察、评估。广告传播效果测评主要包括广告表现效果的测评、媒介接触效果的测评和心理变化效果的测评三个方面。

1）广告表现效果的测评

广告表现效果的测评就是对广告作品进行测评，包括对广告主题、广告创意、广告作品样稿等要素进行评价和分析。测评的内容主要包括：①广告主题是否明确、针对性强，能否被消费者认可；②广告创意是否新颖别致、突出主题，感染力如何；③广告作品样稿是否完善，消费者反应如何。

2）媒介接触效果的测评

在广告活动中，广告媒介是一个特殊的角色，它既是连接商品和消费者的桥梁，又是广告主和广告公司之间的纽带。一般来说，80%的广告费用都用在购买播放时间和刊登版面上，如果媒介选择不当，不仅会影响广告效果的实现，也会浪费广告费用，所以，广告媒介测评非常重要。媒介接触效果的测评就是对广告受众接触特定媒介和特定广告作品的效果进行评估，包括对广告媒介组合的测评、对印刷媒介及电子媒介的测评等。测评的内容主要包括：①媒介选择是否正确，重点媒介与辅助媒介是否搭配合理，成本是否合理，竞争者的媒介组合情况如何；②媒介选择是否符合目标消费者的接触习惯；③印刷媒介的覆盖范围、发行量、受众成分和阅读状况如何，电子媒介的视听率和认知率调查；④其他媒介的传播效果如何；⑤广告发布的时间、频率是否得当，广告节目的空间位置是否适宜。

3）心理变化效果的测评

心理变化效果的测评是指消费者接触广告信息后，在认知、感觉、情感、意志上产生的心理变化。其具体内容包括以下几个方面：

①感知程度的测评，如广告到达地区的报纸及杂志的发行量有多大、读者的阅读状况如何、读者的构成情况如何；广告到达地区的消费者家庭电视机普及率是多少、每天收看电视节目的时间、哪个节目最受欢迎等。

②认知程度的测评，如报纸平均每期阅读率（即每期报纸的阅读人数占总人口的比率）、千人成本（即1 000个读者看到广告需要花费的广告费用）、精读率（即认真阅读50%以上的广告内容的读者的百分比）是多少，产品或品牌的知名度如何。

③态度变化的测评，如目标消费者对产品或品牌广告的理解度和喜好度如何，接受广告内容改进的目标消费者的数量是多少。

④行动购买的测评，如目标消费者对产品或品牌的购买欲望率、销售额、零售额是多少。

这些测评在新媒体中，变得更好操作更方便追踪。如公众号上的广告推文，通过后台即可进行读者构成的分析，能看到明确的阅读量，从阅读文章的停留时间、评论中可以分析读者对产品的态度，通过链接直接购买也能明确广告的转化率。

9.2.2 广告销售效果的测评

广告销售效果的测评主要在广告发布一段时间后进行。由于广告效果具有迟效性的特点，因此在测评广告销售效果时，应把握好时机，太早或太迟都会影响测评的准确性。广告销售效果主要依据广告发布前后商品销售量增减的幅度来衡量。

广告销售效果的测评方法主要有店头调查法、销售地域测定法和统计法等。

1）店头调查法

店头调查法，是指以零售商店为调查对象，对特定期间广告商品的销售数量、陈列状况、价格以及销售现场广告、推销的实际情况等进行调查。

2）销售地域测定法

销售地域测定法，是指选择两个条件类似的地区来测定广告效果。一个地区进行有关的广告活动，称为“测验区”；另一个地区则不进行广告活动，称为“比较区”。测验活动结束后，对两个地区商品的销售变化情况进行比较，从而检验出广告的销售效果。

3）统计法

统计法，是指运用统计原理与运算方法，推算广告费与商品销售额的比率，从而测定广告的销售效果。以下是几个常用的公式：

公式1：广告费用比率=广告费÷销售额×100%

广告费用比率的值越小，表明广告的销售效果越好。

公式2：广告效果比率=销售额（量）增加率÷广告费增加率×100%

广告费增加率的值越小，则广告效果比率的值越大，表明广告的销售效果越好。

公式3：每元广告效益=（广告后的平均销售额-广告前的平均销售额）÷广告费

每元广告效益的值越大，说明广告的销售效果越好。

公式4：销售增长率=（广告实施后销售额-广告实施前销售额）÷广告实施前销售额×100%

销售增长率反映广告对促进商品销售所发挥的作用。

9.2.3 广告社会效果的测评

广告主要通过大众传媒传达给受众，所以广告在为企业带来效益的同时，也会对社会产生影响，与社会公众的利益密切相关。广告社会效果测评的主要依据如下：

①真实性。广告所传播的内容必须是真实的，否则就是虚假广告。这一点是考察广告社会效果最重要的内容。

②合法性。广告不能违法，必须符合国家的各项法规如2018年新修订的《广告法》及相关政策的规定。

③伦理道德。广告所传播的信息及采用的表现形式，必须符合一定时期的社会伦理道德。

④文化艺术性。广告是文化艺术活动，应该结合文化和艺术两个层面的标准对广告进行评判，如广告诉求内容与表现形式是否有机统一，是否科学地借鉴、吸收了中外先进的创造方法和表现形式，表现要素是否积极健康等。

9.3 广告效果测评的程序与方法

9.3.1 广告效果测评的程序

广告效果测评是一个有程序、有步骤的运作过程，必须循序渐进。广告效果测评的程序如下：

1）测评准备

明确测评目的、测评内容、测评次序，明确资料来源与收集方法。

2）制订测评方案

根据测评目标制订测评方案。首先，明确人员分工，安排各项必要措施；其次，制作测评时所需要的调查问卷；再次，进行范围预测，修改调查问卷；最后，对调查人员进行培训，考虑调查困难及防范措施。

3）实施测评方案

实施测评方案包括以下内容：

①实施调查，回收问卷。

②按照一定比例进行抽样复核。

③整理收集的资料，处理分析数据。

④开展方案设计中的其他调查工作。

4）总结评价，撰写测评报告

汇总分析测评结果，对整个广告活动过程的效果进行总体评价，并撰写测评报告。测评报告的内容通常包括：

①题目。

②测评目的。

③调查过程与方法。

④测评结果统计分析。

⑤结论与可行性建议。

⑥附录。

9.3.2　广告效果测评的方法

广告效果测评的方法有很多，主要是采取调查统计的方式。这里介绍在广告活动的事前、事中、事后三个阶段进行广告效果测评的主要方法。

1）广告效果的事前测评

广告效果的事前测评是在广告作品正式刊播之前，邀请有关广告专家和消费者团体进行现场体验，或在实验室运用各种仪器来测定人们的各种心理活动效应，审查广告作品存在的问题，及时提出修改意见，以保证广告在正式发布之后能取得最佳的传播效果。常用的测评方法有内部评估法、消费者意见法、投射法、仪测法等。

（1）内部评估法

内部评估法是最简单、最常用的广告效果的事前测评方法之一，被工业产品的印刷广告普遍采用。内部评估法又包括内部检核表、评分量尺及可读性测试三种。

①内部检核表。内部检核表是指广告主或广告代理商将评估标准按细目列成一张表，然后对照广告草图和完稿进行检核。其内容一般包括广告的全部组成要素（如尺寸大小、颜色、折价券、订货信息等）及产品的主要特色等。

②评分量尺。评分量尺是用于评估并比较可选择的广告的一种方法。评估的内容包括：第一段有没有很好地遵循广告标题的写作原则并引导广告正文，以及产品名称在布局中能否让人一眼看到等。对上述问题的具体评估，可以使用一个以五点为标准的评分量尺，即“很好-好-一般-不好-很不好”。使用这种量尺评价不同的广告的不同项目，然后对每一则广告的评估结果进行加总，就可以选择出最优的广告草图或完稿。

③可读性测试。可读性测试的目的在于确定广告易于阅读和易于了解的程度。最常用的公式是由佛莱齐（Rudolph Flesch）所创立的“佛莱齐公式”。佛莱齐公式指出，最易读的文案应具有如下特点：每句有14个字，并且每100个字有140个音节、10个涉及人称的文字和总计43%的涉及人称的语句。

广告的检核表、评分量尺及可读性测试的花费都不多，并且易于应用，通常都能发现某些显著的错误。然而，用内部评估法评估广告对消费者的影响，作用却并不明显。

（2）消费者意见法

消费者意见法就是指让消费者给广告文本和媒介组合方式打分。一般有评分量尺法和成对比较法。

①评分量尺法。这种方法就是让消费者在选定的态度量表上注明自己对广告的态度，然后再将这些态度进行汇总统计及量化分析。在这种类型的测评中，人们通常使用“语义差异法”，即用意义相反的形容词去描述广告，或确认广告中的说辞。语义差异量表见表9-1。受测者在阅读广告之后，对照不同尺度回答他们从广告中得到的资料信息。调查者则可以根据评估结果判断该广告是否达到了预期的目的。

②成对比较法。这种方法是把几个广告的固定样本交由受测者两两分别比较，并加以评分。例如，对3个广告进行测评时，会对广告1与广告2、广告1与广告3、广告2与广告3进行比较并评分。这样，每一则广告都与其他广告进行了比较。通过成对比较，

表 9-1 语义差异量表

问题：阅读此广告后，你对某品牌的说辞是什么								
项目	非常-3	相当-2	稍有-1	0	稍有1	相当2	非常3	项目
难以使用								易于使用
低品质								高品质
不愉快								愉快

就可以选出较好的广告来。通常，成对比较法限于在8个广告内使用，8个广告即需要比较28次，如超过此数，工作量过大，就会使受测者感到疲惫。

（3）投射法

投射法有许多方式，如字谜拼图、字词联想、填句以及角色扮演等。以字谜拼图为例，给受测者一个不完整的广告，如广告除标题外都已完备，或只缺插图，然后给受测者几个标题或插图，要求从中选择他们认为最合适的标题或插图，以完成这一广告，被选中次数最多的标题或插图最为有效。又如填句，先给出几个不完整的句子，让受测者完成，如"我认为××电视节目是……的节目"，或者"很多人认为××报纸是……的报纸"，或者"要买冰箱就买××牌"等，通过受测者联想出的这些词语，就可以推测出消费者对品牌的认知和态度。

资源39（文本）

仪测法

（4）仪测法

仪测法就是运用若干种心理、生理测定仪器，测定消费者看到或听到广告作品后的心理及生理反应。这种方法可以更真实、更细致地了解消费者对广告作品的态度。

2）广告效果的事中测评

广告效果的事中测评与事前测评相同，也是对广告作品和广告媒介组合方式的测评。通过广告效果的事中测评，我们可以准确地了解在实际环境中，消费者对广告作品的反应，测评的结果更加准确可靠。其缺点是很难再对广告作品和媒介组合方式进行修改。常用的测评方法有市场实验法、回函询问法、分割测定法。

（1）市场实验法

市场实验法又称实地实验调查法，其具体做法有以下两种：

①选择某一特定地区和特定时间推出广告，对该特定地区广告推出前后商品的销售状况进行对比调查，然后根据销售变化的情况，测定广告活动效果。

②选定一个"实验市场"推出广告，同时设置一个"比较市场"。这个"比较市场"应同"实验市场"的各种条件相似，经过一个较长时期的实验后，比较两个市场的销售差别，以此测定广告活动效果。

（2）回函询问法

回函询问法又称"探询反应测验"，是邮寄调查法的一种。其目的是检测不同广告作品、不同广告文案的构成要素在不同媒体上的效果。

回函询问法的具体做法如下：在不同的媒体上刊登两幅或两幅以上的广告，其中有一幅广告构成要素（如文字、图画、标题、布局、色彩或广告口号等）是不同的。每幅广告中应含有两个项目：一是广告主希望了解消费者对广告的反应而制作的邀请函或提供物；二是便于核对广告及刊登媒体的编号。最常见的提供物是赠券，赠券中含有表格，以备消费者填好后寄回及索取样品、赠品或其他资料；而编号既可以是门牌或信箱号码，也可以是函索表格上的一个暗记。函索表格寄回后，由于上面有不同的编号，可以查知是在哪一家报纸上所登的广告产生的效果。最后通过统计，就能判断出哪幅广告、哪种标题或哪家报纸最有效果。

这种方法的优点是简便易行，可以在各种平面媒介上同时进行，而且可以用来比较广告构成要素的相对功能与效果。其缺点是只适用于平面媒介，回函期较长，而且如果广告主提供的赠品具有高度注意价值，那么回函者就不一定都是广告主的目标客户，从而使测评结果的准确度受到影响。

（3）分割测定法

分割测定法又称分割刊载法，它是回函询问法的一种变形，主要目的是判断同一媒介上只有一种因素不同时广告效果的差别，从中选择出有效的那一个。

分割测定法的具体做法如下：对同一种商品制作出A、B两种广告文案，并在同一报纸或杂志的同一日期、同一版位及同一面积上交互印刷，然后将该报纸或杂志平均寄给读者，最后统计反馈回来的信息，即可知道A、B两则广告的优劣。显然，反馈信息多的广告要优于反馈信息少的广告。

分割测定法在国外很常见，但在国内却几乎没有使用过，主要原因是印刷排版比较困难。

3）广告效果的事后测评

广告效果的事后测评主要是指在广告活动结束后进行测评，这是最常采用的一种测评方法。虽然事后测评不能像事前、事中测评那样可以直接指导广告的运作，但却可以测评出广告公司的工作业绩，为今后的广告运作提供参考依据。常用的广告效果的事后测评方法有回忆测定法、识别法、销售反应法。

（1）回忆测定法

回忆测定法是在广告活动结束后，选择一部分广告受众对广告内容进行回忆，了解消费者对商品、商标、创意等内容的理解度和联想能力。

回忆测定法可分为纯粹回想法和辅助回想法两种。纯粹回想法就是让消费者独立地对已推出的广告进行回忆，调查人员只是如实地记录情况，不对消费者做任何提示。辅助回想法则是调查人员给消费者某种提示，如广告的商标、名称、标题和插图等，调查消费者在一定的提示下，能够回忆出多少广告内容以及对广告的理解程度和联想能力。

（2）识别法

识别法，即将已推出的广告文本与其他广告本文混在一起，然后向接受调查的消费者一一展示，看有多少消费者能够识别出已推出的广告文本。根据识别程度的不同，广告效果可以分为初级广告效果、中级广告效果和高级广告效果三种。

资源40（文本）

社会化媒体营销的7种方式及效果评估方法

初级广告效果是指消费者能够大致识别出某广告文本；中级广告效果是指消费者不但能识别，而且能大致复述广告文本的内容；高级广告效果是指消费者还可以进一步分辨出广告中的细微之处，并能够准确地讲出广告内容。通过识别法，我们可以测评出消费者对广告文本的印象深刻与否。

（3）销售反应法

销售反应法能够最直接地了解广告对商品销售产生了什么影响。

销售反应法的具体做法如下：首先分派调查人员到各实际销售点，直接同购买者交谈，了解其购买原因，然后统计出有多少消费者是在广告的直接影响下采取购买行为的。这种方法可以为分析广告直接影响销售效果的比率提供第一手材料。

本章小结

广告效果可以理解为广告信息传播出去之后对受众产生的所有直接或间接的影响，也就是广告活动对信息传播、产品销售及社会经济等产生的各种影响。具体来说，广告效果的内涵包括三个方面：传播效果、销售效果、社会效果。

广告活动是一项非常复杂的系统工程，广告效果的特性主要体现为复合性、迟效性、累积性、间接性、两面性。

广告效果测评的内容主要包括三个方面：广告传播效果的测评、广告销售效果的测评、广告社会效果的测评。广告传播效果的测评主要包括广告表现效果的测评、媒介接触效果的测评和心理变化效果的测评三个方面的内容。广告销售效果主要依据广告发布前后商品销售量增减的幅度来衡量。广告主要通过大众传媒把信息传达给受众，所以广告在为企业带来效益的同时，也会对社会产生影响，与社会公众的利益密切相关。

广告效果测评的方法有很多，主要是采取调查统计的方式。其中，广告效果的事前测评主要有内部评估法、消费者意见法、投射法、仪测法；广告效果的事中测评主要有市场实验法、回函询问法、分割测定法；广告效果的事后测评主要有回忆测定法、识别法、销售反应法。

关键概念

广告效果　广告效果的事前测评　广告效果的事中测评　广告效果的事后测评

复习思考题

第9章测一测

1）什么是广告效果？广告效果测评主要包括哪几个方面？

2）如何理解广告效果的复合性？

3）广告传播效果的测评包括哪几个方面？

4）广告效果的事前测评有哪几种方法？

5）广告效果的事中测评有哪几种方法？

6）广告效果的事后测评有哪几种方法？

7）广告效果测评在我国还比较薄弱，请说说广告效果测评对广告活动的重要意义。

专业技能训练

日用消费品巨头宝洁公司被认为是一家在广告投放上很有策略的公司，而且一个毋庸置疑的事实是，宝洁公司的传播火力集中在广告上，尤其是在传统媒体时代广告的火力集中在电视广告上。宝洁公司连续66年来销售收入的持续增长是一个众所周知的事实，这有力地证明了宝洁公司的广告策略不仅有着良好的传播效果，而且拥有卓越的销售效果。

请依据宝洁公司的电视广告原则（见表9-2），说说其对我国企业广告传播的借鉴意义。

表9-2 宝洁公司的电视广告原则

序号	关键词	核心内容
1	一个重要的利益点	一则电视广告总是向消费者承诺一个而且只有一个重要的利益点。当发现有两个或更多的承诺可以提高销售额时，宁可在同一时期内推出两则广告，分别承诺同一产品的不同利益点
2	链条式测试	确保广告信息的有效传递，在广告制作前、广告制作后、产品市场试销三个阶段对广告信息的传递效果进行测试
3	确信的片段	每则广告都有一个使人“确信的片段”，让消费者直观地感知产品的特点和功能
4	权威证明的运用	与消费者“确信的片段”相一致，尽量运用产品所获得的权威证明
5	尽量不用名人代言	尽量不用名人代言广告，而是用那些比较有活力、与宝洁产品的气质比较契合的普通人
6	少用黄金时段	大约只有30%的广告出现在黄金时段，宝洁的广告更喜欢在白天和深夜播出
7	尽量用语言	在电视广告中多用语言，语言更能推销产品
8	有效广告的持续性	不轻易舍弃有效的广告，不管它使用了多久
9	持续的广告攻势	保持强有力的广告攻势，展现领导品牌的强悍气质
10	只要对的	总是采用那些已被证实是有利于推销的电视广告技巧

本章参考文献

[1] 胡明宇，龚明辉，张鹭．广告学导论［M］．上海：上海交通大学出版社，2019.

[2] 丁俊杰．广告学概论［M］．北京：高等教育出版社，2018.

[3] 吕巍．广告学［M］．2版．北京：北京师范大学出版社，2017.

[4] 余阳明，陈先红．广告策划创意学［M］．3版．上海：复旦大学出版社，2008.

[5] 赵海风．广告目标与效果测定［M］．北京：中国商业出版社，2007.

第三篇

广告经营原理

第10章 广告经营

学习目标

通过学习本章，你应该：

掌握广告公司的经营，了解企业广告的经营，了解媒介广告的经营。

理解广告公司是广告业的核心组织，也是市场经济的重要参与者。近年来，伴随着品牌传播理念的本土化崛起以及数字营销的兴盛，我国既成就了诸多大型广告集团，如蓝色光标、利欧集团、省广集团等，也诞生了一批以“小而美”为特色的优秀独立创意体，如天与空、马马也、环时互动等。

引例　　蓝色光标的华丽转型

蓝色光标于1996年创立，以公关业务起家，并顺应传播发展趋势不断拓展布局。发展了20多年，蓝色光标已成长为一家“在大数据和社交网络时代为企业智慧经营全面赋能的营销科技公司”。2020年突如其来的新冠疫情改变了世界，人们的生产生活从线下向线上转移，广告营销布局随之转变，广告代理公司数字营销的能力就变得更为重要。蓝色光标作为业内转型早且快的公司，无疑经受住了疫情的考验，2020年实现全年营业收入405.27亿元，交出了一份靓丽的答卷。

（1）全链条营销服务，100%数字营销占比

蓝色光标及其旗下子公司的业务板块包括：全案推广服务（数字营销、公共关系、活动管理等）、全案广告代理（数字广告投放、中国企业出海广告投放以及智能电视广告OTT业务代理等）以及海外公司业务，服务内容涵盖营销传播整个产业链，以及基于营销科技的智慧经营服务，服务地域基本覆盖全球主要市场。这种全链路数字营销的业务覆盖使得蓝色光标在危机来临时也能迅速适应市场巨变。

（2）5年布局“出海”业务，迎来爆发式增长

自蓝色光标2015年开始发展“出海”业务起，迅速成为头部媒体的国内直接授权代理商，为移动游戏、应用工具、跨境电商、本土品牌等行业客户开展“出海”广告业务。针对“出海”业务毛利低的普遍痛点，蓝色光标从两方面入手：一方面，规模化优势使其在媒体端和客户端都有了更强的议价能力，同时在客户端方面不断缩短账期，提升资金运转效率；二是针对“出海”业务推出营销平台“鲁班跨境通”，吸引中小企业入场。目前蓝色光标“出海”业务的盘子够大，持续降本提利，未来该业务线净利润有望进一步增长。

（3）短视频业务高速增长，2020年度营收翻倍

蓝色光标自2018年启动短视频业务开始，当年营收贡献不到3亿元，2019年营收约22亿元，到2020年营收翻倍达50亿元，未来也将成为蓝色光标第二条过百亿的业务线。

（4）深挖中小客户需求，技术助力互联网营销提效

2017年，蓝色光标推出了面向中小企业的跨境电商解决方案“鲁班跨境通”，帮助跨境电商高效地管理在不同渠道的广告投放。2020年，蓝色光标又推出了“蓝标在线MaaS平台”，蓝标在线是集合蓝色光标25年服务企业所有经验打造的智能创意辅助系统（ACAS），从方案、工具、服务多维度全面赋能；通过该平台帮助中小企业完成数字化营销升级。在技术的加持之下，数字化营销利润率逐步提升，成为蓝色光标营收的重要增长点之一。

（5）积极补强硬实力，应对市场挑战

从近几年的技术战略布局来看，蓝色光标积极应对市场的加速变革，提升营销科技服务能力，深度发掘客户需求，积极建立技术壁垒，进一步增强客户黏性。此

外，蓝色光标启动“蓝标大学”，系统性地总结了自己的营销行业经验，建立了更高水准、更加职业化、从实践出发的终身课程体系，为市场营销人员提供职业培训；并积极和国内高校合作，培养实战型营销人才。

从蓝色光标前瞻性的营销数字化转型、技术营销深化应用、业务板块拓展完善来看，蓝色光标已逐渐脱离传统4A的服务模式，成长为一家营销科技企业，成功实现了业务的转型升级，并取得了丰硕的成果。

资料来源 佚名．蓝色光标的华丽转身［EB/OL］．［2021-05-21］．https：//baijiahao.baidu.com/s？id=1700341511421383258&wfr=spider&for=pc.

10.1 广告组织机构

10.1.1 广告组织机构的产生

1）广告组织机构的概念

组织是通过协调活动来达到个人或集体目标的社会群体。它依靠自身的组织结构，在发挥组织功能的同时，实现组织的目标。组织具有结构性、功能性和目标性等特点。

作为行业组织之一，广告组织具有不同于一般组织的行业特点。广告组织是为了对广告工作实行有效管理，以便更好地完成各项广告业务而设立的对广告活动进行计划、实施和调节的经营机构。广告组织包括广告公司、媒介广告组织、企业广告部门和广告团体等。目前，在我国从事专业广告的组织主要有三类，即专营单位、兼营单位和代理单位。

2）广告组织机构的发展趋向

广告市场的发育完善，是以广告代理制度的建立为标志的。所谓广告代理制度，是指具有独立规模和组织的广告代理机构取代以往的个人代理广告业务，并以科学的方法提高广告策划和广告设计、制作能力，使广告活动更为有效。这种广告代理机构，就是当今的专业广告公司。

专业广告公司和广告代理制度的产生，是广告业发展到一定水平时的产物。这种代理制度建立后，其他形式的广告组织的功能在广告市场中的地位会下降。

①广告代理制是广告业的发展方向。因为从经济学的角度考察，它比其他广告制度有更多的优越性。

②广告代理制可以使广告活动更为有效。它能为广告主进行系统而全面的市场调查，提供有关市场信息和广告活动信息的反馈，特别是它能利用自己的专业技术制作出高质量的广告作品。这些都是企业广告部门、媒介广告部门不能同时做到或无力做到的。

③广告代理制可以协调广告主与媒介之间的关系。一方面，它作为广告主的代理

人，为广告主提供全面的服务，为广告主进行系统的市场调查、广告策划，然后代理广告主接洽媒介单位；另一方面，它又为媒介单位争取广告客户，代理媒介争取经济利益，因而成了联系广告主和媒介的桥梁和中介。

④广告代理制减少了企业和媒介的许多具体工作，企业和媒介可以不再设置广告部门。企业和媒介的广告部门，如果亲自动手制作复杂的广告作品，必须配备一整套人员及设备，这势必会增加其成本开支。另外，刊登广告的经济责任由代理公司承担时，媒介与企业就不必再互相调查对方的资信情况，万一出现违约，其金融风险也由广告代理公司负责。所有这些，都符合企业和媒介双方节约开支的原则。

⑤广告代理制有利于规范中国广告市场。中国广告市场起步之初，广告法规不健全，广告公司、媒体、广告主都可以从事广告业务。经济体制急剧转换，刺激了人们的竞争观念，为谋求利润，广告公司和媒体竞相“拉广告”，甚至出现了“人情广告”、收受“回扣”等不正之风，影响了广告的声誉和广告创意、制作水平，最终给广告业造成了不利影响。推行广告代理制，广告主、媒体、广告人之间分工明确，可以使广告公司集中精力在市场调查、创意策划、设计制作、提供反馈追踪服务等一系列工作中下功夫，以使中国的广告业顺利走向成熟期。

10.1.2 广告的主体

广告主体（Advertisement Subject）是指广告信息传播活动中的传送者，也即广告活动的提议者、策划者、创意者和实施者。

广告主体主要有三种：广告主、广告经营者和广告发布者。就市场功能而言，广告主是广告需要的产生者，而广告经营者和发布者是满足这种需要的服务提供者，因此，在许多地方，又往往把广告经营者和发布者统称为广告商。探讨广告活动的主体，主要目的在于了解广告行为中各个元素的功能、角色，以及对传递广告信息的影响。一条广告信息，在传达给消费者之前，会经过广告主、广告经营者、广告发布者三个元素之间的互动运作。

1）广告主

广告主是指为推销商品或者提供服务，自行或者委托他人设计、制作、发布广告的法人、其他经济组织或者个人。

2）广告经营者

广告经营者，即广告代理公司，是指受委托提供广告设计、制作、代理服务的法人、其他经济组织或者个人。

3）广告发布者

广告发布者，即广告媒体，是指为广告主或者广告主委托的广告经营者发布广告的法人或者其他经济组织。

在市场上，一般都把广告主称为广告客户，广告的创意、设计、文案及其发布方式都围绕广告客户的需要和要求进行，而广告商也总是为了争取广告客户专门设计一系列的营销策略，从而使广告市场显得生机勃勃、精彩纷呈。在广告商中，既有提供广告代理、广告创意设计、广告发布一体化服务的综合性广告公司，也有专门提供一项或几项特别服务的公司，如专门的形象设计公司、专门的市场调查公司甚至专门的美术设计公司等。在我国，一些广告发布者，如大众媒介机构直接经营广告的现象还很普遍；而广告主直接干预广告经营的情况也屡有发生，这实际上妨碍了我国广告产业的发展。

在国际上，一般实行的是广告代理制，也即广告公司（广告代理方）受广告主和媒介机构（广告被代理方）的委托，在受委托的权限内，全权开展广告活动，完成广告业务的各环节，并在广告运作方案实施后，从媒介刊播费中提取一定比例（一般为15%）的佣金作为酬金。广告代理制是现代广告业发展的方向，它明确了广告主、广告商和媒介机构之间的市场职能，有利于广告定位和策划建立在更加客观和科学的基础上，提高了广告的宣传效能，规范了广告市场，保证了广告业的健康发展。

10.2 广告公司的经营

10.2.1 广告公司的产生

1）广告公司的概念

美国《现代经济词典》将广告公司定义为："以替委托人设计和制作广告方案为主要职能的服务性行业。"我国的《广告法》将广告公司界定为："广告经营者，它接受广告主的委托，为其设计、制作、代理相关的广告业务。"

广告公司是一个历史产物，是伴随着贸易的发展、市场的成熟、商业的进步以及广告的产业化浪潮而逐步发展起来的。广告公司是广告业的核心组织，也是市场经济的重要参与者。

2）广告公司的产生与发展

广告公司的产生离不开广告业自身的发展、成熟，离不开市场营销观念的变迁、丰富和完善。广告公司的产生也是广告业发展阶段性成熟的标志。

世界上第一家广告公司诞生于1841年的美国费城，由沃尔尼·B.帕尔默（Volney B.Palmer）创办。当时，该公司的主要工作就是把《镜报》的广告版面兜售给企业，并从报社抽取25%的佣金。

帕尔默广告公司的创立在广告史上具有标志性意义，它宣告了广告代理制的产生，被视为"现代广告代理的萌芽"。

对于广告公司的发展阶段，人们一般都采纳中国台湾广告学者樊志育提出的"四阶段说"，即媒体版面代理时期、客户代理时期、全面代理时期、整合传播代理时期。

（1）媒体版面代理时期

由于最早开展广告业务的主体是报纸，广告公司的母体是报社的广告部门，因此早期的广告公司都无法脱离报业。帕尔默建立的广告公司自称"全国的报纸代理商"，专门为其代理的报纸兜售广告版面。1865年，乔治·P.罗威尔在波士顿创办了一家规模更大、更专业的广告代理公司——罗威尔广告事务所。

这一时期的广告公司被称为“报纸掮客”，靠对报纸版面的低买高卖来赚钱，除了单纯的报纸版面买卖之外，不提供任何市场调查、策略制定、作品设计等服务，因此被称为媒体版面代理时期。

（2）客户代理时期

1869年，弗朗西斯·W.艾尔在美国开设了艾尔父子广告公司，标志着广告公司进入了客户代理时期。该公司是现代广告公司的先驱，不仅推销报纸广告版面，还为客户提供文案设计、媒体安排、广告制作等专业服务，并将广告代理佣金固定为15%，这已成为一种国际惯例。

1876年，艾尔公司将广告公司、广告主、媒体之间的权利和义务制度化，基本确立了现代广告代理制度。各广告公司开始调整经营方式，竞争焦点逐渐转为为客户提供服务。到了19世纪末，广告公司已具备了一定的专业化水准。

（3）全面代理时期

到了20世纪初，广告公司的理论研究水平、管理水平、技术水平都得到了提高，广告代理制在美国基本成熟，并逐渐成为国际通行的广告经营机制。企业发展也从销售导向进入营销导向时代。为了应对竞争，企业需要更专业、更全面的广告代理服务。

（4）整合传播代理时期

20世纪末，经济全球化时代到来，大型跨国广告公司诞生，追求品牌的营销理念得到普及。进入21世纪，整合营销传播理念被大家所接受，并成为广告公司的经营重点和发展方向。

10.2.2 广告公司的分类

1）按营业额划分

广告公司按营业额划分，包括大型广告公司、中型广告公司、小型广告公司。

这种分类一般以年营业额数据为标准：小型广告公司的年营业额<1 000万元；1 000万元≤中型广告公司的年营业额<1亿元；大型广告公司的年营业额≥1亿元。目前，我国广告业发展的现实是：小型广告公司最多，中型广告公司次之，大型广告公司最少。

2）按经营范围划分

广告公司按经营范围划分，包括综合性广告公司、专业性广告公司等。

综合性广告公司是指提供全面、系统的广告传播服务的公司，包括广告的策划与制作、市场调查、市场营销、促销、公关等。此类公司数量不多，但具有一定的规模，代表公司有奥美、电通、麦肯·光明、达彼思、盛世长城等。

专业性广告公司是以特定的广告业务为中心、提供有关服务内容的公司。这类公司的规模不大，经营范围也比较窄，只有一项或几项服务功能，如只承担广告的设计、制作，或只进行代理、发布路牌广告等。专业性广告公司具体又可以分为广告市场调研公司、专业媒体代理公司、广告创意公司、广告制作公司、营销策划公司等。

此外，近几年伴随着数字营销的兴盛，一批创意热店开始崭露头角，创意热店既有别于传统的广告公司，也不是公关公司，而是独立的创意体。从规模和构成上来看，创意热店没有传统4A广告公司那样体量庞大、派系分明，而真正体现出“小而美”的特色，因其出色的创意营销和经典案例为甲方所追捧，如天与空、马马也、环时互动等。

3）按企业性质划分

广告公司按企业性质划分，包括外商独资广告公司、中外合资广告公司、本土广告公司。

10.2.3 广告公司的部门

1）业务部（客户服务部）

业务部负责广告客户的开发、广告业务的联络与接洽。在广告公司中，业务部是一个具有双重身份的角色：对外代表广告公司，负责与客户的联络、协调，保持公司和客户之间的良好关系，保证公司利益；对内则代表客户，维护客户的利益，对广告执行的全过程进行监督。

2）策划部

策划部负责对产品、市场以及消费者进行调研，在调研的基础上确定产品和品牌的广告定位、广告主题及整体的广告策略，与创意制作部、媒介部合作进行广告表现形式的探讨，并协助上述两个部门制作及发布广告。

3）创意制作部

创意制作部负责提供广告创意、广告设计与制作的具体方案，制作出客户满意的广告作品（大型广告公司），或负责对广告制作的全过程进行监督（把广告制作交给专业的广告制作机构的小型广告公司），以确保广告创意的准确表达和广告作品的质量。

4）媒介部

媒介部负责广告媒介策略的制定，包括广告媒介的组合、媒介费用的分配、对广告在媒介上的发布进行监督等。

5）行政部

行政部负责公司的行政管理，一般下设人事、财务、后勤、审计等分支部门，对公司的广告业务进行全面支持。

10.2.4 广告公司的主体业务流程

广告公司的主体业务流程如下：

①开始工作：包括市场信息的收集、广告业务谈判等前期准备工作。

②客户说明会：包括召开客户信息传达会、项目说明会；由业务部开工作卡、写会议记录、归纳创意简报、制定工作进度表；由策划部开工作单。

③内部提案：创意制作部提出创意策略、媒介部提出媒介策略，并与业务部讨论，初步形成整体的广告策略。

④正式提案：由业务部与客户签订竞标协议书。

⑤提交结案：填报质控单、报价单等。

10.2.5 广告公司的制度与管理

1）广告公司的主要制度

（1）AE制度

AE（Account Executive，客户主管）制度，即广告公司指派特定的客户负责人为客户提供服务的制度。目前，大多数广告公司都设有客户服务部，让专门的AE代表广告公司与客户沟通、协调，以保证公司业务的协调运作及服务效率的提高，建立公司与客户之间的和谐关系。

（2）业务档案制度

业务档案制度是广告经营者（包括广告发布者）对广告主所提供的关于主体资格和广告内容的各种证明文件、材料，以及在承办广告业务活动中涉及承接登记、广告审查、广告设计与制作、广告发布等情况的原始记录材料，进行整理、保存，并建立业务档案，以备随时查验的制度。

（3）工作单制度

工作单制度要求广告公司的每一单业务都要有相应的工作单，每张工作单上也都要有相应业务的工作号。工作号是每项工作的代码，标志着这项工作已经展开实施。

（4）业务审核制度

业务审核制度要求广告业务的每一个环节都要有相应级别的审核，并由审核人签字，以确保广告业务流程的顺畅和广告作品的质量。

（5）业务保密制度

业务保密制度要求广告公司的员工对广告业务的内容、进展、客户商业机密等保密，不得向其他广告公司的人员以及客户的竞争对手等透露广告的创意、策划、实施等方面的内容。

（6）项目组制度

项目组制度要求广告公司根据具体的业务成立专门的项目组。这有利于广告公司集中优势兵力对个别业务进行突破，提高工作效率。

（7）例会制度

例会制度要求广告公司定期召开例会。

2）广告公司的管理

（1）财务管理

①佣金制（协商佣金制）。佣金制是最早采用的收费制度，它于1869年由美国的艾尔父子广告公司提出，1917年在美国固定下来，并成为国际通行的收费制度。佣金制的优点是明确统一，有利于广告主和广告公司的财务运作；其缺点是容易造成双方的信任度不高，不利于彼此关系的维持。

②实费制（服务费制）。实费制由大卫·奥格威首创，是指广告主根据广告公司每月的实际工作量进行付费。实费制的优点是能够保障双方的利益，改变互不信任的尴尬局面；其缺点是计费方法烦琐，广受争议。

因此，人们又研究出了一些实费制的“变种”：

一是固定月费制，即每月收取固定费用作为广告公司的报酬。固定月费制比较普遍，广告公司大多采取这种收费制度。固定月费制的优点是能够使广告公司拥有固定收入，节约时间；其缺点是缺乏弹性，不灵活。

二是工时计费制，即根据广告公司人员实际的工作量或工作时间付酬。例如，撰稿按每千字收费，创意按每小时收费。工时计费制的优点是针对性、灵活性强，可以调整；其缺点是难以量化酬劳标准。

三是议定收费制，即根据具体的广告个案，对成本进行预估，然后双方共同议定都可以接受的总金额。议定收费制可以避免双方因对成本认定的不同而产生的争执。

四是菜单式收费制，即对于一些可以明确且没有大量策划创意的服务项目，如印刷品、海报制作等，提供给客户一个菜单式的明码标价，由客户选择。

③销售额提成制（奖励机制/效益分配制）。销售额提成制，即广告公司以客户销售额为基数，按照合同所定的百分比提取相应报酬。销售额提成制的优点是能够使广告公司和客户之间的雇佣关系变成商业伙伴关系，有利于彼此的合作；其缺点是广告公司要承担一定的销售风险。

（2）人力资源管理

①人员的聘用。例如，广告公司客户服务部人员的聘用，通常需要从以下几个方面来考核：是否具有一定的学历和智力？是否有客户服务或相关的工作经验？是否担任过管理职务或有一定的管理才能？是否有必要的沟通技能（书面或口语）？是否有能力与人合作？是否有团队精神？形象、气质、性格是否适合担任客户服务人员？在客户服务位置上的发展潜力如何？

②人员的培训。人员的培训包括以下内容：

资源41（文本）

新媒体环境下广告公司生存现状分析

一是集中培训，即员工不坐班，在短期内一起去某一个地方进行集训。集中培训能够使员工在短期内对广告和本公司有较为系统、全面的认识，从而强化各部门之间的联系，促进员工的团结。

二是专业培训，即各部门单独进行培训，不强调和其他部门之间的联系。

三是岗位培训，即不占用工作时间的培训，如在工作间播放广告作品，以提高员工的欣赏水平等。

10.3 企业广告的经营

10.3.1 广告在企业营销中的作用

广告不是万能的，但是没有广告是万万不能的。广告对企业营销来说具有以下一些重大作用：

1）沟通信息

企业需要及时了解和把握商机，同时又需要把信息及时地传递给消费者。只有信息沟通顺畅，才能更好地控制产品质量、价格等，并在此基础上拓展市场。

案例10-1  台湾手抓饼的故事

现在很多人都很喜欢吃可口的台湾手抓饼，其实台湾地区原本是没有手抓饼的。那么，台湾手抓饼是怎么产生的呢？2004年夏天，一个叫柴磊的年轻人在朋友的安排下去台湾地区旅游，他在台北逛著名的夜市时花了30元台币买了一种叫葱抓饼的小吃，觉得很好吃，于是他想："葱抓饼好吃又容易让人接受，操作起来也不难，为什么不把它引进大陆呢？"回到上海后，柴磊把"葱抓饼"改名为"手抓饼"，为了开发出更适合大陆民众口味的产品，在长达5个月的时间里，柴磊和自己的技术团队足不出厂，试吃的面团不下数百个。2004年年底，以台湾手抓饼为主要产品的"粮全其美"公司正式成立。截至2007年年底，公司的门店已达1 400多家，遍及大陆、香港、台湾。公司每天至少能卖出20万张手抓饼。2008年，公司又开发了美国和韩国市场。

手抓饼成功后，模仿品、假冒的特许经销商不断出现。于是，"粮全其美"公司利用网站向消费者、加盟商传递相关信息，并提供判断假冒伪劣产品和发现加盟陷阱的资料。

从柴磊的创业经历及后来对假冒产品的打击宣传，我们可以看出信息沟通、广告传播对企业的重要性。

2）引导需求

企业通过广告进行商业信息的发布和传递，可营造消费氛围，引导消费需求，刺激消费欲望。消费者的购买欲望增强，就意味着市场扩大。

案例10-2  车保姆的创业故事

"车保姆"公司2006年成立，在上海打响品牌，2007年呈爆发式增长，加盟商突破600家。

"车保姆"公司研制出的设备能一次性完成洗车、养护、打蜡工作，耗水量少。创业之初，为了刺激消费者的需求，公司在上海万科花园免费洗车2天，300多辆车的车主体验了"车保姆"的服务，很多业主因此购买了包月卡。

3）塑造企业形象

还是以"车保姆"公司为例，在成功地引导了消费者的消费需求之后，公司又开始注重塑造企业形象，要求员工都穿统一的绿色工作服，工作服上印有黄颜色的"车保姆"品牌标志，如此穿着的员工奔走在住宅、写字楼、酒店甚至大街小巷中，刮起了一股绿色旋风。

4）传播企业文化

企业通过广告传播自己的企业文化，会对消费者和社会起到长远而深刻的影响。例

如，“海尔，真诚到永远”这一口号通过广告变得家喻户晓；同时，海尔还拍了很多动画片，如《海尔兄弟》，向儿童宣传环保，这也起到了广告的作用。

又如，大连安达圣岛集团是以房地产开发为主导，集建筑、机电安装、酒店旅游以及物业管理等多元化产业于一体的综合性企业集团。集团以“安家立业，达济天下”为企业理念，开发了大批的住宅、商务大厦等。该集团将出版的双月刊免费投递，对公司形象进行展示。集团没有完全将刊物做成一本房产广告杂志，而是以环保为主题，其内容涉及环保的方方面面。从读者的角度看，这样的企业令人尊敬；而从公司的角度看，刊物对公司的宣传起到了积极的作用。

资源42（视频）

宜家广告营销策略

10.3.2 企业如何选择广告公司

1）不要迷信大型广告公司

企业选择广告公司时，应该结合企业自身的特点和实力，选择适合自己的，而不是一味地追求广告公司的名气和规模。一些企业过于盲目地追求大型广告公司，忽略了自身所能承受的成本，给企业带来了致命的打击。

案例10-3  重庆奥妮化妆品公司与奥美广告公司的失败合作

1998年是重庆奥妮化妆品公司总经理黄家齐最不愿提起的年份。之前的1997年，奥妮成功地推出了“百年润发”洗发水，取得了公司发展史上最辉煌的战绩——年销售收入达到8亿元，市场占有率12.5%，仅次于宝洁，成为业界和媒体心目中“国产洗发水”的扛旗者。

带着上一年的成功，奥妮开始与上海奥美合作，重新推广“皂角洗发浸膏”。这款产品是奥妮1994年年底推出的，销量曾在国内领先，但后来有所下滑。奥美广告片的核心创意是由头发构成的瀑布场景，奥妮从1998年3月开始在央视密集投放该广告，还花费1 800万元策划了“奥妮带你去看瀑布”活动。与此同时，奥妮还进行免费派送活动，在全国主要城市免费派送洗发浸膏。3个月后，奥妮就撑不下去了，密集投放了约8 000万元的广告费（电视广告和户外广告），而当年新皂角洗发浸膏的销售收入只有1亿多元。花费1 800万元的“奥妮带你去看瀑布”活动换回的是抱怨；免费派送活动中有很多派送者把试用品截留下来出售。

至此，奥妮与奥美的合作终止了，奥妮的高速增长也戛然而止。这也反映了特定时期，国外著名的大型广告公司对本土的企业其实并不了解。在选择广告公司时，不能只唯名，还是要选择适合自己的。

资源43（文本）

宝洁，百年日化帝国的盛衰与数字化变革之旅

2）寻找合适广告公司的步骤

企业寻找合适的广告公司可以遵循以下三个步骤：首先，企业组织搜寻小组，寻找广告代理公司，辨别出有潜力的角逐者，确定广告公司初选名单；其次，企业与有潜力的广告公司接触，拟定广告公司复选名单；最后，安排广告公司比稿，由企业最终确定

广告公司。

10.4 媒介广告的经营

10.4.1 媒介广告的职能与功能

1）媒介的广告职能

①它是广告最重要的信息传递渠道。

②可对广告内容起到过滤、筛选的作用。

③传播技术的进步和媒介形式的更新，可促进广告业的发展。

④传播业的规范化使广告业不断规范。

2）媒介广告的功能

媒介广告具有一定的正面功能，如可以帮助企业塑造品牌形象，可以帮助消费者加深对商品的认识，还可以起到美化、协调外部环境以及塑造社会文化的功能。当然，广告媒介也存在一定的负面效应。例如：虚假广告误导消费者；低格调广告污染大众视听和整个社会文化环境；过度的广告刺激导致物欲膨胀等。

10.4.2 媒介广告组织与机构设置

媒介广告组织是指媒介自己设立的专门从事媒介广告经营的组织。

1）媒介广告组织的发展历程

新闻媒介该不该设立广告机构，迄今仍是一个具有争议的问题。我国媒介广告组织的发展大致经历了以下历程：

①20世纪80年代初期，尝试设立广告部：人数较少、分工不明确、业务简单。

②20世纪80年代中后期，重视对广告部的扩充：市场经济促发媒介重视广告工作。

③20世纪90年代初期，建立完备的广告机构：把广告代理公司视为竞争对手；提供全套服务，但效率不高。

④20世纪90年代中后期至今，明确自身定位：是广告的发布终端，与广告代理公司是合作伙伴关系，并对内部的广告机构作了相应的调整。

2）媒介广告机构的设置

媒介广告机构的设置，就像我国的广告公司：大的公司部门繁多，小的公司结构简单。有的媒介广告组织本身已经发展成为很大规模的广告公司，因此，广告公司所拥有的部门，它都拥有；有的媒介广告组织的机构设置则非常简单。一般的设置就是：①业务部或市场部，负责承接广告业务、与客户沟通等；②管理部或制作部，负责内部的管理工作，可以细分为制作部、校对部、审查部等；③研究部，也可以称为策划部，负责媒介的研究、策划；④财务部，负责广告费的回收以及组织内部的财务管理。

3）媒介的广告业务来源

媒介的广告业务来源主要包括三个方面：广告客户直接委托媒介刊播广告（较

少）；媒介业务员承揽广告（较多）；广告代理公司委托刊播广告（最主要的来源）。

4）媒介广告定价与投放

（1）媒介广告定价

①影响不同媒介广告定价的因素：收视率、发行量、收听率、点击率、媒介的权威性、行业影响力、受众。

②影响同类媒介广告定价的因素：时间、具体节目、版面、长期刊播与短期刊播。

（2）媒介广告投放

媒介广告投放一般有三种策略：

①持续式（Continuity）投放。一些没有季节性特征的产品，如电视机的广告投放，可以使用持续式的策略。

资源44（文本）

媒介价值和广告使命

②间断式（Flighting）投放。季节性较为突出的产品，如羽绒服，集中在秋冬季节进行广告投放，而春夏两季则不投放广告。

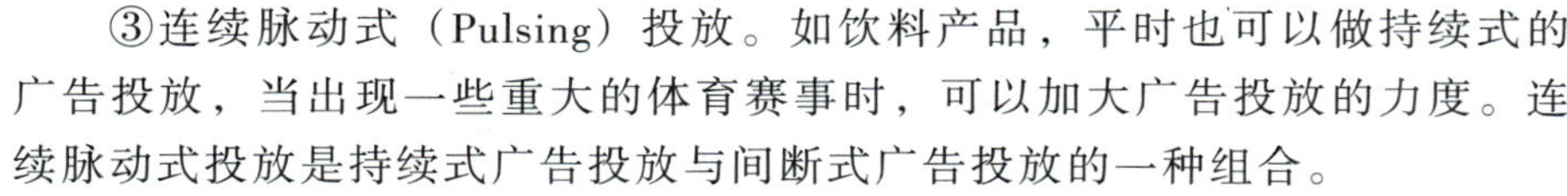

③连续脉动式（Pulsing）投放。如饮料产品，平时也可以做持续式的广告投放，当出现一些重大的体育赛事时，可以加大广告投放的力度。连续脉动式投放是持续式广告投放与间断式广告投放的一种组合。

本章小结

本章对广告经营管理中的广告经营问题，诸如企业的广告经营、媒介的广告经营、广告公司的广告经营等进行了探讨。首先，介绍了广告公司的发展历史、分类以及广告公司经营管理的相关内容；其次，分析了广告对企业的重要作用，以及企业如何选择广告公司；最后，探讨了媒介广告的组织机构、业务来源以及媒介广告的投放策略等。

关键概念

广告公司　广告经营　媒介广告　企业广告

复习思考题

第10章测一测

1）简述广告公司的定义。

2）试述广告公司的发展脉络。

3）广告对企业营销有何重要作用？

4）试述媒介广告的主要业务来源。

专业技能训练

少年儿童很容易被广告吸引，然而，一些无良商家在投放广告的时候并没有关注少年儿童的身心健康。

请结合身边的案例探讨：作为一名广告人，在策划、制作新媒体广告时，如何做到不损害少年儿童的身心健康。

本章参考文献

［1］王悦彤．广告管理［M］．北京：社会科学文献出版社，2018.

［2］董莉莉，李宁，等．广告公司工作流程与管理［M］．北京：清华大学出版社，2016.

［3］刘萍．广告公司商务模式和绩效［M］．北京：经济科学出版社，2016.

［4］卫军英，王佳．广告经营管理［M］．北京：北京大学出版社，2013.

［5］张金海，余晓莉．现代广告学教程［M］．北京：高等教育出版社，2010.

［6］姜智彬．广告公司经营与管理［M］．合肥：合肥工业大学出版社，2010.

第11章　广告管理

学习目标

通过学习本章，你应该：

了解广告管理；掌握广告法规、广告行政管理、广告行业自律、广告社会监督的含义及特点；重点掌握广告法规；正确理解广告社会监督。

理解在巨大利益驱动下，不良广告屡屡招摇过市，对广告法加以完善是必须持续推进的工作。

引例　　奔驰CEO退休，宝马送了一支广告！

2019年5月22日，梅赛德斯-奔驰全球总裁蔡澈宣布退休。在这个意义非凡的时刻，当然少不了老对手（欢喜冤家）宝马的祝福，它第一时间送上了一支广告片。本以为宝马这次要对奔驰走心了，结果看到最后一秒大家都忍不住笑出了声。

广告片以“蔡澈在奔驰总部的最后一天”为故事背景，主人公从办公椅上起身离开，与同事握手道别，合影留念，递还工牌，在雷鸣般的掌声和注视中与大家挥手告别，最后坐上一台奔驰离开了总部大楼……很平常的情节配着低沉的音乐，扑面而来一阵阵离别的伤感。本以为该进入献眼泪的流程了，谁能想到，广告片最后出现大反转：奔驰CEO到家后，从车库里开出了一辆宝马（如图11-1所示）……

图11-1　宝马的广告片

这样的“高级黑”，受众都似曾相识。宝马100周年时，被奔驰“调戏”：感谢宝马100年来的竞争，没有你的30年好孤独（奔驰比宝马早成立30年），如图11-2所示。

图11-2　奔驰祝贺宝马成立100周年的海报

没想到，今天，宝马终于“报仇”了，而且招数高明。

对于这则广告，看看网友们的评价：“@laxyzo：我认为这是奔驰的视频，宝马我尊重你！”“@anirudh reddy：伟大的竞争，伟大的体育竞技精神！我相信没有人会不喜欢这条视频！”“@michalis：脱帽致敬，致敬你们的友好竞争和幽默感。”

一直以来，根据我国的广告立法，广告中不允许出现比较，不允许出现最高级、比较级等语言表述，所以在我国的广告中，强调的是不诋毁、不提及竞争对手，是正派高端的广告手法。但在社会化媒体如此发达的今天，竞争对手商业互夸和互黑貌似才是双赢的法宝。对此，你怎么看呢？

资料来源　4A广告圈.奔驰CEO退休，宝马送了一支广告！[EB/OL].[2019-05-23]. http://www.sohu.com/a/315908887_487881.

11.1　广告法规与行政管理

11.1.1　广告法规的含义与特点

广告法规是由国家行政机关制定的关于广告宣传和管理的方针、政策、规范的总称。

广告法规具有以下几方面的特点：规范性、概括性、目的性、强制性、稳定性等。其中，最为突出的特点就是广告法规的强制性。从美国惠氏公司药物“非那根”（盐酸异丙嗪片）引起的法律纠纷中，我们就可以对广告法规的强制性有所认识。

美国人莱文在2000年时接受惠氏“非那根”注射，医生未按标签建议的那样进行肌内注射，而是采取静脉注射。由于注射不当，导致莱文右手和右前臂截肢，于是莱文诉诸法律。那么被判决赔偿的应该是医院、医生，还是惠氏呢？

与大多数人认为的相反，美国最高法院没有额外追究医院、医生的责任，而是在2009年3月4日以6比3的投票结果要求惠氏赔偿莱文670万美元。法院认为惠氏生产的“非那根”药品标签上的说明和警告不够清楚，惠氏完全可以单方面、更清楚地向公众警示“非那根”的用药风险。这样的判决，不仅惠氏觉得冤，其他人也觉得惠氏有点冤，认为这是医生使用不当的责任，而这就是法律的强制性。

11.1.2　我国的广告法律、法规

《广告法》是我国广告法规体系中的基本法，其次是《广告管理条例》和《广告管理条例施行细则》，它们是我国广告法规体系中主要的法律，是对作为基本法的《广告法》的有效完善与补充。除此之外，还有一系列涉及广告监管的行政规章和规范性文件，其他法规如《食品安全法》中也有涉及广告的规定。

2015年4月24日，《广告法》由中华人民共和国第十二届全国人民代表大会常务委员会第十四次会议修订通过，自2015年9月1日起施行。这是我国《广告法》实施20年来首次修订，调整力度较大。此外，新广告法又于2018年、2021年进行了两次修正。我们来重点关注新广告法的以下四方面内容：

1）新广告法中规定广告内容不得有的情形

根据新广告法第二章广告内容准则第九条的规定，广告内容不得有下列情形：

（1）使用或者变相使用中华人民共和国的国旗、国歌、国徽，军旗、军歌、军徽

不仅在我国，在很多国家都有严格规定，禁止使用国旗、国徽、国歌做广告。但这样的违规广告在我们的生活中曾经屡见不鲜。例如，在北京、湖南，都曾出现过饭店把菜谱印在国旗上进行宣传的事情；某房地产广告把国歌中的“前进，前进，前进进”恶搞为“钱进，钱进，钱进进”，强调其“投15万元，赚298万元”的噱头。还有在某地方电视台严肃的新闻节目中，竟然也有医药广告，而且遮挡了神圣的国徽。

（2）使用或者变相使用国家机关、国家机关工作人员的名义或者形象

在广告作品中，不能使用国家机关和国家机关工作人员的名义，更不能假冒国家机关工作人员的名义做虚假广告。

（3）使用“国家级”“最高级”“最佳”等用语

在广告中，不能出现“最佳”“效果最好”“质量最棒”等形容词的最高级用语。特别是化妆品、保健品、医疗用品等领域的广告（我们经常会发现这样违规的做法）。

（4）损害国家的尊严或者利益，泄露国家秘密

（5）妨碍社会安定，损害社会公共利益

（6）危害人身、财产安全，泄露个人隐私

（7）妨碍社会公共秩序或者违背社会公序良俗

广告作品不得妨碍社会公共秩序。比如，曾经有段时间很多理发店的店名令人咋舌，什么“人民发院”“非发走私”“最高发院”“吾发吾天”等，严重干扰了正常的社会公共秩序。同时，广告作品还不得违背社会公序良俗。比如，在美加净修护系列产品广告中，有一段母子的对话，儿子对年轻漂亮的妈妈说“长大了我要娶你”，该广告由于涉嫌违背社会风尚而遭停播。

（8）含有淫秽、色情、赌博、迷信、恐怖、暴力的内容

例如，一则电视广告上说，有一种叫“玖玖理疗裤”的保健内裤，能医治多种疾病、强身健体，并且该内裤由某寺高僧祷告开光，能够“逢凶化吉，扶正避邪”。该广告就是现代高科技迷信加上被歪曲的宗教迷信的典型案例。而且，广告中出现的所谓某寺高僧，根本就子虚乌有，是由演员扮演的。

（9）含有民族、种族、宗教、性别歧视的内容

歧视性广告主要指涉嫌种族歧视、宗教歧视、文化歧视、性别歧视、社会地位与财富歧视等内容的广告。

①种族歧视。在一则英特尔处理器的平面广告中，一名白人管理者骄傲地站在办公室的中间过道上，两边则是六名准备冲刺的黑人跑步运动员。在白人的头上赫然写着：超强全面性能，最大限度挖掘员工的能力。这则广告充分体现了白人的优越感，对黑人进行了种族歧视。

②宗教歧视。例如，索尼收录机的电视广告曾在泰国遭禁：庄重的佛祖释迦牟尼戴上索尼收录机的耳机之后竟凡心启动，在佛堂上手舞足蹈……佛祖之威严和宗教之虔诚荡然无存。泰国是“佛教之国”，这则广告触犯了泰国的国教，激起了泰国人的愤怒。泰政府责令索尼停播该广告，并规定在随后的一年里，任何媒体不得刊登任何有关索尼的信息。

③文化歧视。例如，日本丰田汽车的平面广告中，一辆日本丰田汽车驶过，富含中华民族文化的卢沟桥石狮子，却向驶过的丰田汽车敬礼。广告语是“霸道，你不得不尊敬”。这则广告被公认为是对中国的文化歧视，引起了广大消费者的抵制。

④性别歧视。很多学者对电视广告中的女性形象做了研究，认为歧视的主要特征是角色定型，即女性角色大多定型于服装、美容方面，男性角色大多定型于机械、电子方面。广告中男性旁白居多，男建议、女描述占主导。在角色关系上，女性角色大多处于被动、从属地位。

资源45（视频）

文化差异引起的歧视广告

例如，我们来看下面两条广告语。其一：“亲爱的，你每天都得干全部的家务活，但看上去仍然神采奕奕，有什么秘诀吗?”“秘诀当然是我每天早上吃的含有Kellogg's PEP的早餐啦。”其二：“如果一切重来，你的丈夫还会再娶你吗？如果你的回答为‘是’，那你肯定每天都在使用Palmolive肥皂，所以皮肤才会保持光洁有弹性。”

从这两则广告中我们可以看出，广告中的女性不仅要通过完成所有的家务活来标榜所谓的贤妻良母形象，而且女性的外表装束与肌肤护理必须得到男性的认可，从而取悦男性，这是带有性别歧视色彩的。

⑤社会地位与财富的歧视。例如，上海大众POLO汽车的平面广告（如图11-3所示），广告语是“挤地铁，就不用穿正装了吧？毕竟，你还没有买POLO劲取”。又如，某房地产公司打出的广告语是“非董事谢绝参观”。这些广告都属于对人们社会地位、财富的歧视。

图11-3 上海大众POLO汽车广告

图片来源 佚名. 上海大众POLO汽车广告［J］. 汽车之家，2006（9）.

此外，广告不得损害未成年人和残障人士的身心健康。例如，2003年，美国苹果电脑公司正式向全球推出了最新的产品广告“大东西小东西”，隆重介绍其12英寸和17英寸两款高级笔记本电脑，主演是姚明和侏儒明星弗恩·特罗伊尔。广告表现了“小个子用大东西，大个子用小东西”——身高不到1米的特罗伊尔与2.26米的姚明在苹果电脑广告中形成鲜明的对比。不得不承认，该广告在某种程度上还是对一些弱势群体（如侏儒或者个子矮小的人群）造成了一定的心理伤害。

（10）妨碍环境、自然资源或者文化遗产保护

（11）法律、行政法规规定禁止的其他情形。

通过学习新广告法中明文规定的广告内容中不得出现的情形，我们可以知道在进行广告的创意制作时有哪些禁忌；在从事广告行业的时候，有哪些底线我们不能触碰。

2）新广告法对虚假广告的界定

根据新广告法第二章广告内容准则第二十八条的规定：广告以虚假或者引人误解的内容欺骗、误导消费者的，构成虚假广告。

广告有下列情形之一的，为虚假广告：

①商品或者服务不存在的。

②商品的性能、功能、产地、用途、质量、规格、成分、价格、生产者、有效期限、销售状况、曾获荣誉等信息，或者服务的内容、提供者、形式、质量、价格、销售状况、曾获荣誉等信息，以及与商品或者服务有关的允诺等信息与实际情况不符，对购买行为有实质性影响的。

③使用虚构、伪造或者无法验证的科研成果、统计资料、调查结果、文摘、引用语等信息作证明材料的。

④虚构使用商品或者接受服务的效果的。

⑤以虚假或者引人误解的内容欺骗、误导消费者的其他情形。

3）新增广告代言人的法律义务和责任

新广告法第一章总则第二条规定：本法所称广告代言人，是指广告主以外的，在广告中以自己的名义或者形象对商品、服务作推荐、证明的自然人、法人或者其他组织。

根据新广告法第二章广告内容准则第十六条的规定，医疗、药品、医疗器械广告不得利用广告代言人作推荐、证明。根据新广告法第二章广告内容准则第十八条的规定，保健食品广告不得利用广告代言人作推荐、证明。

新广告法第三章广告行为规范第三十八条规定：广告代言人在广告中对商品、服务作推荐、证明，应当依据事实，符合本法和有关法律、行政法规规定，并不得为其未使用过的商品或者未接受过的服务作推荐、证明。不得利用不满十周岁的未成年人作为广告代言人。对在虚假广告中作推荐、证明受到行政处罚未满三年的自然人、法人或者其他组织，不得利用其作为广告代言人。

新广告法第五章法律责任第五十六条规定：违反本法规定，发布虚假广告，欺骗、误导消费者，使购买商品或者接受服务的消费者的合法权益受到损害的，由广告主依法承担民事责任。广告经营者、广告发布者不能提供广告主的真实名称、地址和有效联系方式的，消费者可以要求广告经营者、广告发布者先行赔偿。关系消费者生命健康的商

品或者服务的虚假广告，造成消费者损害的，其广告经营者、广告发布者、广告代言人应当与广告主承担连带责任。前款规定以外的商品或者服务的虚假广告，造成消费者损害的，其广告经营者、广告发布者、广告代言人，明知或者应知广告虚假仍设计、制作、代理、发布或者作推荐、证明的，应当与广告主承担连带责任。

新广告法第五章法律责任第五十八条对一些行为作了明确规定，发生这些行为，由市场监督管理部门责令停止发布广告，责令广告主在相应范围内消除影响，处广告费用一倍以上三倍以下的罚款，广告费用无法计算或者明显偏低的，处十万元以上二十万元以下的罚款；情节严重的，处广告费用三倍以上五倍以下的罚款，广告费用无法计算或者明显偏低的，处二十万元以上一百万元以下的罚款，可以吊销营业执照，并由广告审查机关撤销广告审查批准文件、一年内不受理其广告审查申请。

医疗机构有前款规定违法行为，情节严重的，除由市场监督管理部门依照本法处罚外，卫生行政部门可以吊销诊疗科目或者吊销医疗机构执业许可证。广告经营者、广告发布者明知或者应知有违法行为仍设计、制作、代理、发布的，由市场监督管理部门没收广告费用，并处广告费用一倍以上三倍以下的罚款，广告费用无法计算或者明显偏低的，处十万元以上二十万元以下的罚款；情节严重的，处广告费用三倍以上五倍以下的罚款，广告费用无法计算或者明显偏低的，处二十万元以上一百万元以下的罚款，并可以由有关部门暂停广告发布业务、吊销营业执照、吊销广告发布登记证件。

4）强化对大众传播媒介广告发布行为的监管力度

根据新广告法第五章法律责任第五十七条规定，有下列行为之一的，由市场监督管理部门责令停止发布广告，对广告主处二十万元以上一百万元以下的罚款，情节严重的，并可以吊销营业执照，由广告审查机关撤销广告审查批准文件、一年内不受理其广告审查申请；对广告经营者、广告发布者，由市场监督管理部门没收广告费用，处二十万元以上一百万元以下的罚款，情节严重的，并可以吊销营业执照：

（1）发布有本法第九条、第十条规定的禁止情形的广告的。

（2）违反本法第十五条规定发布处方药广告、药品类易制毒化学品广告、戒毒治疗的医疗器械和治疗方法广告的。

（3）违反本法第二十条规定，发布声称全部或者部分替代母乳的婴儿乳制品、饮料和其他食品广告的。

（4）违反本法第二十二条规定发布烟草广告的。

（5）违反本法第三十七条规定，利用广告推销禁止生产、销售的产品或者提供的服务，或者禁止发布广告的商品或者服务的。

（6）违反本法第四十条第一款规定，在针对未成年人的大众传播媒介上发布医疗、药品、保健食品、医疗器械、化妆品、酒类、美容广告，以及不利于未成年人身心健康的网络游戏广告的。

资源46（文本）

新广告法亮点解读

11.1.3 广告行政管理

1）广告行政管理的含义

广告行政管理，是指政府的广告监督管理部门（国家市场监督管理部门和地方各级市场监督管理部门）依据广告管理的法律、法规和有关政策的规定，行使国家授予的职权，对广告行业和广告活动进行监督、检查、控制和指导的工作。

在我国，广告监督管理部门在组织结构上有如下设置：

①国家市场监督管理总局下设广告监督管理司，管理全国的广告行业。

②各省、自治区、直辖市及计划单列市的市场监督管理局下设广告监督管理处，管理本辖区的广告业务。

③各地、市市场监督管理局设广告科，管理本辖区的广告业务。

④各县、自治县、自治州的市场监督管理部门设广告股，管理本辖区的广告业务。

由于国家市场监督管理部门在行政归属上是国务院的直属机构，上级市场监督管理部门对下级市场监督管理部门是业务指导关系，因此，地方市场监督管理部门的广告管理工作，一方面接受上级市场监督管理部门的业务指导，另一方面还要接受地方政府的领导。

2）广告行政管理系统

（1）广告管理机构

广告管理机构指的是国家和地方各级市场监督管理部门。

（2）广告管理法规

广告管理法规包括《广告法》《广告管理条例》《药品广告审查办法》等。

（3）广告验证管理

广告验证管理是指广告管理机关对广告的内容、广告经营者的验证。

（4）广告管理对象

广告管理对象包括广告主、广告经营者、广告发布者、广告信息等。

3）广告行政管理的职能

（1）立法

广告立法是广告监督管理机关的重要职能，是指国家权力机关通过制定广告行为规范，从法律上明确广告活动各方的权利、义务及相互关系，同时也明确广告监督管理机关广告监督管理的职能、原则、手段和程序。国家市场监督管理总局是国务院的直属机构，是全国广告管理的最高机关，是负责全国广告监督管理工作的决策、指导机关，受国家立法机关和国务院的委托起草广告法律、法规，单独或会同有关部门制定广告管理行政规章，制定各类广告发布标准，根据授权解释广告行政法规和广告行政规章。地方市场监督管理部门可以依照地方立法程序和权限的有关规定，受地方立法机关和地方政府的委托，起草地方性广告管理法规。

（2）审批

广告审批登记是指广告监督管理机关代表国家确认广告经营者、广告发布者合法经营或者发布广告的资格。市场监督管理部门依法履行对广告经营资格的审查和批准职能。这项职能是对广告经营活动进行管理的基础，包括：对要登记注册的专业广告公司从业资格的审查、批准及广告经营范围的核定；对广播电台、电视台、报纸、杂志等广告发布者从事广告发布活动资格的审查、批准及广告经营范围的核定，并核发“广告经营许可证”；对各类临时性或特殊形式的广告活动的资格审查及广告经营范围的确定。

（3）监督检查

广告监督检查是指对各类广告经营者、广告发布者所进行的广告活动的各环节，包括承揽、设计、制作、发布等进行监督检查，以保证广告活动在法律规定的范围内进行。各级市场监督管理部门所进行的监督具体分为事前监督、事中监督和事后监督三种。

（4）查处

查处广告违法行为、依法制裁广告违法行为是各级广告监督管理机关的重要职能。广告违法行为的发现途径主要包括：广告监督管理机关的日常监督管理、消费者投诉、群众举报。广告监督管理机关依据广告管理法律、法规，对广告违法行为给予行政、经济处罚，情节严重的甚至移送司法机关追究刑事责任。

（5）协调和服务

协调和服务也是保证广告监督管理工作顺利进行的条件之一，同时也是广告监督管理机关的职责，主要包括：①广告监督管理机关内部横向和纵向的协调和指导工作；不同层次的广告监督管理机关在立法、审批、监督、查处中会采取不同的方法，有时甚至会出现矛盾，这就需要广告监督管理机关做好协调工作。②广告监督管理及商标管理部门、企业登记管理部门、合同管理等其他职能部门之间的协调工作。③广告监督管理部门与政府其他职能部门之间的协调工作，如户外广告的管理就需要城建、交通、公安等部门的配合。

（6）指导

根据国务院的有关规定，市场监督管理部门还必须承担研究制定广告业方针、政策和发展规划，发布各类广告发布标准，开展广告法规宣传，组织培训广告经营者等职能。除此之外，广告监督管理机关还负责指导广告行业组织的工作，以便更好地发挥行业组织协助政府部门贯彻产业政策，落实行业规划，组织广告经营者、广告发布者实现自我管理、自我约束、自我教育的职能。

11.2　广告行业自律

11.2.1　广告行业自律的含义与特点

1）广告行业自律的含义

广告行业自律，又叫广告行业自我管理，是指广告主、广告经营者和广告发布者通过自行制定章程、公约和会员守则等方法，对自身所从事的广告活动进行自我约束、自我限制、自我协调和自我管理，使之符合国家法律、法规、行政规章的规定及职业道德、社会公德的要求。

从这个定义我们可以明确广告行业自律的主体，也就是谁来自律，当然是广告主、广告公司、广告媒体等。自律的目标就是要使广告行业符合国家法律的要求，遵守职业道德，不违背社会公德和社会伦理。整个行业自律的过程是通过行业协会自己制定的行规、会员守则等的约束、限制、协调来完成的，主要是靠广大行业组织成员自觉地维护广告行业的有序发展。

2）广告行业自律的特点

资源47（文本）

从对儿童的广告宣传看广告行业自律

相对于广告法规与行政管理的强制性，广告行业自律则更多地具有以下特点：自愿性、宽泛性、灵活性。也就是说，加入广告行业自律组织是自愿的。自律的规范相对于国家的法律是宽泛的，法律是从基本的方向上去把握，不会规定到细微的地方；而行业自律的守则就会相当具体，涉及方方面面。但是行业自律的守则只是对行业协会成员的一种约束，不具有法律强制力，所以在执行的时候有很大的灵活性。

11.2.2 广告行业自律的内容与实现

1）广告行业自律的内容

（1）承诺遵纪守法

行业自律规则要把承诺遵纪守法放在第一位，在法律的指导和约束下实行行业自律。例如，在广告制作和传播中自觉禁用国旗、国徽、国歌和政府部门标志、文字及公职人员姓名。

（2）承诺广告真实可信

广告经营者应明确承诺“广告的内容真实、准确”，如实反映商品性能，不以任何形式误导消费者；禁止使用“国家级、最高级、最好、第一、顶级、极品、高级、世界级、百分之百等绝对性词语”。

（3）承诺广告遵守公认的道德准则

思想性是广告的灵魂，广告的表现形式和广告的内容要积极、健康，要遵守广告法规的规定和社会公认的道德准则，不做比较广告，不贬低同行业其他产品与商家。

（4）行业成员之间互相监督

行业成员之间要互相监督。医疗、食品、酒类、化妆品类等广告信息，必须由商家提供营业执照许可证，否则其广告信息不予以刊登。

（5）行业成员之间交流、沟通经验

凡是广告内容涉及淫秽、迷信（如算命、看风水等）、暴力、恐怖信息的，坚决不予刊登，对于问题严重者，行业成员有责任和义务向当地公安部门举报。

加强广告行业自律，充分发挥广告行业自身在制止不正当竞争行为、不规范竞争行为或不道德行为中的作用是大势所趋。在完善的市场经济条件下，广告主、广告经营者和广告发布者在广告市场中的经营行为，更需要强化行业自律。

2）广告行业自律的实现

（1）成立行业协会

1981年，我国成立了中国对外经济贸易广告协会（后更名为中国商务广告协会）。1983年12月27日，中国广告协会成立，这是目前中国最大的广告行业组织，是由广告主、广告经营者、广告发布者、广告代言人（经纪公司）、广告（市场）调查机构、广告设备器材供应机构等经营单位，以及地方性广告行业组织、广告教学及研究机构等自愿结成的行业性、全国性、非营利性社会组织。

（2）制定自律规章

组织成员共同制定自律规章，作为本行业成员共同遵守的规范。中国广告协会于1990年制定了《中国广告行业自律规则》。

（3）成员互相监督

组织成员要依据共同制定的自律规章规范，互相监督。

（4）政府帮助、支持

一方面，政府不要对广告行业自律干涉太多，要给广告行业充分的自由发挥的空间；另一方面，政府也要进行适当的支持和帮助，引导广大广告经营者强化自律意识和加强自律管理。

资源48（文本）

中国广告行业自律规则

11.3 广告社会监督

11.3.1 广告社会监督的含义与特点

广告社会监督，又称广告消费者监督或广告舆论监督，主要通过由广大消费者自发成立的消费者组织，依照国家广告管理的法律、法规对广告进行日常监督，对于违法广告和虚假广告，向广告管理机关进行举报和投诉，并向政府立法机关提出立法请求和建议。广告社会监督的特点有：主体的广泛性、组织的重要性、监督的自发性、结果的权威性。

通常情况下，广告管理以政府的行政管理为主，但是，这并不是说广告行业自律和广告社会监督是可有可无或根本用不着的；相反，正是由于有了广告行业自律和社会监督的加入，政府对广告的行政管理才更加有力，广告管理也才更加富有层次。

11.3.2 广告社会监督的职能、组织与实施

1）广告社会监督的职能

广告社会监督的职能主要有：参与对商品和服务的监督检查；向政府机关和媒体举报和投诉虚假、违法广告；维护消费者的利益等。

2）广告社会监督的组织

我国的广告社会监督组织主要指中国消费者协会和各地设立的消费者协会（有的称消费者委员会或消费者联合会）。1983年8月在北京成立的全国用户委员会，是我国首

家全国性的消费者组织。中国消费者协会是经国务院批准，于1984年12月26日在北京成立的。在1994年，全国县级以上消费者协会就已经超过2 400个。此外，还在街道、乡镇、大中型企业中建立了各种形式的保护消费者的社会监督网络3.3万余个。

消费者协会基本上是由市场监督管理、进出口检验、物价、卫生等部门及工会、妇联、共青团中央等组织共同发起，经同级人民政府批准建立和民政部门核准登记，具有社会团体法人资格，挂靠在同级市场监督管理局的“官意民办”的消费者组织。

3）广告社会监督的实施

广告社会监督的实施主要有三种途径：

（1）广告受众对广告的全方位监督

每一位能够接触到广告的社会成员，都有权对广告进行监督。由于广告社会监督的队伍庞大，成员的性别、年龄、出生地、兴趣、爱好各不相同，因而其对广告的要求也不尽一致：有人要求内容真实，有人要求蕴涵深厚，有人要求风格朴实……这形形色色的各不相同的要求，便构成了广告社会监督主体——广告受众对广告的全方位监督。广告中任何违法、虚假的成分都逃脱不了广告受众“雪亮”的眼睛。

广告受众对广告的全方位监督，构成了广告社会监督的第一个层次，是广告社会监督的基础。可以这么说，如果没有如此庞大的广告社会监督队伍，以及他们对广告的自觉监督，那么，仅凭数量有限的各级消费者协会，无论其怎样努力工作，都无法完成对纷繁复杂、数量众多的广告的监督。正因为有广告受众对广告全方位监督这样坚实的基础，广告社会监督才得以顺利进行。

例如，2005年6月，麦当劳在成都一家电视台播出了一则广告，因为其中含有消费者向老板下跪求折扣的镜头，引起了许多成都市民的质疑和反感。广告的大致内容如下：

顾客：“一个星期就好了，一个星期……”（老板摇头）“三天时间，三天时间好不好?”

老板（态度坚决）：“我说了多少遍了，我们的优惠期已经过了。”

顾客：“大哥，大哥啊……”（跪在地上拉着老板的裤腿乞求）。

旁白：“幸好麦当劳了解我错失良机的心痛，给我365天的优惠……”

由于广大市民的反对，这个广告很快被取缔。这就是广告受众对广告的全方位监督的结果。

（2）广告社会监督组织的中枢保障作用

广告社会监督组织在广告社会监督的运行机制中介于新闻传媒、广告管理机关、人民法院与广告受众之间，处于第二层次。对商品和服务进行社会监督，对消费者的合法权益进行保护，这是由消费者协会的性质所决定的两大任务。与此相对应，广告社会监督组织也有两大任务：一是对商品和服务广告进行社会监督，二是保护广告受众接受真实广告信息的权利。为了完成这两大任务，一方面，广告社会监督组织要积极宣传，动员一切可以动员的力量，包括来自个人，企业、事业单位，社会团体及其他组织的力量，对广告进行全方位的社会监督。另一方面，针对广告受众对虚假、违法广告的举报与投诉，广告社会监督组织有责任与义务向大众进行通报，并让新闻传媒对其进行曝光；对情节严重并造成了严重后果的，广告社会监督组织还应向广告管理机关和人民法院提起诉讼。因此，在广告社会监督的运行机制中，广告社会监督组织上接新闻传媒、广告管理机关、人民法院，下连广告受众，起着重要的中枢保障作用，并与其他主体共同构成一个有机的整体。

（3）新闻媒体、政府广告管理机关和人民法院对违法广告及其责任人的披露报道或惩处

广告社会监督组织“官意民办”的特点决定了其无法独立完成对商品和服务广告进行社会监督及保护广告受众接受真实信息的权利这两大任务。通常情况下，它不得不借助新闻传媒、政府广告管理机关和人民法院的力量，对虚假、违法广告及其责任人进行曝光、查禁和惩处。因此，新闻媒体、政府广告管理机关、人民法院对虚假、违法广告及其责任人的曝光、查禁和惩处，便构成了广告社会监督运行机制的第三层次，也是最高层次。在该层次，对于广告受众投诉与举报的虚假、违法广告，最常见的做法是通过一定的社会监督组织，向新闻媒体通报，然后再由新闻媒体对其进行曝光，借助社会舆论的力量防止虚假、违法广告的出现和出现后的进一步蔓延。所以，新闻媒体对虚假、违法广告的曝光在广告社会监督中起着至关重要的作用，这种作用在一定程度上是不可替代的。可以这样说，广告社会监督的任务能否完成，在很大程度上取决于新闻媒体对虚假、违法广告的这种舆论监督作用能否发挥出来。除此以外，政府广告管理机关、人民法院对情节严重并造成了重大伤害的虚假、违法广告的查禁和惩处，也是广告社会监督得以顺利实现的重要保证。当然，这已属于广告行政管理的范畴了。

本章小结

本章对广告经营管理中的广告管理问题，诸如广告法规与行政管理、广告行业自律与广告社会监督等进行了探讨。首先，对广告法规与行政管理进行了重点分析，包括广告法规与行政管理的概念、特点与实施，对主要的广告法规进行了实例分析。其次，分析了广告行业自律的含义、特点、内容与实现。最后，探讨了广告社会监督的含义、特点与实施。

关键概念

广告管理　广告法规　广告自律　广告监督

复习思考题

第11章测一测

1）什么是广告法规？其有何特点？
2）什么是广告行政管理？
3）简述广告社会监督的含义和特点。
4）广告社会监督的实施有哪些途径？如何理解它们之间的关系？

专业技能训练

请同学们将自己所关注的某一领域的或者某一则虚假违规广告做成PPT进行展示，要求深入分析该广告的内容及具体何处违法、违规，并对该广告进行评判。

本章参考文献

[1] 张金海，程明. 广告经营与管理［M］. 2版. 北京：高等教育出版社，2018.

[2] 陈培爱. 现代广告学概论［M］. 4版. 北京：首都经济贸易大学出版社，2018.

[3] 沈剑虹. 整合营销传播内涵与典例研究［M］. 大连：大连海事大学出版社，2014.

[4] 沈剑虹. 整合营销传播原理与实务［M］. 呼和浩特：远方出版社，2011.

第12章　广告经营管理前沿

学习目标

通过学习本章，你应该：

了解不同时期营销理念的变迁；理解整合营销传播的历史必然性；掌握整合营销传播与其他营销理念的区别；重点把握整合营销传播的内涵；正确理解广告代理制；了解国外广告管理概况。

理解在横扫整个市场营销界的第四次浪潮中，任何单一因素都很难独自在汹涌澎湃的波涛中成为神话传说中“手把红旗旗不湿”的“弄潮儿”。在市场营销的汹涌大潮中，单就广告而言，这“一根筷子”很容易“轻轻被折断”，它必须和公共关系、销售渠道、终端促销等众多因素绑在一起，才能“众人划桨开动大帆船”。这就是“整合营销传播”。

引例　观夏为什么这么香？

在国产香氛品牌如雨后春笋般涌现的当下，观夏从中脱颖而出：初创不久就被资本追捧；微信公众号人气持续高涨；口碑自然复购率超60%。一个产品定价比同类高出近2倍的品牌，到底是如何备受消费者追捧而“一香难求”，成为国产香氛中的佼佼者的？这与品牌从打造差异化出发，进而构建品牌稀有性的一系列品牌传播活动密切相关。

（1）品牌定位：小品类单点突破，东方香占领心智

观夏在创立之时便找准细分市场，精准契合时代潮流，顺势占领用户心智，最终在起点相似的中游香氛品牌赛道上，成功实现了弯道超车。

首先，观夏的走红与市场趋势分不开。近年来，新国货浪潮席卷我国消费市场，完美日记、元气森林、三顿半、Ubras等新国货品牌迅速崛起。消费者在面对同一品类时，也更愿意为优质国货买单。在这股浪潮的背后，是国民情绪的改变，特别是随着“Z世代”逐渐成为主流消费人群，他们有着更高的民族认同感，积极拥抱东方审美回潮，因此也更愿意支持优秀的国货品牌。东方品牌觉醒，观夏赶上了时代东风，生于斯，长于此。

其次，观夏敏锐地捕捉到了国产香氛市场的蓝海潜力，用东方香占据消费者的心智空白点。事实上，中国人自古就有使用香薰的传统，焚香抚琴，焚香作画……我们的文化基因里对香薰有着天然的期望。

（2）内容营销：线上线下双联动，传播优质化内容

观夏在内容营销上采取线下与线上联动的方式，线上平台为主要宣发阵地，发布新产品，传播用户故事；线下则通过构建艺术空间来吸引用户进行二次传播。

首先，观夏始终强调“产品即内容”，对产品质量精益求精。其次，在观夏的微信公众号上，有一个栏目名为“我独自生活”，讲述了努力生活的人物故事。消费时代，故事是最好的传播形式，各种产品纷至沓来，人们不一定会记得某个产品，但容易被故事吸引、打动、形成记忆点；也会因为相信某个故事，从而认可故事中附着的元素，如品牌。观夏在内容传播上尝试以讲述故事来提高用户对品牌的记忆度和认同度，也延续了产品的生命力。最后，观夏在线下打造的艺术空间，正如品牌自己所说“它保留了观夏对生活的另一种想象：慢下来给自己留一些空间，去感受日常，去欣赏生活”。为保证消费者在店内的体验，观夏会对人群限流，因此常有排队现象。

（3）私域渠道：精准连接消费者，打造良性循环链

与很多品牌在创立初期追逐公域流量的打法不同，观夏专注于私域流量，通过微信公众号和小红书构建直达消费者的DTC模式，把渠道掌控在自己手上，完成从拉新、留存到消费的闭环。DTC即Direct to Consumers，指品牌直接面向消费者，从社交媒体直接引导用户到购买终端，不需要中间商。

在私域平台上跑通全流程，既能突显品牌优势，又能避免陷入公域流量而带来的比价困境。正是因为平台用户特性与品牌调性高度吻合，私域DTC模式帮助观夏获得用户高度认可，同时又因优质内容形成了良性循环链路。

资料来源 作者根据浪潮新消费公众号文章（作者：nanzy；2021-09-29）整理而成.

12.1 营销理念的变迁——整合营销传播

12.1.1 不同时期营销理念的比较

营销理念，是指导和影响营销活动的经营哲学，是营销活动的指导思想，对企业营销活动起着方向性作用，即有什么样的营销理念就有什么样的营销活动。曾经有人对不同时期的市场营销理念进行了对比分析，见表12-1。

表12-1 不同时期市场营销理念的对比分析

时间	理念	提出者	基本思想
20世纪50年代	市场营销	约翰·麦克金特立克	以买方需求为中心，以市场、顾客为中心，通过制造、传送产品以及与最终消费产品有关的所有事物来满足顾客的需要
20世纪60年代	4P组合营销	杰罗姆·麦卡锡	企业为了满足目标市场的需要而对可控制的变量加以组合，变量包括产品、价格、地点、促销
20世纪70年代	社会营销	杰拉尔德·泽尔曼	营销者在制定营销战略时，要统筹兼顾企业利润、消费者需要和社会发展
	服务营销	林恩·肖斯塔克	企业界定服务对象与范围，进行服务质量与服务过程的优质设计，重视服务接触、服务质量、服务定位的个性与理想化的现代市场营销方式
20世纪80年代	关系营销	巴巴拉·本德·杰克逊	企业与用户、企业员工、分销商等建立并且保持一种长期信任、互惠的关系，通过互利交换以共同履行承诺，企业提供优惠的产品、良好的服务以及适当的价格，使有关各方实现长期的经济利益和社会利益
	大市场营销	菲利普·科特勒	企业必须综合协同地运用政治、经济、心理以及公共关系的技巧和策略，以赢得外国和地方有关方面的合作和支持，成功地进入市场，开展市场营销活动

续表

时间	理念	提出者	基本思想
20世纪90年代	绿色营销	肯·毕提	企业在营销活动中，要顺应可持续发展战略的要求，注重地球生态环境保护，促进经济与生态协调发展，以实现企业利益、消费者利益、社会利益和生态环境利益的统一
	4C营销	罗伯特·劳特朋	企业应注重以消费者需求为导向，包括瞄准消费者需求、消费者所愿支付的成本、消费者的便利性以及与消费者的沟通
	网络营销		运用以最先进的数字光纤传输、智能化计算机处理和多媒体终端服务为技术装备的跨地区、多用户、高速度的信息网络系统，实现营销的目的
	整合营销	唐·舒尔茨	在进行顾客价值分析、资讯科技运用、营销资源整合的基础之上，融合各种传播技能和方式，由制造商和经销商联合向消费者开展营销活动，寻找调动消费者购买积极性的因素，达到刺激消费者购买的目的

资料来源　赵海霞. 现代信息技术环境下市场开拓的发展及对策分析［D］. 长春：东北师范大学，2002.

我们可以依据表12-1对不同时期的营销理念做一个简单的梳理回顾。其中，1960年由密歇根州立大学教授麦卡锡提出的4P组合营销理论的影响颇为深远。但是，4P组合营销理论在获得巨大成功的同时，也逐渐暴露出其对营销现状的难以适应，所以此后营销学界不断有人建议拓展4P组合营销理论。

可是不论后来的营销学家如何对4P进行补充，这种基于固有思维模式的理论始终无法从根本上突破其本身所具有的局限性，即在这些营销模式中，营销传播的主体依然没有摆脱传统的促销意识，看不到消费者的地位。因此，营销要素考虑得再全面，也只不过是一种向消费者及其关联环境的推销。

这种建立在单纯促销基础上的营销沟通，从传播学角度看，无非是早期传播理论中"魔弹论"（也称"靶子论"、"枪弹论"或者"皮下注射论"）的一种折射。按照这种理论，促销对象也就是信息的目标受众被看作一个个孤立的个体，很容易受到大众传播信息的影响乃至成为传播者的靶子。

到了20世纪70年代，由于市场不断细分和买方市场的出现，在激烈的竞争势头下，企业不进则退，必须在每个小市场集中精力。因此，企业更加注意结合自身实际来进行市场细分、市场定位，1972年，艾·里斯和杰·屈特提出了"市场定位"的概念。在这一时期盛行的营销理念还有杰拉尔德·泽尔曼倡导的社会营销以及林恩·肖斯塔克提出的服务营销，这些理念都扩展了营销的范围。

进入20世纪80年代，随着市场进一步细分，企业的竞争和兼并产生了更多的超大型跨国企业，全球性贸易竞争使企业进一步注重寻求、建立和发展自身在全球社会结构中的位置，从多角度更深入地巩固自身的地位和基础，涉及政治、经济、文化、社会福利、公共关系等众多领域。随着竞争的进一步加剧，1984年，美国著名市场营销学家菲利普·科特勒在4P的基础上总结提出了政治权力（Political Power）营销和公共关系（Public Relation）营销，后来又进一步总结提出了大市场营销观念，使传统营销由战术性营销转为战略性营销。

到了20世纪90年代，美国市场营销专家劳特朋提出了4C营销理念，4C理论的产生正是为了弥补传统4P营销体系的不足，并且更适应新的市场环境。

到了20世纪最后10年，市场营销所面临的严重挑战主要来自两个方面：一方面是经济全球化带来的全面竞争格局；另一方面是信息时代多元选择所形成的新型传播障碍。世界经济以不可阻挡之势朝着经济全球化、企业生存数字化、商业竞争国际化的方向发展。新经济的市场导向也发生了深刻变化，随着消费者个性需求的日益凸显，市场逐渐过渡为以消费者需求为导向，企业不得不通过让消费者满意来实现自身盈利。在这样的背景下，整合营销传播理念应运而生。

12.1.2　整合营销传播理念与其他营销理念的区别

整合营销传播的魔力，一如300多年前英国古典诗人亚历山大·波普为牛顿所写的墓志铭："自然和自然的规律隐藏在黑暗中，上帝说，让牛顿出来吧，于是世界变得一片光明。"整合营销传播理念是20世纪90年代初由美国著名学者舒尔茨教授及其合作伙伴提出的一种现代营销理念，它与以往的营销理念的区别见表12-2。

表12-2　整合营销传播理念与其他营销理念的区别

其他营销理念	整合营销传播理念
以交易为先	以关系为先
唯产品论、唯消费者论	以消费者为中心，兼顾所有关系利益人
传统传播工具的组合	品牌信息策略一致性
单向传播	互动沟通
解决问题	实现承诺
依托既有计划调整	自主性企划
市场营销部门的事	多部门跨职能组织
强调单项、单功能专业能力	强调核心能力
经营营销	数据资料驱动
与单一能力代理商合作	与传播管理代理商合作

资料来源　田阳．论整合营销传播在中国实践中的问题与对策［J］．市场论坛，2005（6）．

由表12-2我们可以看出，整合营销传播理念作为一种系统性理念，与传统的营销理念一脉相承，是以往营销理念的演变和深化；同时，它又与其他的营销理念有着很大的区别。当然，这种区别和转变并不是对以往的营销理念予以彻底的否定，而是意味着继承和发展，使传播的视角更加宽泛，更加符合信息时代的市场背景。

12.1.3 整合成为一种必然

现在我们来分析一下，为什么整合营销传播理念成为当今主流的营销理念，为什么“整合”会成为一种必然。这出于以下两方面原因：一是信息时代的市场状态与传播变化；二是整合是信息时代的竞争选择。

1）信息时代的市场状态与传播变化

这些市场状态与传播变化主要表现在以下几个方面：

（1）传统单一广告效应降低

信息传播多元化，导致消费者信息接收中的零和反应；广告承诺与实际的差距，导致广告公信度降低；一体化市场格局、品牌之间的信息干扰，也降低了消费者的认同度。正是由于这三方面的因素，传统单一的广告模式效应日渐下降。

（2）信息传播媒介爆炸式增长

当前，受众所能接触到的媒介越来越多，除了电视、报纸、杂志等传统媒介之外，还有以互联网、智能手机为依托的大量新媒介的加入。

（3）信息传播中噪声的增加

信息渠道和信息流量大规模增加，使信息传播过程中来自各方面的噪声也明显增加。

（4）消费者对所接收信息的怀疑

随着消费者意识的增强和辨别能力的提高，他们越来越怀疑所接收到的信息。

（5）视觉传达越来越重要

相对于传统媒体采用的语言传播符号，可视性媒体采用视觉传播符号，使信息更清晰、感性，令人更轻松愉悦，更适合人类的接收习惯。

（6）消费者的认知影响日益突出

由于信息和竞争多元化，消费者在做购买决定时，越来越依赖认知而非事实。

（7）传播沟通日渐困难

对营销来讲，传播和沟通的地位越来越突出，也变得更加困难。

2）整合是信息时代的竞争选择

（1）人类在信息传播过程中，有自觉和不自觉的信息整合表达。运用多种表达方式进行信息传达，几乎是人类的一种表达天性。

（2）多种传播渠道的整合使用是一种必然选择。如果企业在传播过程中所使用的信息未经整合，消费者在处理信息时就会遇到障碍。

12.1.4　整合营销传播的内涵

1）各种概念举例分析

整合营销传播（Integrated Marketing Communication，IMC）是20世纪90年代初由美国西北大学教授唐·舒尔茨首次提出的。因此，舒尔茨也被世人尊称为“整合营销传播之父”。舒尔茨教授关于整合营销传播的观点一经推出，立刻引起全世界的关注，被公认为新营销时代的主流观点，是“21世纪的营销传播理论”；同时，也引发了诸多研究者的思考。根据研究角度和使用立场的不同，研究者们对整合营销传播所下的定义也有所不同。

首先，舒尔茨教授本人对整合营销传播的定义为：“整合营销传播是一个战略经济过程，是在与消费者、客户、潜在客户和其他相关的内外部受众交往的过程中，用于计划、发展、执行和评估协同的、可测量的、有说服力的品牌传播过程。”他认为，整合营销传播是一种适应所有企业的信息传播及内部沟通的管理体制，而这种传播与沟通就是尽可能地与其潜在客户和其他一些公共群体（如员工、媒介、立法者等）保持一种良好的、积极的关系。舒尔茨在定义中强调利用企业的一切信息源进行传播和沟通，从而吸引消费者。

其次，1996年美国第三届整合营销传播年会对整合营销传播所下的定义涉及五个方面：整合营销传播是一个对现有顾客和潜在顾客实施各种形式的说服性沟通计划的长期过程；顾客决定沟通方式；所有与顾客的接触点必须具有引人注目的沟通影响力；技术使企业与顾客的相互作用越来越成为可能；需要测试营销沟通结果的新方法。

再次，1997年，美国生产力与质量中心（American Productivity and Quality Center，APQC）首创系统化研究，建立IMC的最佳实践标准。研究一开始就提出了下面的定义：“整合营销传播是一个战略性的经营流程，用于长期规划、发展、执行并且评估那些协调一致的、可衡量的、有说服力的品牌传播计划，是以消费者、客户、潜在客户和其他内外相关的目标群体为受众的。”

另外，全美广告业协会的定义如下：“整合营销传播是一个营销传播计划概念，它注重以下综合计划的增加值：通过评价广告、直接邮寄、人员推销和公共关系等传播手段的战略作用，提供明确、一致和最有效的传播影响力。”全美广告业协会所下定义的关键在于使用各种促进形式使传播的影响力最大化。

此外，整合营销传播理论的发源地——美国西北大学的研究组把整合营销传播定义为：“整合营销传播是把品牌等与企业的所有接触点作为信息传达渠道，以直接影响消费者的购买行为为目标，从消费者角度出发，运用所有手段进行有效传播的过程。”

最后，进入20世纪90年代中后期，整合营销传播进入“系统综效”阶段，其标志为汤姆·邓肯教授的《品牌至尊：利用整合营销传播创造终极价值》一书的出版。汤姆·邓肯教授关于整合营销传播的定义为：“整合营销传播是指企业或者品牌通过发展与协调战略传播活动，使自己借助各种媒介或者其他接触方式与员工、顾客、投资者、普通公众等关系利益人建立建设性关系，从而建立和加强它们之间的互利关系的过程。”该定义具有如下特点：

第一，率先引入“关系利益人”概念，对整合营销传播乃至所有的营销都有着广泛而深远的意义。

第二，企业通过与消费者和关系利益人进行沟通建立关系，是从狭隘封闭的企业独白过渡到开放互动的对话沟通。

第三，认为整合营销传播是为建立顾客关系而对品牌信息进行计划、实施和监督的一系列流程，包括协作、创意、整合和传播。

第四，注重传达统一形象、一致声音，从内到外建立渗透整个组织并且驱动一切的组织文化。

综上所述，我们了解了关于整合营销传播比较权威的定义，大致包括：舒尔茨的定义、美国第三届整合营销传播年会提出的定义、美国生产力与质量中心提出的定义、全美广告业协会提出的定义、美国西北大学研究组的定义、汤姆·邓肯的定义。

2）不同整合营销传播概念的共同特征

虽然上述定义根据研究者和实践者的观察角度不同而有所区别，但它们都反映了以下几个共同特征：

首先，消费者处于核心地位，企业的一切传播活动都围绕着消费者展开。

其次，对消费者深刻全面的了解，是以建立资料库为基础的，即必须对以往的传播活动有所记录，尽可能将消费者的行为资料作为市场分析的依据，并且从对消费者反应的分析判断中了解消费者的行为资料。

再次，以本质上一致的信息为支撑点，以各种传播媒介的整合运用为手段进行传播。企业不管利用什么媒体，其传播的信息必须清楚一致。

最后，整合营销传播不仅包括面向企业外部的对外传播，也包括面向企业内部的对内传播。企业通过计划、调整、控制等管理流程，有效地、阶段性地整合诸多的企业传播活动，从而反映出企业经营的整体水平。

3）对整合营销传播内涵的归纳

从诸多研究角度和研究立场出发，我们归纳出整合营销传播的内涵是：以消费者为核心，重组企业行为和市场行为，综合、协调地使用各种形式，以统一的目标和统一的传播形象传递一致的产品信息，实现与消费者的双向沟通；以消费者为中心，兼顾其他关系利益人的利益，建立品牌与消费者长期密切的关系，从而更有效地达到营销的目的。

关于整合营销传播的内涵，我们需要注意以下几个关键点：①要协调使用各种形式；②要有统一的目标和形象；③要传递一致的信息；④要以消费者为中心；⑤要兼顾其他关系利益人的利益；⑥要注重维护品牌，注重品牌价值和资产；⑦双向沟通；⑧关系是长期密切的。

12.1.5 如何理解整合营销传播中的“整合”

通过上面的分析，我们知道整合营销传播是企业统筹运用各种传播方式（并且以最佳组合方式），向特定的目标群体传送基本一致的营销信息，以促进传播和沟通的一种系统化传播活动，追求对传播功能的充分利用和传播效益最大化。其中，正确理解“整合”的意思，是掌握整合营销传播概念的关键。

“整合营销传播”中的“整合”包含两个方面的内容：横向的整合与纵向的整合。

1）横向的整合

横向的整合也称水平整合，或者空间发展上的整合，是指各种不同营销传播工具的整合运作。横向整合源于两个理由：

第一，媒体剧增，舒尔茨称其为媒体零细化（Media Fragmentation）。消费者接触的媒体越来越多，企业需要协调产品信息的复杂性。

第二，从消费者处理信息方面来看，消费者对信息采用“浅尝式”的方式。由于信息爆炸，消费者的注意力就成为稀缺资源，这要求企业产品信息必须清晰一致，以易于消费者对信息的辨认、分类和理解。

横向整合可从以下四个方面来把握：

（1）媒体信息的整合

例如，语言、文字、图片、动画、声音等的整合运用。单一地使用某一种传播符号，会给人乏味空洞的感觉，企业要善于将各种传播要素整合运用。

（2）营销工具的整合

例如，广告、跨媒体传播、公益营销、事件营销、情感营销、概念营销、体育营销、城市营销、会展营销、合作营销、直复营销等营销传播手段的整合运用。

（3）接触管理

舒尔茨把“接触”定义为：凡是能够将品牌、产品类别和任何与市场相关的信息传输给消费者或潜在消费者的过程与经验。“接触”包含了媒体、营销传播工具与其他可能与消费者接触的形式。舒尔茨认为，每个“接触”都应是传播工具。

（4）对各类目标消费者的信息传达的整合

每一类目标消费者都有各自的特点，需要整合运用不同的策略进行信息传播。

综上所述，我们对整合营销传播的横向整合进行梳理，即可从以上四个方面来把握。

2）纵向的整合

纵向的整合也被称为垂直整合，或时间发展上的整合，是对与消费者建立关系的各个不同阶段实施整合。之所以要进行纵向的整合，也缘于两个理由：

第一，从营销传播的连续过程来看，产品设计、包装、配销通路、定价都是和消费者沟通的要素。整合营销传播认为，传播手段可以无限宽广，只要能协助达成营销及传播目标，店头促销、商品展示、顾客服务等都是传播利器。

第二，从营销传播目标的层级反应模式来看，营销传播需要提供消费者在不同阶段所需的适当信息，才能使消费者在品牌忠诚阶梯上不断向上推进，最终成为品牌的忠诚拥护者。

对于整合营销传播的纵向整合，可以从两个方面来把握：

（1）营销活动不同过程中的整合

成功品牌实际上是从选择原材料到为顾客提供最后服务的一个完整的商业体系。消费者乐于购买的是这样的一个完整体系，而不仅仅是零售商货架上陈列的东西。其包括市场细分和定位、营销组合、品牌传播、物流配送、售后服务等。

（2）与消费者关系发展过程中的整合

与消费者的关系的发展，大致包括以下几个阶段：

①消费者——引起注意。要让消费者意识到品牌的存在，强烈的品牌个性与清楚的定位都很关键。高品质的形象广告、强势的公关活动以及产品使用者的影响，都是让消费者形成正面行为倾向的重要手段。

②有意顾客——引发兴趣。有意顾客想接收更多信息，以考虑是否将产品作为选择的对象，不过他们仍是被动地接受。比较详细的产品广告、公关活动、媒体报道、直复营销等，都是本阶段恰当的传播工具。

③潜在顾客——刺激欲望。潜在顾客开始主动寻求有关信息，以进行品牌间的比较，同伴团体以及其他意见领袖的口头传播、产品手册、DM和销售人员提供的信息，都会起到良好的效果。

④顾客——付诸行动。转变为实际顾客后，信息既可能来自其实际的使用经验，也可能来自传播。广告公关的目的在于再次保证，具有一定的重要性。当然，促销活动也不可或缺。如果已有明确的顾客资料，采用人员销售与数据库营销，效果会更好。

⑤品牌拥护者——再次购买。此阶段的传播目标是维持品牌与消费者的良好关系，向消费者提供信息用以降低购买后可能产生的认知不协调。协调一致、持续出现的广告和公关活动是该阶段的传播重点。口碑、售后服务、直复营销也扮演着重要角色，用来刺激消费者重复购买以及向他人推荐。

综上所述，我们从各种定义举例分析、对整合营销传播内涵的归纳以及如何理解整合营销传播中的“整合”三个方面，介绍了整合营销传播的概念。

12.1.6 整合营销传播的特征与意义

资源49（文本）

IMC 整合营销传播：“营销=传播”的时代就这么来了

1）整合营销传播的五大关键特征

整合营销传播具有五大关键特征：

（1）传播过程始于顾客或潜在消费者。整合营销传播的关键特征是传播过程始于顾客或潜在消费者，然后再回到品牌传播者，以决定采用什么形式的信息和媒介来告知、说服和引导顾客或潜在消费者采取对传播者所代表的品牌有利的行动。

（2）使用各种形式和消费者接触。整合营销传播使用各种各样的传播形式和所有可能的接触方式作为潜在信息的传递渠道。

（3）营销传播要素协同发挥作用。一个品牌的分类传播要素（广告、卖点标记、销售促进、活动赞助等）必须代表相同的品牌信息，并且通过不同的信息渠道或接触方法传递一致的信息，实现“用一个声音说话”。

（4）和消费者建立关系。整合营销传播理论认为，成功的市场营销传播需要在品牌和消费者之间建立关系，可以说，关系的建立是现代市场营销的关键，而整合营销传播又是建立关系的关键。

（5）最终影响消费者的行为。整合营销传播的最后一个特征是影响传播受众，这意味着整合营销传播不能仅仅影响消费者对品牌的认知度或是强加给消费者对品牌的态度，更为重要的是，成功的整合营销传播应该得到消费者行为方面的回应，也就是让消费者采取相应的购买行为。

2）整合营销传播的意义

（1）有利于更好地满足消费者的需求。通过进行整合营销传播，企业可以“由外而内”地开展生产运营，在充分了解消费者的基础上，通过在恰当的时间、恰当的场所，以恰当的价格和恰当的方式，向消费者提供他们最需要的服务和产品。

应当指出，现在的消费者在信息获取、购买行为、购买心理、口味偏好、消费时间、支付方式、支付成本、购买渠道、满意程度、品牌忠诚等诸多方面，已经变得越来越让企业难以琢磨，因此，虽然企业都有要更好地满足消费者需求的良好愿望，但是，在如何洞悉、满足消费者需要这个问题上，企业正面临着新的挑战。

（2）有利于增强企业的营销效果。整合营销传播理念强调的是多种营销传播手段的综合协调运用，在统一的企业战略和企业发展目标指引下，打破单一运用广告或者是将降价促销作为唯一营销手段的旧格局，结合自身的优势资源和特色，充分发挥各种营销传播手段的优势，提升企业的营销效果。

（3）有利于改善企业的运营管理能力。在传统的企业组织结构中，各个部门之间太过独立，缺乏有机的整合与合作。其中，市场营销工作只是市场营销一个部门的事情，而其他部门，诸如生产部门、人力资源管理部门、财务会计部门大多不会过问市场营销部门的事情，更谈不上合作、支持。除了市场营销部门的人员由于工作的需要，必须具备一定的市场营销知识之外，其他部门的人员大多缺乏营销传播理念和基本的营销传播知识。毫无疑问，这种企业运营管理结构，必将制约企业营销传播工作的展开和影响整体的营销传播效果。

而在整合营销传播理念的指导下，企业的组织结构就会有如下改变：各部门不再是孤立的状态，而是一种团结协作的状态。在统一的企业市场目标的引领下，市场营销不再只是市场营销部门的工作，企业的每一个部门，从生产研发部门、财务管理部门到人力资源管理部门、客户服务部门等，都有营销传播的意识，都为营销传播提供支持，这无疑会大大提升企业的运营管理能力。

（4）有利于企业形象建设与品牌塑造。实施整合营销传播，在企业内部，可以打造统一的企业文化；在企业外部，可以树立统一的企业形象。这样一种声音、一种形象、一个口号的传播，会给消费者留下深刻的印象，有助于消费者对企业品牌的认知和识记，有利于培养消费者对企业的忠诚度。

（5）有利于促进广告等相关行业水平的提高。我们知道，整合营销传播理念倡导的是综合协调地使用各种营销传播手段，而不是仅仅局限于对广告的运用。但是，这并不会削弱广告的力量；相反，由于融入了更多的营销传播元素，可以提高广告行业的整体水平。

通过对整合营销传播的概念、内涵、关键特征及其意义的阐述，我们可以清晰地看出整合营销传播这一营销理念的科学性、先进性以及与当代市场营销的适应性。

整合营销是21世纪营销的大趋势。20世纪90年代以来，在营销领域中，影响最大的就是舒尔茨的整合营销理念。

IBM公司的詹姆斯·C.莱利曾经指出，整合营销传播正在成为公司用来获得竞争优势的最有价值的“神奇武器之一”。这一神奇的营销理念，顺应了时代的需求，吸纳了已有营销理论的精髓，兼顾了所有关系人的利益，强调以消费者为中心进行品牌营销，注重各种营销传播手段的整合运用。

资源50（文本）

全球钻石巨头De Beers整合营销传播分析

Leo Burnett公司的理查德·费兹戴乐对此感慨道：“整合营销传播，在对当今动态的市场充分认识的基础上，告诉我们，依据新沟通规则求得发展是何等容易。”具有得天独厚优势的整合营销传播理念，逐渐发展成为中外企业界营销趋势的主流。正如一位整合营销传播创始者所说：“整合是使营销计划在21世纪的市场中取胜的唯一方法，营销者、传播者和品牌组织已经没有别的选择。”

12.2 全媒体语境下的广告产业

随着科学技术的日新月异，传播媒介的内涵也日渐丰富。微博、微信、知乎、抖音、小红书等的产生，自媒体的兴起，互联网对各行业的深层渗透，传统媒体的转型等，无不向我们昭示全媒体时代的到来。而与媒体结合紧密的广告业更深受媒介变革的影响，广告传播与广告产业逐渐呈现出新的特点和状态。

12.2.1 技术变革引发传播形态变革

技术与媒介是息息相关的。随着传播技术的革新，人类从原始的口语传播时代进入文字传播时代，再从印刷传播时代发展到电子传播时代，到现在的网络传播时代，经历了一个漫长而充满变数的过程。科学技术在不断革新，传播媒介也在不断变化。近年来，随着有线电视、卫星电视、互联网、数字技术的进步与发展，传播也呈现出数字化、超时空、受众空前广泛、传播信息极度丰富、传播速度快、交互性强等特征。总的来说，技术的变革引发了传播界的巨大革新。

“全媒体”，是综合运用多种媒介表现形式，如文、图、声、光、电，全方位、立体化地展示传播内容，同时通过网络、通信等传播手段来传输的一种新的传播形态。近年来，全媒体聚焦了业界和学界的目光，在全球范围内掀起了一场传播的变革。

从媒介形态来看，全媒体整合了各类不同的传播媒介，形成一种综合的媒介形态，包括报纸、广播、电视、网络、手机等多种媒介，并且它不断兼收并蓄。互联网刚兴起时，BBS、博客等在网民中风靡；而当智能手机流行开来后，微信、微博、抖音、b站、小红书等又成为受众的新宠。

从媒体业务来看，全媒体表现为媒介组织重新架构报道模式与报道策略，即从原来的单一媒体、单一平台到现在的“全媒体新闻中心”——运用多种媒体手段和平台搭建的报道体系；传统新闻机构也开始建立多媒体数字技术平台及数字化传输网络，优化内部资源配置，开发全媒体产品。

从传播方式来看，随着全媒体进程的不断推进，传播系统更加复杂，传播方式也由大众传播走向窄播甚至是个播。为用户提供个性化服务、满足用户的个性化需求，成为全媒体时代媒介生存和发展的明智选择。

随着互联网用户规模的不断壮大，尤其是移动互联网用户群体的迅速崛起，互联网将在社会生产和生活中发挥越来越重要的作用。

12.2.2　广告产业的变革

在全媒体时代，随着以计算机技术和通信技术为代表的数字化浪潮的到来，互联网、云计算、物联网……这些日益革新的信息技术，推动着广告业进入了一个崭新的发展阶段。

首先，网络媒体与电子商务的出现，使得广告业减少了对传统媒体的依赖，开拓了新的发展方向。过去，传统媒体在广告业中占据着举足轻重的地位，虽然传统媒体对广告产业营业额的提升起到了促进作用，但同时，由于传统媒体在传播界的垄断地位，也限制了广告业的创新突破。而网络媒体无疑为广告业开辟了一片新的发展空间。网络媒体将信息传播平台与营销平台整合为一身，其与电子商务的结合不仅极大丰富了广告信息传播的渠道，更实现了营销与传播的统一，也使得广告传播效果的测量变得更具操作性。

其次，在全媒体时代，多元化、互动性的传播使得广告产业需要向分众化、个性化的方向发展。当下的用户面对纷繁复杂的广告信息与琳琅满目的产品，拥有更大的选择权，这时广告不能仅把用户看成传播对象，而应该认识到其面对的用户是一个个有独特需求的鲜明的个体。因此，针对受众的个性化需求提供产品和服务就显得尤为重要。全媒体给了广告一个很好的机会，一个发现用户需求与得到用户反馈的机会。过去，受限于传统大众媒体本身的传播特性和技术的短缺，广告主很难知道自己到底在与谁沟通，也很难得到精准及时的用户反馈，因此更多地倾向于表现艺术创意。如今，利用网络媒体，广告代理公司可以从用户的个性需求出发，选择更有说服力的沟通方式，有针对性地与用户进行沟通、交流，并能够及时得到用户的反馈，不仅能通过科学的统计分析设计出经济可行的广告方案，还能及时调整自己的传播策略和整个营销计划。

最后，数据在广告产业中占据越来越重要的地位，网络数字型的经营模式显示出强大的实力。我们在前文中提到，广告业需要满足用户的个性化需求。也就是说，广告需要利用现有的客户需求，将其转化为实际交易。那么，如何才能发现当前的用户需求并锁定目标用户呢？答案就是行为数据。全样本采集和分析的大数据，其来源十分广泛，包括物联网、云端、移动互联网、PC、平板电脑、可穿戴设备等各种终端以及传感器。

这些终端既是广告信息来源地，也是广告信息推送目的地。这使得广告改变了传统的市场调查方式，转而借助Cookies和庞大的数据库系统，记录大量的用户信息，运用大数据技术收集和分析用户在网络上留下的“踪迹”，从中精准地瞄准目标消费者，预测其消费需求和消费行为。这就是大数据带给广告的巨大能量，而这也直接给广告产业链带来了新的变化。传统的广告产业链由广告主、广告公司、媒体和受众组成。如今，广告公司在接受了广告主的业务委托后，通常会请专业的数据服务公司来帮助它们将数据变成有效的信息，以深入洞悉用户的兴趣和需求，把广告信息变成用户想要的信息。

在全媒体语境下，广告业自身发生了深刻的变革，无论是广告传播形态还是广告经营模式，都深受网络媒体的影响。虽然，网络媒体给广告业的发展带来了新的机遇，但是在当下经济全球化、信息数字化、消费碎片化的时代，我国的广告业仍面临着规模化、专业化不足的挑战。

12.3 中国广告产业发展现状及趋势

互联网尤其是移动互联网正越来越深入地改变着传媒、市场和营销。新媒体变革席卷全球，给全球广告产业带来了巨大的影响，对中国广告产业的影响也概莫能外。

12.3.1 中国广告产业发展现状

数字化不断撬动中国广告行业迭代升级。《传媒蓝皮书：中国传媒产业发展报告（2023）》的数据显示，2022 年，中国互联网广告和营销市场规模合计约为 11 238 亿元，同比下降 3.19%，行业步入结构性调整深水区，虽有小幅波动，但高连接性的互联网广告仍以绝对优势占据广告业核心位置。互联网广告市场集中度较高，阿里巴巴、字节跳动、腾讯、百度四大巨头所占市场份额达到 77.54%。

在深度媒介化的当下，广告企业逐渐由单向模糊的营销传播方式转向精准互动的数字化营销传播方式，新的营销场景、营销模式涌现。电商广告、短视频广告、社交媒体广告占据互联网广告市场份额前三。其中，短视频广告持续获得广告主青睐，2022 年市场规模同比增长 5.86%，成为 2022 年唯一实现正向增长的品类。与此同时，“元宇宙”可能成为撬动营销新周期的内容和技术力量。在元宇宙技术加持下，虚拟空间成为存量时代流量争夺的新蓝海。企业可通过虚拟场景拓展既有的营销平台，也可用数字藏品、数字人等形式拓展营销内容，从内容、交互上满足消费者沉浸式、个性化需求。紧接着，2023年以ChatGPT为代表的生成式人工智能技术成为数字时代人工智能技术的奇点，推动人类传播活动进入新时代。

12.3.2 中国广告产业发展趋势

1）整体市场压力下，中国广告市场的新增长点

在疫情的影响下，在资本市场中，各行业都出现融资艰难、企业营收断崖式下跌的现象。

2022年，广告产业历经了一场经济“寒冬”，广告主资本运作更加注重稳定性和抗风险能力，“降本增效”成为营销市场关键词。2023年，广告市场艰难复苏。整体压力下，中国广告市场具有四个增长点：

（1）“新品潮”：新品营销费用占比上升，爆款撬动新需求。广告主近三成营销费用应用于新品营销，且该费用占比持续上升。媒体平台，如巨量云图、腾讯广告上线的“新品实验室”“上新易”等服务，为品牌上新提供前置性决策、大促选品等帮助，缩短了产品成长周期，使商品以更快的速度成为品牌热卖商品。

（2）“出国热”：国内饱和出海忙，面向全球探索市场新增量。近年来广告主在国际市场增加营销预算的占比上升，在国内市场增加营销预算的占比均有所下降。广告主尝试借助“一带一路”等政策东风，突破国内市场增长瓶颈，加投国际市场。

（3）“线下暖”：楼宇类坚挺，影院、校园类复苏，高铁/火车类持续增长。2019—2023年户外广告渗透率变化方面，楼宇类户外广告常年位居第一名，影院、校园类广告回暖，高铁/火车类广告持续增长。

（4）“行业兴”：食品饮料、药品、日化、日用品、家电行业逆势活跃。这五类行业广告主，在疫情中和疫情后，并未大幅度缩减营销推广费用，在充足的费用支持下，这些行业在营销领域颇为活跃。

2）受众数字化、个性化趋势显著，“Z世代”与“银发”经济兴起

社会媒介化发展改变着广告受众的媒介接触习惯和连接方式，社交、搜索引擎、直播、短视频等移动应用形成多元新媒介分发渠道。从互联网网民的统计数据看，截至2022年12月，我国网民规模达10.67亿人，互联网普及率达75.6%。

从宏观网民结构聚焦中国广告受众，主要呈现以下两大特征：第一，受众触媒习惯向数字化、移动化、个性化转变。现代社会的受众媒体接触并不是单一被动的，多样化的媒介形态和信息获取渠道让受众有选择性地接触不同类型媒体信息以满足自身多元化的需求。其中，数字媒体是受众的首选。第二，用户发生代际新变化。除“Z世代”外，中老年受众群体崛起，对未来传媒内容生产、消费产生重要影响。年轻受众作为数字原住民能更快适配数字媒体发展，并以更年轻化、数字化、互动式的“Z世代”偏好推动媒体进行自我更新与内容生产。与此同时，随着国内社会老龄化程度加深以及媒介使用便捷性的提升，老年人的需求将成为未来市场的主导因素之一。“银发”经济成为广告产业收获二次人口红利的重要突破口。

3）生成式人工智能（AIGC）构造数字传媒新景观，对广告行业带来全面影响

以ChatGPT为代表的生成式人工智能成为2023年传媒科技领域最热门议题。AIGC是继PGC（专业生成内容）、UGC（用户生成内容）之后产生的新型创作模式，其能力远不止于文字输出以及画画本身，其特点是高效的自动化生产；具有智能数据内容孪生、编辑、创作三大能力。目前可实现自动生成文字、图片、音频、视频，这种颠覆性的内容生产模式无疑给内容营销带来挑战及机遇。

自2022年开始，AIGC发展速度惊人，迭代速度更是呈现指数级发展，随着AIGC技术与模型的愈发成熟，在广告行业中已被广泛应用，尤其在以下几个环节中：素材/

物料生成、广告投放、数据分析等，AIGC分担了逻辑简单但工作量冗长的工作，可使得专业人士集中精力处理诸如挖掘深层立意、元素创新组合等更具价值的事情，加速新创意落地。AIGC技术的应用也给广告行业带来了诸多直观的好处，主要包括：提高效率、降低成本、提高质量、增强个性化。未来AIGC技术能够不断拓展营销领域的边界，给品牌带来更多的想象力。

AIGC的到来引领了内容生产力的提升，能够为人类带来更快、更多元的创意内容。然而，尽管AIGC工具能够辅助内容生产，却仍无法像人类一样从情感、思想深处挖掘人们真正想看、想听、想玩，具有触动和共鸣的内容内核，而且也可能会出现内容同质化的问题。因此，在内容生产链中，“人”的核心价值应更深刻地体现为：回归内容本质，深刻理解和创作AIGC无法理解的情感和思想，为此提出更精准的策划，并做出最终的判断和决策。在这个时代，我们需要全面拥抱AIGC。这不仅是为了适应市场需求，更是为了提高自身的职业素养和竞争优势。而对于广告、文案等相关行业从业人员，应该时刻关注行业变化和趋势，积极学习和掌握相关技术和工具，以提高自身的技能水平和竞争力。

本章小结

本章对广告经营管理的前沿问题诸如整合营销传播、全媒体语境下的广告产业、中国广告业发展现状及趋势进行了深入的探讨。全媒体时代的到来，使广告传播与广告产业呈现出新的特点和状态。这些变化不仅体现在传播理念和传播方式上，更促使广告业在经营和管理上与时俱进。

关键概念

营销理念　整合营销传播　广告代理制　AIGC

复习思考题

第12章测一测

1）整合营销传播与其他营销传播理念的区别是什么？
2）整合营销传播研究的内涵是什么？
3）全媒体语境下的广告产业发生了哪些变革？
4）中国广告业发展现状及趋势是怎样的？

专业技能训练

故宫是当下大火的IP，请同学们分小组收集材料，看看故宫是通过哪些方式，实现成功的整合营销传播运作的？

本章参考文献

[1] 舒尔茨，舒尔茨. 整合营销传播：创造企业价值的五大关键步骤［M］. 王茁，顾洁，译. 北京：清华大学出版社，2013.

［2］辛普，张红霞．整合营销传播：广告与促销［M］．8版．北京：北京大学出版社，2013.

［3］施拉姆，波特．传播学概论［M］．何道宽，译．2版．北京：中国人民大学出版社，2010.

［4］邓肯．品牌至尊：利用整合营销传播创造终极价值［M］．廖宜怡，译．北京：华夏出版社，2000.

［5］卫军英．整合营销传播理论与实务［M］．北京：首都经济贸易大学出版社，2017.

［6］黄鹂，何西军．整合营销传播：原理与实务［M］．上海：复旦大学出版社，2012.

［7］吴飞．大众传媒经济学［M］．杭州：浙江大学出版社，2008.

［8］贝尔奇，贝尔奇．广告与促销：整合营销传播视角［M］．11版．北京：中国人民大学出版社，2019.

［9］崔保国，赵梅，丁迈．中国传媒产业发展报告（2023）［M］．北京：社会科学文献出版社，2023.

［10］央视市场研究（CTR）．2023中国广告主营销趋势调查［R］．CTR洞察，2023.